EU 공동시장법

EU 공동시장법

김두수 지음

한국학술정보[주]

EU는 2009년 10월 2일 아일랜드 2차 국민투표에서 리스본조약(Treaty of Lisbon Amending the Treaty on European Union and the Treaty Establishing the European Community)이 찬성 67.1%, 반대 32.9%로 통과됨으로써 '하나의 유럽'으로 가는 최대 난관을 극복하게 되었다. 2008년 하반기부터 시작된 국제경제의 침체로 아일랜드를 포함한 EU회원국들은 국익 차원에서 EU라는 든든한 울타리의 필요성을 더욱 체감하여 EU의 결속을 강화하는 계기가 되었다고 할 수 있다. 또한 2010년 상반기 그리스 등 경제위기를 통한 EU의 재정위기에 처한 회원국에 대한 구제금융 메커니즘에 대한 합의는 EU의 결속의지를 잘 보여 주고 있다.

더욱이 2009년 12월 1일부터 리스본조약이 발효됨에 따라 역내 단일생활권을 형성하고 있는 EU는 이제 명실상부한 국제사회의 구성원으로서 대내외적으로 그 지위가 확고해지고 영향력도 증대되었다. 이를 가장 잘 보여 주는 것은 EU가 소위 EU의 대통령이라고 할 수 있는 '유럽이사회(European Council) 상임의장'을 선출하고, EU의 대외정책을 조율하는 EU집행위원회 내에서 집행위원회 위원장 외의 'EU외교안보정책고위대표’(High Representative of the Union for Foreign Affairs and Security Policy)를 선출하게 되었다는 점이다. 1999년의 Euro화 도입이 EU 경제통합의 핵심적 내용이라면, 리스본조약 발효에 의한 유럽이사회 상임의장과 EU외교안보정책고위대표의 선출은 EU 정치통합의 핵심이라고 볼 수 있기 때문에, 이제 EU는 국제사회에서 명실상부한 정치적·경제적 주체성을 확보하게 된 것이다. 이러한 EU와 자유무역협정(Free Trade Agreement: FTA)을 체결하고 2009년 10월 15일 브뤼셀에서 가서명한 우리나라는 EU와 더욱 긴밀한 관계를 구축하게 되었고, 여러 분야에서 EU법에 대한 이해가 더욱 절실히 필요하게 되었다.

이에 이 책은 EU법 여러 영역 중에서 EU의 공동시장(Common Market, 즉 역내시장(Internal Market) 또는 단일시장(Single Market)을 의미함)에 관한 법제와 판례를 중심으로 구성하였다. EU통합의 법적 기초(제1부)에서는 머리말(제1장)에 이어 EU의 통합법제사(제2장), EU의 주요기관(제3장), EU법의 법원(제4장)에 관하여 살펴보고, EU공동시장의 법제와 판례(제2부)에서는 공동시장법상 자유이동에 관한 개관(제5장)에 이어 상품의 자유이동

(제6장), 사람의 자유이동(제7장), 회사설립(개업)의 자유(제8장), 한·EU FTA의 이해(제9장)에 관하여 살펴본다. 이 책이 EU법에 관심 있는 학계와 실무계의 관계자 여러분들께 유익하기를 바란다.

무엇보다도 부족한 아들을 위해 항상 헌신하셨던 아버지(김종기)와 어머니(정진옥), 그리고 멀리서도 늘 관심과 사랑을 가져 준 형님과 누님들을 포함한 사랑하는 나의 가족에게 고마운 마음을 전한다.

2010년 2월 26일

김 두 수

▦ 목 차

제4장　EU법의 법원 91

제8장　회사설립의 자유　191

AJPS: American Journal of Political Science
APEC: Asia-Pacific Economic Cooperation
CFI: Court of First Instance
CMLR: Common Market Law Reports
CMLRev: Common Market Law Review
EAEC: European Atomic Energy Community
EC: European Community
ECB: European Central Bank
ECHR: European Court of Human Rights
ECJ: European Court of Justice
ECR: European Court Reports
ECSC: European Coal and Steel Community
EEA: European Economic Area
EFTA: European Free Trade Association
EJIL: European Journal of International Law
ELRev: European Law Review
EU: European Union
FTA: Free Trade Area, Free Trade Agreement
GATT: General Agreement on Tariffs and Trade
ICJ: International Court of Justice
NAFTA: North American Free Trade Agreement
OJ: Official Journal of the European Union
SEA: Single European Act
TEU: Treaty of European Union
TFEU: Treaty on the Functioning of the European Union
WTO: World Trade Organization

EU통합의 법적 기초

제1장 머리말

　　　　　　오늘날 국제관계에 있어서 사안이 발생하였을 때마다 국가 간 회의를 개최하여 문제를 해결하는 것은 비합리적이라 할 수 있다. 따라서 국제기구 또는 지역주의 내지 단일국가의 하나의 모습이라고 할 수 있는 유럽연합(European Union: EU)도 기초 설립조약에 근거한 상설기관과 법을 마련하여 그 계속성과 통일성을 유지하고 있다.

　일반적으로 지역통합이 성공하기 위한 요건으로는 상호 의존의 초국가적 사회의 존재, 초국가적 기관들의 존재 그리고 초국가적 법의 존재를 들 수 있다. 무엇보다 대부분 지역통합체가 갖는 실질적 기능의 한계를 극복하기 위해서는 해당 지역의 법률문화가 얼마나 잘 형성되고 발전되어 있는가가 중요하다고 할 수 있다. 이러한 측면에서 볼 때, EU는 회원국들 간의 근시안적인 정치적 이해관계가 아닌 미래지향적인 법치주의를 통한 회원국들의 자유, 평등 그리고 복지를 실현하고자 하는 목표를 갖고 지속적으로 노력하고 있음을 알 수 있다. 또한 세계화와 지역화가 동시에 존재하는 현대 국제사회에서 EU는 가장 전형적인 지역통합의 모델이 되고 있다. 이러한 형태는 일개 국가에 있어서나 국제사회에 있어서나 어떤 특정 분야에 있어서 협력과 조화를 통한 통일적 체계화라고 하는 이슈에 대하여 암시하는 바가 분명 적지 않을 것이다. 그리고 이러한 EU통합의 모습은 공존과 공동번영이라는 철학적 기초가 EU라고 하는 지역 국제사회에서 실현될 수 있다는 가능성을 제시하고 있다고 볼 수 있다. 이는 서유럽과 동유럽이 통합되는 모습과도 맥을 같이한다.

아래에서는 먼저 이러한 EU의 통합을 '법제사적 관점'을 중심으로 살펴보고, 입법·사법·행정에 관한 주요 기관들의 구성과 권한을 통하여 EU의 '초국가적 통치구조'에 관하여 살펴본 후, EU의 입법과정을 통한 결과물인 기초 설립조약과 2차 입법에 해당하는 규칙(regulations)·지침(directives)·결정(decisions) 등 EU법의 '법의 연원'에 관하여 살펴봄으로써 EU법의 성질인 직접효력(direct effect)·우위(supremacy), EU법과 회원국국내법의 조화(approximation of law)에 관한 이해를 제고하고자 한다. 이는 EU의 사법적 통합을 이해하는 데에 중요한 기초가 될 것이다.

제2장 EU의 통합법제사[*]

Ⅰ. 서언

오늘날의 EU통합은 갑작스레 이루어진 것이 아니다. 유럽에서는 과거 영토 정복을 통한 통합의 시도가 있었다. 프랑스 나폴레옹과 독일 히틀러에 이르기까지 당대 정치 지도자들은 유럽 대륙에 대한 제국주의적 지배를 통하여 통합을 이루고자 하였다. 그러나 대륙이 모자이크처럼 분열되어 있다는 사실과 지방민들의 요구를 간과한 채 거대한 영토를 무력으로 통제하려고 했기 때문에 그들의 통합 시도는 결국 실패하였다.

이러한 의미에서 '진정한 통합'은 소위 군사 내지 무력 정복에 의해서 성취되는 것은 아니라고 할 수 있다.[1] 여러 지식인들과 사상가들도 이러한 통합이라는 주제에 관하여 지속적인 관심을 가지고 있었다. 많은 저술가들은 유럽통합의 모델을 고대 로마제국에서 찾기도 한다. 이는 아마도 통합의 가장 큰 가치는 전쟁의 방지와 평화의 보존이라고 할 수 있는데, 당시

---

[*] 이 내용은 김두수, 『EU법론』, 파주: 한국학술정보, 2007, 제1장을 참고하였음.

[1] Derek W. Urwin, *The Community of Europe: A History of European Integration since 1945*(London: Longman, 1992), p.2.

로마제국이 외부의 약탈과 침략으로부터 유럽을 효과적으로 방위할 수 있었기 때문으로 볼 수 있다.[2] 2차 대전 후 유럽통합의 활발한 움직임도 '유럽의 안보와 번영'이라는 궁극적 가치와 관련이 있었다.

1946년 9월 19일 스위스 Zürich 대학의 연설에서 Winston Churchill은 "유럽(European family)은 통합을 통해 앞으로 보다 많은 성과를 달성할 수 있다."라고 역설하였으며, 유럽의 평화·자유가 정착된 통치구조의 설립을 제안하였다.[3] 이 연설을 시초로 시작된 유럽통합의 이상은 약 45년이 흘러 1992년 Maastricht에서 체결된 '유럽연합조약'(Treaty on European Union: TEU)에 의해 구체화되었다. 그런데 이런 EU통합의 이상은 일찍이 로마제국, 중세 기독교적 유럽, 히틀러의 '제3제국'과 같은 모습으로 전개되기도 하였으며, 1849년에는 Victor Hugo가 '유럽합중국'(United States of European)이라는 용어를 사용하기도 하였다.[4] 그러나 본격적인 EU통합의 역사는 제2차 세계대전 종결 후부터 시작되어 1992년의 유럽연합조약(TEU)의 채택에 의해 일단락되었다.[5]

현재 EU는 통합과정의[6] 과도적 단계를 대부분 지나 이제는 완전한 통

---

2) *Ibid.*

3) P. S. R. F. Mathijsen, *A Guide to European Union Law*(London: Sweet & Maxwell, 1995), p.12.

4) Urwin, *supra* note 1, p.3.

5) Mathijsen, *supra* note 3, p.12.

6) 지역통합 3대 이론으로 Federalism, Communications Approach, Neo-functionalism이 있다고 할 수 있다. 'Federalism'은 정치적 선결요건(political postulates)이 확립되어 주권국가를 지향하는 것이고, 'Communications Approach'는 지역적으로 동일한 법적 조리를 구상하는 것이고, 'Neo-functionalism'은 다원론적 국가모델(Pluralistic National Model)로서 설명된다. 일반적으로 연방주의의 추진요소는 경제적 요소로 통합목적이 공동체이며, 기능주의의 추진요소는 정치적 요소로 통합목적이 주권국가의 성립에 있다. Ernst B. Hass, "The Study of Regional Institution: Reflections on the Joy and Anguish of Pretheorizing", *International Organization*, Vol.24(1970), pp.622~630.

합 단계에 도달해 있다. EU통합을 위하여 기능주의적 차원에서 추구했던 '경제통합' 단계를 넘어서 '정치통합'을 추구하고 있다. 이전보다 더 긴밀한 가운데 EU역내 경제적·정치적 통합이 동시에 진행되고 있는 것이다. 이런 EU가 완전한 연방체로 통합된다면 21세기 국제질서는 보다 새로운 국면을 맞이하게 될 것이다.[7]

대부분 국제기구들은 일련의 역사적 투쟁 결과로 이를 성립하기 위하여 많은 관심과 열정, 희망과 갈등의 시간을 겪어 왔다. 지역기구[8]로 출발한 EU도 마찬가지이다. 따라서 현재의 EU와 EU법을 충분히 이해하기 위해서는 EU의 통합과정을 '법제사적 관점'에서 바라볼 필요가 있다.[9] 현재의 EU만 바라보고 EU를 이해하는 것은 거대한 숲 속의 나무 몇 그루만을 보고 거대한 숲을 보았다고 말하는 것과 같다.

---

7) 6개국이었던 회원국 수는 1973년 영국·아일랜드·덴마크의 가입, 1981년 그리스의 가입, 1986년 스페인·포르투갈의 가입, 1995년 오스트리아·핀란드·스웨덴의 가입으로 15개국이 되었다. 반면 당시 EC와 동유럽 국가들과의 관계에는 성과가 없었는데, 이는 EC가 가장 크게 실패한 부분이라고 설명하는 자도 있었다. 1972년에는 노르웨이가 가입조약을 체결하였음에도 불구하고, 국민투표(Referendum)에서 EC가입이 거부됨에 따라 EC의 권위가 손상을 입기도 하였다. 지리적 범위는 1985년 2월 그린란드가 탈퇴함으로써 축소되었다. 덴마크의 일부분이었던 그린란드는 유럽과 멀리 떨어져 있고 인구가 희박한 섬으로서, 1973년에 덴마크의 EC가입과 함께 자동적으로 EC의 일원이 되었었다. 2004년 사이프러스, 몰타, 헝가리, 폴란드, 슬로박공화국, 라트비아, 에스토니아, 리투아니아, 체크, 슬로베니아의 가입으로 25개국이 되었다. 2007년 루마니아, 불가리아의 가입으로 27개국이 되었다.

8) 지역기구라는 것은 비록 지역적(regional)이라고 표현은 하지만, '지역'이라는 용어가 갖는 실질적인 의미는 지리학상의 개념이라기보다는 정치적 성격을 갖는 개념이라고 볼 수 있다. D. W. Bowett, *The Law of International Institutions*(London: Stevens & Sons, 1982), p.11.

9) 유럽통합사의 주요 조약의 체결과 발효는 다음과 같다.
ECSC설립조약(1951.4.18. – 조약체결, 1952.7.25. – 발효)
EEC설립조약·Euratom설립조약(1957.3.25. – 조약체결, 1958.1.1. – 발효)
Merger Treaty(1965.4.8. – 조약체결, 1967.7.1. – 발효)
Single European Act(1986.2.28. – 조약체결, 1987.7.1. – 발효)
Treaty on European Union(1992.2.7. – 조약체결, 1993.11.1. – 발효)
Amsterdam조약(1997.10.2. – 조약체결, 1999.5.1. – 발효)
Nice조약(2001.2.26. – 조약체결, 2003.2.1. – 발효)
Lisbon조약(2007.12.13. – 조약체결, 2009.12.1. – 발효)

Ⅱ. EC와 EU

과거에 유럽공동체(European Communities: EC)라고 함은 엄밀히 말해서 유럽석탄철강공동체(European Coal and Steel Community: ECSC, 1952), 유럽원자력공동체(European Atomic Energy Community: Euratom, 1958), 유럽경제공동체(European Economic Community: EEC, 1958)를 통틀어 의미한다. 이 중에 하나의 공동체(Community)를 지칭할 때는 통상 유럽경제공동체(EEC)만을 의미하였다.[10] 이 EEC는 나머지 두 개 공동체와 완전히 분리되어 개별적인 역할을 수행하지 않으며, 실제로는 조약 대부분 목적들이 EEC 내로 흡수되어 있고, 유럽연합조약(TEU)은 이러한 EEC를 공동체의 '대표격'으로 여겨 EC로 개칭하였다.[11] '공동시장'(Common Market, 즉 역내시장(Internal Market)을 의미함)은 '공동체'와 혼동될 우려가 있으나, 공동시장은 공동체에 의해 수행되는 다양한 농업·상업·경쟁·식품·환경·에너지 정책들과 같은 '기본적 자유들'(basic freedoms)이 실현되는 공간을 의미한다.[12] '역내시장'(internal market)이란 공동시장과 유사한 개념으로 '상품·사람·서비스·자본의 자유이동이 보장된 경계선이 없는 지역'을 의미한다.

---

10) Mathijsen, *supra* note 3, p.4.

11) T. C. Hartley, *The Foundations of European Community Law*(Oxford: Clarendon Press, 1994), p.3; TEU 제G-A(1)조.

12) Mathijsen, *supra* note 3, p.4.

1. EC

과거 1951년 ECSC조약 초안자들은 고등관청(High Authority)의 회원국들에 의해 수행되는 기능의 특수성과 관련하여 초국가적(supranational)이란 용어를 사용하였다.[13] 이는 공동체가 개별 회원국들보다 또한 개별 회원국들의 국내법보다 우위에 있다는 것으로 이해되었다. 이로서 공동체는 국제법상의 국제조직에 의해 설립되었지만, 다른 국제조직들보다 그 설립시 많은 신중을 기하였고, 단순히 서명국들이 그들 상호간의 의무를 수용하는 것이 아니라, 일체의 권한을 공동체에 위임함으로써 주권의 제한을 받게 되었다.[14]

그런데 보통의 국제조약과 비교하여 볼 때, 공동체와 관련된 조약들은 '국가 간'(international)이란 용어를 사용하지 않으며 스스로의 법적 체계(a new legal order of international law)를 형성해 왔다. '초국가적'(supranational)이란 용어는 보통의 국제조약과 공동체조약과의 차이를 보여 주는데, 바로 이는 공동체법이 국제법과는 다른 성격을 가짐을 의미한다.[15] 그렇기 때문에 공동체법은 국내법과는 달리 모든 회원국에서 통일성 있게 적용되어야 하고, 이로써 공동체법은 진정한 '초국가적' 성질을 가진다. 현재는 이에 대한 논란이 있어서 EU시민들이 '헌법'에 민감한 반응을 보였던 것과 같이 '초국가적'이란 용어는 ECSC조약에서도 삭제되었다. 그러나 이로 인해 공동체와 공동체법의 '초국가적' 특수성이 변화되었다는 것을 의미하는 것은 아니다. 보다 중요한 점은 이러한 '초국가적' 개념이 현재 보편적으로

---

13) ECSC조약 제9조의 (5), (6).

14) Mathijsen, *supra* note 3, p.7.

15) *Ibid.*, pp.7∼8.

수용되고 있고, 또한 공동체법(Community law)이란 용어로 표현되어 왔다는 것이다.[16] 공동체법을 단수 'Community'로 표현한 이유는 대부분의 법률문제가 EC조약과 관련되기 때문이었다.

시간이 흘러 1967년 통합조약(Merger Treaty)으로 유지되던 유럽공동체(EC)는 1984년 '유럽연합에 대한 초안'(Entwurf eines Vertrages zur Gründung einer Europäischen Union)이 유럽의회에서 채택되고,[17] 'EU' 출범 준비를 위한 1986년 단일유럽의정서(Single European Act: SEA)가 채택되면서 명칭이 변경되게 된다. 이 단일유럽의정서(SEA)의 핵심적 내용은 1992년 말까지, 즉 'EU'가 창설될 때까지 '완전한 역내시장'을 완성해야 한다는 것과 '제1심법원'(CFI)의 설립에 관한 것이었다.[18]

2. EU

EU는 출범 당시 그 존립 형태가 구체적으로 결정된 것은 아니었으나, 완전한 연방체가 궁극적인 목표였다고 할 수 있다. 이런 EU는 법적 측면에서보다는 정치적 측면에서 보다 중요한 의미를 갖는 기구이었다.[19] 그런데 회원국의 모든 국민들이 유럽연합조약(TEU)상 그들의 권리가 확고히 보장되는 EU의 '시민'[20](citizens)으로 인정되었기 때문에 법적 측면에서

---

16) *Ibid.*, p.8.

17) Albert Bleckmann, *Europarecht: Das Recht der Europäischen Gemeinschaft*(Köln: Carl Heymanns Verlag KG, 1990), p.5.

18) *Ibid.*, p.7; Mathijsen, *supra* note 3, p.18.

19) *Ibid.*

20) EU시민이 그 거주지에서 선거권과 피선거권을 소유하느냐와 관련하여 프랑스 헌법법원은 EU시민이 그가 거주하고 있는 프랑스 내의 어떤 도시에서의 선거에서 선거권과 피선거권을 갖는 것은 위헌이며, 유럽의회(EP) 의원선거에 있어서 선거권과 피선거권을 갖는 것은 합헌이라고 하였다. 변해철, "유럽

완전히 무관한 것만은 아니다.[21] 한편 당시 EU의 3개[22] 기둥 중에 공동외교안보정책[23])(Common Foreign and Security Policy: CFSP)과 사법·내무협력(Co-operation in the fields of Justice and Home Affairs: CJHA)은 아직 회원국들 간 합의가 이루어지지 못해, 이 두 분야에 관한 내용은 EC조약 외부에 두어 특수한 지위를 인정하고 있었다.[24] EU의 대외적 정체성[25])(external identity)은 국제상사·경제 분야에서의 공동체 역할과 관련하여 필요하지만, 당시에는 아직 국제정치적 현실로 인해 대외적 정체성을 완전히 성취하지 못하였다.[26] 그러나 2007년 12월 13일 채택된 리스본조약에 의해 '개정된 유럽연합조약'(TEU) 제47에 의해 EU는 법인격을 갖

연합조약과 프랑스헌법", 『외법논집』, 제2집(1995), p.117.

21) Albert Bleckmann, *supra* note 17, p.5; EC조약 제17조~제22조(구 제8~8e조 TFEU 제20조~제25조).

22) 이런 EU의 3대 기둥은 통합된 3개 공동체(European Communities), 공동외교안보정책(Common Foreign and Security Policy), 사법내무협력(Co-operation in the fields of Justice and Home Affairs)이다.

23) 1996년 10월 5일 아일랜드에서 개최된 EU 특별 정상회의에서 독일과 프랑스 등 대다수 회원국들은 EU의 국제적 영향력을 강화하기 위해서는 '확대된 EU' 내에서 보다 결집력 있는 공동외교안보정책이 긴요하며, WEU의 EU방위기구화 등을 통해 공동외교안보정책(CFSP)을 내실화해야 한다는 입장을 표명하였다. 반면 영국은 회원국 전체의 동의가 있는 경우에만 외교안보정책에 대하여 공동정책을 추진해야 한다고 하며, 역내문제 해결을 위해서는 EU와 NATO 간의 협력 확대를 주장하였다. 스웨덴, 핀란드, 아일랜드 등 중립국들도 CFSP 참여를 유보하였다. 하지만 WEU는 1996년 11월 19일 벨기에 오스탕드에서 정례 각료이사회를 개최하여 EU 방위기구로서의 WEU 역할 증대 및 NATO와의 협력강화방안을 내용으로 하는 '오스탕드 선언'을 채택하였다. 서병철, "유럽안보환경의 변화와 안보체제의 발전 방향", 외교안보연구원정책연구시리즈 96-3(1997), p.50.

24) Mathijsen, *supra* note 3, pp.5~6; TEU 제2조(구 제B조, 현 TEU 제3조).

25) 공동체설립조약은 각각 그 법인격을 규정하고 있다(EC조약 제281조(구 제210조, 현재는 삭제됨), Euratom조약 제184조, ECSC조약 제8조). 그리고 EC조약 제300조(구 제228조, TFEU 제218조), Euratom조약 제101조는 국제협정 체결권을 부여하고 있으며, ECSC도 그 권한의 범위 내에서 협정체결권이 인정된다. I. Macleod·I. D. Hendry·Stephen Hyett, *The External Relations European Communities: A Manual of Law and Practice*(Oxford: Clarendon Press, 1996), p.29, 166; Rachel Frid, The Relations Between the EC and International Organizations: *Legal Theory and Practice*(London: Kluwer, 1995), pp.21~23.

26) Mathijsen, *supra* note 3, p.6.

게 되었다. 또한 회원국과 회원국 가입을 희망하는 국가는 '민주주의 원칙'에 기초한 정부이어야 하였기 때문에,[27] 이 조건에 부합되지 못하는 경우에는 EU의 회원국 자격을 박탈할 수 있었다.[28] 그리고 '공동체법의 일반원칙'[29]을 구성하고 있는 회원국들 헌법의 공통산물인 '기본권'을 유럽사법법원(European Court of Justice: ECJ)은 인정하고 있었다.[30] 이 기본권에 관한 규정은 EU헌법조약에는 규정되었으나, 리스본조약에서는 승인의 형식을 통하여 리스본 조약 체계 내로 수용한다고 규정하고 있다.

EC조약은 유럽공동체 설립 목적으로 다음을 들고 있다. 경제활동의 조화와 균형 있는 발전, 환경을 존중하는 지속적이고도 인플레이션을 일으키지 않는 성장, 경제수행의 높은 집중력, 높은 임금과 사회적 보호, 삶의 수준의 향상, 회원국들 간의 경제·사회적 결합과 연대 등이다.[31] EU는 이전부터 이러한 EC조약상의 목적을 실제화하기 위해 노력하고 있다.

이러한 광범위한 목적을 달성하기 위해서는 첫째, 경제·화폐의 통합과 공동시장(역내시장)의 확립·기능화·발전이 필요하다. 둘째, 조약상 규정된 공동정책(common policies)의 이행이 필요하다.[32] 공동체조약은 이런 공동시장과 경제·화폐통일을 위한 상세한 규칙들과 프로그램을 규정하고 있다. 그러나 공동정책과 관련해서는 일반적인 문구로 규정하고 있다.[33] 그

---

27) TEU 제6조의 (1)(구 제F조의 (1)).

28) Mathijsen, *supra* note 3, pp.6~7.

29) TEU 제6조의 (2)(구 제F조의 (2)); Cf. EC조약 제300조의 (6)(구 제228조의 (6), TFEU 제218조의 (6)).

30) TEU 제6조의 (2)(구 제F조의 (2)).

31) EC조약 제2조(현재는 삭제됨).

32) EC조약 제2조, 제4조(구 제3a조, TFEU 제119조).

33) Mathijsen, *supra* note 3, p.10.

러나 이러한 모호함에도 불구하고 공동체 활동들은 사회·경제적 분야에서 발전하고 있으며,34) 그 외의 분야도 유럽연합조약(TEU)에 의해 추가되었고 리스본 조약에 의해 재정비되었다.35)

그런데 이러한 EU의 발전은 단순한 생명력 때문이 아니다. 공동체는 정치적 혼란과 경제적 침체의 시기에도 유지되었을 뿐 아니라, 그 활동분야를 확대하여 왔으며, 지리적·정치적으로 발전하였다. 이는 공동체와 회원국들이 심오한 대의의 달성을 위해 EU통합을 위한 기초적 조건들을 계속 이행하고 있음을 의미한다.36) 이는 오늘날 그리스를 포함한 몇몇 국가들의 경제위기에서도 EU가 추구하는 결속과 복지를 향한 강한 의지에서도 나타난다고 할 수 있다.

Ⅲ. 현재 EU의 통합 정도

1. 정치적 측면

유럽연합조약(TEU)은 주로 EU의 협력(cooperation)체제와 협력정책을

---

34) EC조약 제308조(구 제235조, TFEU 제352조)를 근거로 한 이사회의 결의로서 가능하다.

35) 이에는 교육·문화·보건·산업 등이 있다.

36) 유럽연합조약(TEU)의 비준(ratification)과 관련하여, 덴마크는 국가의 독립성에 대한 우려로 인해 1992년 6월 국민투표에서 비준이 거부되었으나, 1992년 12월 12일 영국의 에딘버러 정상회담에서 덴마크에게 통화단일화, 공동방위정책, 유럽시민권, 사법공조의 예외를 인정하여 1993년 5월 재투표에서 비준되었다. 영국은 노동관련 규정인 사회정책조항의 삭제를 주장하였으나, 1993년 8월 영국의회에서 비준되었다. 프랑스는 자국의 정치적 입지가 독일에 비해 약화될 우려 속에 1992년 9월 투표에서 비준되었다. 독일은 1993년 1월 비준되었다. 덴마크와 프랑스의 통합반대론자들의 영향을 받은 독일 내 통합반대론자들이 본 조약에 의해 독일의 독립국가로서의 주권을 해치게 된다고 위헌소송을 제기했으나, 1993년 10월 독일헌법재판소는 단일통화에 동의하기 전 의회의 승인을 받아야 한다는 전제하에 합헌판결을 내렸다. Andrew Duff · John Pinder · Roy Pryce, *Maastricht and Beyond: Building the European Union*(London: Routledge, 1995), pp.54~65.

지향하고 있으며, 새롭게 사법·내무협력과 공동외교안보정책을 규정하여 부차적인 통합을 꾀하고 있다. 또한 회원국 국민들에게는 EU시민권을 부여하며, 역내적으로는 완전한 자유이동이 보장된 단일시장과 단일통화체제를 확립하고 있다. 다소 제도화된 정부 간 협력체로서의 일면도 있지만, 조약상의 연방적 성질을 지닌 요소(federal elements)를 통해 완전한 통합체로 발전하고 있다. 또 하나의 발전된 모습은 이사회의 만장일치가 특별한 사안의 경우에만 인정된다는 것이다. 특히 유럽사법법원(ECJ)에 의해 EU법 우위의 원칙이 확립됨으로써 EU 내 일원화된 법질서가 확립되었다.[37] 발효되지 못하였으나 EU헌법조약(Ⅰ-6)은 EU법의 우위를 명문화한 바가 있다.

정치통합과 관련하여 특별히 살펴볼 내용은 유럽의회(European Parliament: EP)에 관한 내용이다. EU는 UN과 같이 발달된 국제기구도 불비하고 있는 회원국들 국민들이 직접 선출한 대표들(유럽의회 의원)[38]로 EP를 구성하고 있다.[39] 이런 의회를 갖는 EU는 회원국들 간 합의에 기초한 국제기구이면서, 또한 회원국들에게 구속력을 부여하는 법률을 제정하는 초국가적 기구의 성질을 갖고 있다. 이전에 협상과정에서 유럽연합조약(TEU)초안에서는 본 조약이 유럽연방의 목표를 가지고 있는 정치동맹으로서 점차적으로 발전해 가는 새로운 단계임을 표시하는 문구를 포함하였다. 그러나 이에 대

---

37) Hartley, *supra* note 11, pp.8~9.

38) EC조약 제190조(구 제138조, TFEU 제223조)는 국가별 유럽의회 의석수를 규정하고 있다. 유럽의회(EP)의 의석수는 각국의 인구수에 비례한다. 여기에서 '인구수'란 일반적 수치를 의미하는 것이 아니라 회원국들의 경제규모 내지 실질적 기능을 고려한 대표성을 의미한다. 의원들은 유럽의회 내에서 출신국가가 아닌 정당을 대표하는데, 이는 유럽의회가 회원국의 '주체성'보다는 회원국들 간의 '평등과 불평등'의 개념을 도입했기 때문이다.

39) 최수경, "유럽연합의 발전과정과 정치·경제적 통합", 『국제법학회논총』, 통권 제78호(1995), p.191.

한 영국의 반대로 '연방'이라는 용어는 삭제된 바가 있었다.[40] 이는 EU체제가 그 구조에 있어서는 연방제와 유사하지만, 조약상의 중요 분야에 있어서는 회원국들이 여전히 주권을 행사할 수 있기 때문이다.

그런데 유럽연합조약(TEU)을 보면 EU는 국가연합의 단계를 넘어 연방국가에 근접했음을 알 수 있다. 이는 EU법에 초국가적 성질을 보여 주는 연방 요소가 다분히 존재하고 있음을 의미하며,[41] 무엇보다 유럽연합조약(TEU)이 EU의 헌법과 같은 기능을 하고 있기 때문이다.[42] 본래 '국가연합'(confederation)이란 둘 이상의 국가가 동등한 자격으로 조약을 체결함으로써 형성되어 일정한 외교적 권한을 공동으로 행사하는 국가 결합 형태를 말한다. 이런 국가연합은 연방국가에 비해 보다 유연한(flexible) 성격을 갖고 있다.[43] 한편 '연방국가'(federal state)는 연방헌법에 기초하여 설립되며, 연방은 완전한 외교능력을 향유하여, 각각의 구성원은 대외적으로 국제법상 주체성을 소유하지 아니한다.[44] 그런데 둘 이상의 국가가 상호 의존의 특수한 관계에 있거나 또는 실질적 의존이 인정되고 있는 국제관계를 조약에 기초하여 형성하고 있다면, 이는 국가연합으로 볼 수 있다. 따라서

---

40) *Ibid.*, p.192.

41) 이장희, "국제법상 국가연합의 이론적 분석", 고시계(1992), pp.135~136.

	국 가 연 합	연 방 국 가
법적 기초	조약	연방헌법
결합체 성격	외교권 · 군사권이 없다	외교권 · 군사권이 있다

42) D. Lasok, *Law and Institutions of the European Communities*(London: Butterworths, 1994), p.27.

43) Malcolm N. Shaw, *International Law*(Cambridge: Cambridge Univ. Press, 1997), p.155.

44) Peter Malanczuk, *Akerhurst's Modern Introduction to International Law*(London: Routledge, 1997), p.81.

EU는 국가연합에 해당한다고 볼 수 있다. 물론 리스본조약에 의해 유럽이
사회 상임의장과 집행위원회 EU 외교안보정책고위대표가 선출되기 때문에
EU를 국가로 볼 수 있으나, 현재 EU가 보이는 소위 국가적 형태는 지금
까지 존재하지 않았던 새로운 형태의 국가 모습으로 볼 수도 있을 것이다.

2. 경제적 측면

경제통합의 금융 분야45)는 비중 있는 현안사안으로 그 통합 정도를 살펴
볼 필요가 있다. 먼저 회원국들의 화폐가 Euro화로 통합되었고, Euro화를
사용하는 국가들을 모아 Euro Zone이라고 한다.

당시 유럽연합 15개국 재무장관들은 1995년 6월 19일 룩셈부르크에서
열린 재무장관회의에서 통화단일화 시기를 1999년으로 연기하기로 결정했
다. 이는 유럽연합조약(TEU)이 1997년을 통화단일화 실행시기로 정한 것
을 사실상 포기한 것이었다. 유럽연합조약은 통화단일화 실현을 위해 각
회원국에게 부채를 국내총생산의 '3% 이하'로 줄이고, 재정적자를 국내총
생산의 '60% 이하'로 줄일 것을 기준으로 제시했다. 이에 거부반응을 보이
는 국가는 영국, 덴마크였다. 그런데 이런 회원국들의 재정정책의 조화를 위
해서는 회원국들의 보다 적절한 정치적 결단이 필요하며, 회원국들이 정치
적 권한을 EU에 점차 이전(또는 양도)함으로써 정치통합을 이루어야 했다.

Bela Balassa는 경제통합의 발전단계로서 부분별 통합, 즉 자유무역(free
trade), 관세동맹(customs union), 공동시장(common market), 경제동맹

---

45) 자본의 자유이동은 EU에 통용되는 유럽단일통화 Euro화의 구축으로 말미암아 보다 확실한 법적 지
   위를 확보하게 되었다.

(economic union)을 통한 완전한 경제통합을 제시하였다.[46] 현재 EU는 Euro Zone을 형성하여 Euro화의 통용을 확대해 가고 있는 경제동맹의 단계에 있다고 할 수 있다. 역내시장에서 상품과 생산요소의 자유이동이 보장되고, 역외국가에 대해서는 공동관세가 부과되며, 회원국들 간에는 경제정책의 조정과 협력이 이루어진다. 회원국들의 국가주권이 공익적 차원 이외의 분야에서는 대부분 포기되어 하나의 단일국가로 통합되고 있는 것이다.

Ⅳ. 결언

1. 리스본조약의 체결과 발효

2002년 2월 28일 벨기에 브뤼셀에서 15개월을 기한으로 하는 유럽미래회의(Convention on the Future of Europe)가 구성되어 마련한 EU헌법조약(Treaty establishing a Constitution for Europe)은 2004년 10월 29일 채택되었으나, 프랑스 국민투표(2005년 5월 29일)와 네덜란드 국민투표(2005년 6월 1일)에서 부결되었다. 이후 새로운 조약안이 마련되어 2007년 12월 13일 리스본조약(Treaty of Lisbon Amending the Treaty on European Union and the Treaty Establishing the European Community)이 채택되었고, 2008년 6월 13일 1차 국민투표에서 부결시켰던 아일랜드가 2차 국민

---

46) '자유무역'이란 역내국가 간에는 무관세를, 역외국가에는 관세를 적용하는 것을 말하고, '관세동맹'이란 역내국가 간에는 무관세를, 역외국가에는 공동관세를 적용하는 것을 말하고, '공동시장'이란 생산요소의 자유이동을 보장하는 것을 말하고, '경제동맹'이란 금융·통화의 단일정책 실행을 의미한다. Bela Balassa, *The Theory of Economic Integration*(London: George Allen & Unwin, 1961), pp.1~17 참조.

투표에서 2009년 10월 2일 가결한 후 27개 회원국의 찬성으로 2009년 12월 1일 발효되었다.

이 리스본조약은 제1조에서 '유럽연합조약(TEU)의 개정', 제2조에서 'EC 설립조약의 개정', 제3조에서 '리스본조약의 유효기간', 제4조에서 '리스본조약의 부속의정서 1&2와 관련된 내용', 제5조에서 '신·구 조문의 대조', 제6조에서 '리스본조약의 비준과 발효', 제7조에서 '조약의 정본과 기탁'에 관하여 규정하고 있다.

2. 리스본조약상 변화된 주요 법적 내용

1) 쇄신된 EU의 법인격

이제 EU는 개정된 '유럽연합조약'(Treaty on European Union: TEU)과 'EU기능조약'(Treaty on the Functioning of the European Union: TFEU)에 따라서 운영된다. 이제 EU는 과거의 EC를 대체하여 승계하게 되었으며,[47] 그동안 논란이 되었던 EU의 독립된 법인격을 갖게 되었다.[48] 다만, 유럽원자력공동체(European Atomic Energy Community: EAEC 또는 Euratom) 설립조약은 리스본조약에 합치되어 존속하기 때문에 '공동체'(Community)라는 용어는 제한된 범위 내에서 계속 사용하게 되었다. 한편 유럽석탄철강공동체(ECSC) 설립조약은 50년의 존속기간 규정에 따라 2002년 7월 23일 소멸된 바 있다.

---

47) TEU 제1조(3).
48) TEU 제47조.

2) EU기본권헌장과의 관계

2000년 12월 7일 채택된 EU기본권헌장(Charter of Fundamental Rights of the European Union)은 헌법적 성질의 민감한 성질로 인하여 리스본조약체계에 직접 담지 않고, 승인의 형식을 통하여 리스본조약과 동일한 법적 효과를 갖는 것으로 하고 있다.[49] 따라서 EU헌법조약 Part Ⅱ에 명기되었다가 이번 리스본조약에서는 직접적으로 명기되지는 않았으나 효력 발생에는 아무런 문제가 없기 때문에 분쟁이 발생하는 경우에는 EU사법기관의 재판관할권이 인정되게 되었다.

3) EU기관들의 변화

과거 EC 기관들은 리스본조약에 따라 EU 기관이 되었다. 주요 기관들(Institutions)로는 유럽의회(European Parliament), 유럽이사회(European Council), 이사회(Council), EU집행위원회(European Commission), 사법법원(Court of Justice of the EU), 유럽중앙은행(European Central Bank), 감사원(Court of Auditors)이 있다. 자문기관들(Advisory Bodies)로는 지역위원회(Committee of the Regions), 경제사회위원회(Economic and Social Committee)가 있다.[50]

(1) 유럽의회

유럽의회의 총 의원 수는 최대 750명이며, 이는 회원국의 인구비례에 의한 것으로 어떤 회원국도 최대 96명 이상을 넘을 수 없고, 아무리 작은 회원국도 최소 6명의 의원을 확보하게 되었다. 그리고 유럽의회는 EU집행위

---

49) TEU 제6조.
50) TEU 제13조(1); TFEU 제300조.

원회 위원장을 선출한다.[51]

(2) 유럽이사회

리스본조약에 의해 유럽이사회가 특별히 새로운 권한을 부여받은 것은 아니다. 그러나 EU 공식적 기구로 인정되었다. 유럽이사회는 회원국 정부수반, 유럽이사회에서 가중다수결(qualified majority)로 선출된 '유럽이사회 상임의장'(President of the European Council: 소위 EU대통령), EU집행위원회 위원장(President of the Commission)으로 구성된다. 그런데 유럽이사회는 입법권한을 행사하지 아니한다. 그리고 유럽이사회 상임의장은 EU외교안보정책의 영역에서 'EU외교안보정책고위대표'(High Representative of the Union for Foreign Affairs and Security Policy)와 함께 EU를 대외적으로 대표한다. 상임의장의 임기는 2년 6개월이고, 1회 연임이 가능하다.[52] 따라서 과거의 6개월 임기의 순번제 EU이사회 의장직과 달리, 본 상임의장직은 업무수행의 연속성과 대표로서의 권위가 한층 강화될 수 있다고 볼수 있다.

(3) 이사회

이사회는 각 회원국의 장관급으로 구성되며, 유럽의회(EP)와 공동으로 입법, 예산의 권한을 행사한다.[53] 가장 중요하다고 볼 수 있는 '외무이사회'(Foreign Affairs Council)의 의장은 EU외교안보정책고위대표가 역할을 수행하며,[54] 기타 이사회의 의장은 순환하며 직임한다.[55] 그런데 이사회는

---

51) TEU 제14조(1), (2).
52) TEU 제15조(1), (2), (5), (6).
53) TEU 제16조(1), (2).
54) TEU 제18조(3).

이중다수결(dual majority)을 도입하여 '찬성하는 국가의 수' 그리고 '찬성하는 국가들이 EU에서 차지하는 총 인구수'를 이중적 기준으로 적용하고 있다.[56] 의사결정 기준을 회원국 수의 55%로 하되 최소 15개 회원국의 찬성과 EU 전체 인구 65% 이상 찬성이라는 이중다수결을 도입하고 있다. 이를 통해 국가 평등의 원칙과 강대국에 대한 견제를 확보하게 되었다. 이러한 이중다수결은 2014년 11월 1일부터 적용되며, 2017년 3월 31일부터는 과도기규정에 따라 예외 없이 적용된다.[57]

(4) EU 집행위원회

EU의 '집행위원회 위원장'은 유럽의회(EP)에서 선출된다. EU 집행위원회는 EU법의 적용을 보장하고 감독하는 기능을 수행하며, EU 사법기관에 EU법불이행의 당사자를 제소할 수 있다. EU의 입법제안은 일반적으로 집행위원회가 행사한다.[58] 그리고 집행위원의 임기는 5년이다.[59] 한편 'EU 외교안보정책고위대표'는 유럽이사회가 집행위원회 위원장과 합의한 후 임명한다. EU 외교안보정책고위대표는 EU 집행위원회에서 대외관계 업무를 담당하는 부위원장직을 겸직하면서 EU의 대외관계를 책임진다.[60] 따라서 EU의 대외활동을 보다 효과적이고도 일관성 있게 수행할 수 있게 되었다. EU는 공동외교안보정책에 있어서 다른 국가나 국제기구와 국제협정을 체

---

55) TEU 제16조(9).

56) TEU 제16조(3), (4).

57) Protocol on transitional provisions, 제3조(1), (3).

58) 과거에는 EU위원회(Commission)가 사실상 모든 입법제안을 하였으나, 이제는 EU시민 최소 1백만 명이 리스본조약의 이행을 위해 EU 차원에서의 입법행위가 필요하다고 판단하는 경우에 EU위원회에 적절한 입법안을 마련하도록 환기시킬 수 있어 EU시민의 입법제안권이 일면 인정된다. TEU 제11조(4).

59) TEU 제17조(1), (2), (3).

60) TEU 제18조.

결할 수 있다.[61]

(5) 사법법원

EU의 사법기관은 사법법원(Court of Justice), 과거 제1심법원(Court of First Instance: CFI)을 대체할 일반재판소(General Court), 과거 사법패널(Judicial Panel)을 대체할 전문재판소들(Specialized Courts)로 구성되며, 재판관과 법률고문(Advocate - General)의 임기는 6년이며 재임될 수 있다.[62]

(6) 유럽중앙은행 및 감사원

독립된 법인격을 갖는 유럽중앙은행(ECB)은 유로(Euro)화를 발행하며, 회원국 국내중앙은행과 함께 EU의 통화정책을 수행한다.[63] 한편 감사원은 EU의 모든 수입과 지출에 대한 회계감사를 수행하며, 각 회원국별로 1명씩 임명되어 직무수행상의 독립된 지위를 가진다.[64]

3. 리스본조약의 발효 이후 전망

EU는 2009년 10월 2일 아일랜드 2차 국민투표에서 리스본조약이 찬성 67.1%, 반대 32.9%로 통과됨으로써 '하나의 유럽'으로 가는 최대 난관을 극복하였다. 2008년 하반기부터 시작된 국제경제의 침체는 아일랜드를 포함한 EU회원국들이 국익 차원에서 EU라는 든든한 울타리의 필요성을 더욱 체감하였고 EU의 결속을 강화하는 계기가 되었다고 할 수 있다. 역내

---

61) TEU 제37조.
62) TEU 제19조(1), (2).
63) TFEU 제281조(1), (3).
64) TFEU 제285조.

단일생활권을 형성하고 있는 EU는 이제 명실상부한 국제사회의 구성원으로서 대내외적으로 지위가 확고해지고 영향력도 향상되었다. 이를 가장 잘 보여 주는 것은 이제 EU가 소위 EU의 대통령이라고 할 수 있는 '유럽이사회 상임의장'을 선출하고, EU의 대외정책을 조율하는 EU집행위원회 내에서 집행위원회 위원장 외의 'EU외교안보정책고위대표'를 선출하게 되었다는 점이다. 이러한 EU와 자유무역협정(Free Trade Agreement: FTA)을 체결하고 2009년 10월 15일 브뤼셀에서 가서명한 우리나라는 EU와 더욱 긴밀한 관계를 구축하게 되었고, EU법에 대한 이해가 더욱 절실하게 되었다.

제3장 EU의 주요기관*

        EU 주요기관의 소재지와 관련하여 유럽의회(European Parliament)는 프랑스 스트라스부르(Strasbourg), 이사회(Council)와 위원회(Commission)는 벨기에 브뤼셀(Bruxelles), 유럽사법법원(Court of Justice) · 제1심법원(Court of First Instance) · 감사원(Court of Auditors)은 룩셈부르크에 위치하였다. 한편 유럽중앙은행(European Central Bank)은 독일 프랑크푸르트(Frankfurt), 경제사회위원회(Economic and Social Committee)와 지역위원회(Committee of the Regions)는 벨기에 브뤼셀(Bruxelles)에 위치하였다.

I. 이사회

1. 구성

이사회(Council)는 회원국의 장관급 대표자들로 구성되며, 이들은 회원국 정부로부터의 권한을 위임받아 역할을 수행하였다.[1) 이사회의 구성원들은 회원국을 대표하기 때문에 당사자 정부의 지시에 따라 행동한다. 그러나 이들은 정부 간 장관급회의(intergovernmental conference of ministers)를 구성하지는 않으며, 또한 국제기구들(international organizations) 내에서 파트너와 유사한 지위를 갖는 것은 아니다. 국제기구에서의 결정은 그 결정에 비준(ratification)한 국가(EU 해당 회원국)에게만 구속력이 있다. 이 사회는 연방국가(federal state) 내의 하원이 없는 상원(senate)에 비유될 수 있다. 이사회의 구성원은 실제 '개별국가의 이익'을 대표하고 있으나, 동시에 EU기관으로서 'EU의 이해관계'를 위하여 행동하여야 한다. 그러나 이 것이 항상 모든 참가자들에 의해서 명백하게 수용되는지는 분명하지 않다.

이사회에서 해당 회원국을 대표하게 될 구성원을 결정하는 권한은 각 회원국 정부에 부여되어 있다. 비록 조약이 '한 사람'의 대표라고 언급했을지라도, 때로 필요한 경우에는 두 사람 이상의 장관들이 동일한 모임에 참석하기도 한다. 이사회는 일반사무를 위해 외무장관들로 구성되는 '일반이사회'(외무이사회)와 각각의 세부 '전문이사회'로 구분된다. 대체로 전문이사회에는 관련문제에 대하여 국가적으로 책임 있는 각급 장관들이 참석한다. 따라서 회기 내에 여러 이사회 모임들이 동시에 이루어지는 것은 기이한 일이 아니다. 과거 이사회 의장직은 6개월 간격으로 회원국들이 순번을 정하여 교대로 수행해 왔다.2) 이는 상임대표위원회(Committee of Permanent Representatives: COREPER), 실무그룹, 기타 장관급회의와 같은 이사회의 모든 하위기관에도 적용된다.

---

2. 의결절차

EC조약(리스본조약에 의해 개정된 'Treaty on the Functioning of the European Union(TFEU)'를 의미함)에 규정된 표결절차는 EU의 흥미 있는 관점 중의 하나이다. 왜냐하면 '다수결'에 의해 채택된 결정은 모든 회원국을 구속하기 때문이다. 다수결 표결제도하에서는 어떤 회원국도 거부권을 행사할 수 없다. 이 표결제도는 EU가 EU 목적의 지속적 이행을 위해 허용하여 왔다. 이 표결제도는 EU를 국제법하에 설립된 다른 기구들과 구별시켜 주는 독특한 제도이다. 왜냐하면 국제법하에 설립된 기구들은 일반적으로 만장일치에 의한 결정에 근거하여 운영되기 때문이다.

이사회 내에서 표결과 관련된 기본 규율은 EC조약(TFEU)에 규정된 다른 방식을 제외하고는 이사회 구성원의 '다수결'에 의하여[3] 운용된다. 그 외는 '대부분' 조약규정들이 다른 방식('qualified majority' or 'unanimity')을 규정하고 있어[4] 사실상 일반 규율은 예외규정이 된다.

3. 상임대표위원회(Committee of Permanent Representatives: COREPER)

상임대표위원회는 이사회가 수개월 동안만 개최되기 때문에 이를 보완하고자 창설되었고, EU 업무가 증가함에 따라 상설화가 더욱 요구되었다. 상임대표자들(permanent representatives) - 대사급 고위공무원들 - 은 매일의 사안들에 관하여 다양한 EU 활동을 긴밀하게 수행한다. 이들은 이사회 구성원의 대리인이 아니므로 의결권(decision-making power)을 소유하지는

---

3) EC조약 제205조의 (1)(구 제148조의 (1), TFEU 제238조의 (1)).
4) EC조약 제205조의 (1)(구 제148조의 (1), TFEU 제238조의 (1)).

못한다. 다만 이사회 체제 내에서 하나의 기관을 형성한다. 이들은 이사회의 실무를 준비하며, 이사회에 의하여 COREPER에 위임된 업무를 이행한다.5) 이들은 주 1~2회 회합하며, 때로는 보다 자주 회합한다. 그리고 이들은 비록 의결권은 없으나, 일단 COREPER가 EU 집행위원회의 일정한 제안에 관하여 승낙하면, 이는 결국 이사회에 의해 결정되도록 상정된다. 이 경우 이러한 사안은 이사회 일정록에 'A'로 표시된다.6) 그리고 이사회가 개회되면 이사회는 모든 'A'로 표시된 사안들을 접수하여 직무를 수행한다. 이를 통해 이들 사안들은 법적 구속력을 갖게 된다. 그러나 주의할 것은 이사회가 'A'로 표시된 사안을 반드시 접수할 의무가 있는 것은 아니고, 어느 이사회 구성원도 본 사안에 관한 토의 요청과 관계없는 경우에 이는 차기 이사회 일정록에 기입되고, 이때는 'B'로 표시된다. 또한 COREPER의 위원은 유보를 주장할 수 있는데, 국내 의회의 심사를 필요로 하는 경우가 이에 해당된다. 그러나 이러한 유보는 시간상 차기 이사회에서 'A'로서 채택될 것을 허용하며 상정될 수 있다.

4. 이사회의 직무와 권한: 의결권의 일반원칙과 범위

이사회는 주요 의결권을 부여받은 기관이었다.7) 그러나 이 권한은 'EC조약(TFEU) 규정'에 따라 실행되어야 했다. 즉 각 기관들은 EC조약(TFEU)에 의하여 각 기관에 부여된 권한의 범위 내에서 행동하여야 했다.8) 이는

---

5) EC조약 제207조의 (1)(구 제151조의 (1), TFEU 제240조의 (1)).

6) ECJ규칙 제2조의 (6).

7) EC조약 제202조(구 제145조, TFEU에 의해 삭제됨), second indent.

8) EC조약 제7조(구 제4조, TFEU에 의해 삭제됨).

기관들이 한정적 권한을 가짐을 의미한다. 따라서 이사회는 일반적인 통제
능력을 부여받지는 못하고 있다. 그러나 EU의 목적을 추구하기 위하여 필
요한 경우에는 EC조약(TFEU)이 관련 권한을 규정하지 아니하여도 이사회
는 조치를 취하게 된다. 이 경우 이사회는 집행위원회의 제안에 대하여 유
럽의회의 자문과 이사회 만장일치를 통하여 적절한 조치를 취하게 된다.
이처럼 몇몇 엄격한 조건이 충족되어야 하기 때문에 기관들의 의결권 증대
에 무제한의 기회가 있는 것은 아니다. 실제 EC조약(TFEU)상 근거·규정
없는 적절한 조치는 EC조약(TFEU)상의 목적을 달성하기 위하여 필요한
경우에만 제한적으로 취해진다. 그리고 이 경우에 부여된 권한은 단지 보
충적인(complementary) 성격을 갖는다. 실제로 EU권한의 확대는 불가피하
게도 그만큼 회원국의 권한을 축소시킨다. 따라서 이런 이사회의 만장일치
는 때로는 EU권한의 확대를 방해하기도 한다. 이 경우 집행위원회 제안과
유럽의회 의견은 EU이익을 충분히 고려했음을 보증하여야 한다.

　이사회가 EC조약(TFEU)에 명백하게 규정된 경우에만 행동한다는 것 외
에, EU기관들 사이의 힘의 균형으로부터 도출되는 또 다른 이사회 권한의
제한이 있다. 실제로 대부분 경우에 이사회는 '집행위원회 제안'을 기초로
한 경우에만 의결권을 행사할 수 있다. 그리고 EC조약(TFEU)상에는 많은
경우에 집행위원회가 이사회에 입법 관련 사안을 제안하도록 하고 있으
나,9) 이사회는 적절한 제안을 제출할 것을 집행위원회에 요청할 수 있
다.10) 실제 이사회가 만장일치에 의하여 집행위원회의 제안을 수정하는 법
안의 채택을 위하여 권한을 위임받았다 할지라도, 이사회는 여전히 일반적

---

9) EC조약 제12조의 (2)(구 제6조의 (2), TFEU 제18조).

10) EC조약 제208조(구 제152조, TFEU 제241조).

인 내용에 의하여 제한받게 된다.11) 단, 집행위원회가 그 본래의 제안을 수정하는 것을 수락하는 경우에는 가능하다.12) 따라서 중요한 점은 집행위원회가 사실상 배타적 입법발의권을 갖는다는 것이다. 이사회는 규칙의 제정, 지침의 공표, 결정의 채택을 위한 개회 시 실제로 항상 집행위원회가 이사회에 제안한 내용에 근거하여 의결권을 행사한다.

대체로 이사회의 의결권과 관련하여 의결권을 제한하는 방식이나 보호조항 또는 통제수단은 참으로 인상적으로 보인다. 첫째, 조약규정에 의거한 수권방식(system of conferred powers)에 의해 초래되는 제한이다. 둘째, 이사회가 집행위원회의 제안(proposal of the Commission)이 없이는 실제 법령을 제정할 수 없다는 사실이다. 셋째, 다양한 경우에 유럽의회(EP)를 포함시켜야 하는 의무이다. 유럽의회가 관여하는 의결절차의 종류에는 자문(consultation)절차, 협력(co-operation)절차, 동의(assent)절차, 승낙(agreement: 예산문제에 있어서)절차, 공동결정(co-decision)절차가 있다. 마지막으로는 유럽사법법원(ECJ)에 의한 사법적 통제(judicial control)가 있다.13)

---

11) EC조약 제250조의 (1)(구 제189a조의 (1), TFEU 제293조).
12) EC조약 제250조의 (2)(구 제189a조의 (2), TFEU 제293조).
13) EC조약 제230조(구 제173조, TFEU 제263조).

Ⅱ. 위원회

1. 구성

위원회는 약 20명의 위원으로 구성된다.[14) 위원회의 위원은 이사회에 의하여 대체될 수 있다.[15) 위원의 임기는 5년이었으며,[16) 회원국들 정부와 유럽의회로 구성된 임명절차에서 재임될 수 있었다.[17) 위원회의 위원으로서 임명되기 위한 요건은 매우 광범위하게 정의되어 있다. 국적(nationality), 자질(competence), 독립성(independence)인데, '독립성'이 가장 중요하다고 할 수 있다. 실제 이러한 독립성은 위원회를 이사회나 유럽의회와 가장 잘 구별시켜 주는 특징이다. 위원회는 일반성을 갖는데, 즉 EU의 이익과 EU의 주요업무를 대표하며, 이런 EU의 이익은 위원회의 모든 직무수행 상황에서 최우선으로 여겨야 한다.

이런 '독립성'과 연관하여 명심해야 할 것은, ECSC조약은 '초국가적'(supranational)이란 용어를 도입했다는 점이다.[18) 이후의 주요 조약에서 이 용어가 다시 나타나지는 않지만, 이러한 개념의 본질적 성격은 여전히 남아 있다. 이런 '독립성'의 요구는 위원 지원자(candidate – Commissioner)의 자격뿐만 아니라, 위원의 임무수행에 있어서도 완전한 독립을 요구하고 있다.[19) 그리고 대부분 '독립성'과 관련된 문제가 위원과 위원의 소속 국가

---

14) EC조약 제213조의 (1)(구 제157조의 (1), TFEU 제245조).
15) EC조약 제213조의 (1)2(구 제157조의 (1)2, TFEU 제245조).
16) EC조약 제214조의 (1)(구 제158조의 (1), TFEU에 의해 삭제됨).
17) EC조약 제214조의 (2)(구 제158조의 (2), TFEU에 의해 삭제됨).
18) ECSC조약 제9조.
19) EC조약 제213조의 (2)1(구 제157조의 (2)1, TFEU 제245조).

간의 관계이기 때문에,[20] EC조약(TFEU)은 명백하게 회원국에게 이 원칙을 존중해 줄 것과 의무이행과 관련하여 위원회의 구성원에게 영향을 미치지 않을 의무를 부과하고 있다.[21]

2. 직무와 권한

위원회의 주요 기능은 '공동시장'(common market)의 발전과 적절한 기능을 보장하는 것이었다.[22] 또한 위원회는 설립조약의 보호자이자 감시자이다. 즉 위원회는 모든 사람들이 조약에 따라 EU법에 종속되어 행동할 것을 보장한다. 위원회는 또한 공동체의 재정을 관리하며, 국제협정 체결 시 교섭을 통하여 대내외적으로 EU를 대표한다. 또한 위원회는 EU활동에 동력을 제공하기 위하여 Brussels에서 부단히 회합한다. 그러나 더욱 중요한 것은 회원국들 간에 채택된 결정을 구체화하며, EU의 이익을 대변한다는 점이다.

이러한 위원회의 직무와 권한은 다음과 같다. EU법 적용의 보장, 권고 및 의견의 전달, 의결권의 실행, EU입법절차에의 참여, 이사회에 의하여 위임된 권한의 이행, 국제협정체결을 위한 교섭과 EU의 대외적 대표, 예산의 집행, EU 활동에 관한 연례보고서의 발행이다.

1) 공동체법 적용의 보장(강제)

위원회는 EU기초 설립조약과 각 기관들에 의하여 채택된 조치(2차 입

---

20) EC조약 제214조의 (2)1(구 제158조의 (2)1, TFEU에 의해 삭제됨).
21) EC조약 제213조의 (2)2(구 제157조의 (2)2, TFEU 제245조).
22) EC조약 제211조(구 제155조, TFEU에 의해 삭제됨).

법)의 이행을 보장하는 책임을 졌다.[23] 기관들에 의하여 채택된 조치는 제2차 입법을 말하고, EU기초 설립조약은 제1차 입법이 된다. 양자 모두 회원국에게 이행해야 할 의무를 부과한다. 기관, 자연인 또는 법인이 EU법을 준수하도록 하는 것이 위원회의 직무이다. 이러한 목적을 위해 위원회는 주로 정보를 획득할 수 있는 권리, 위반자에 대해 소송을 제기할 수 있는 권리를 부여받고 있다. 정보획득의 권리를 위해서는 일반적 방법을 규정하고 있으며,[24] 다양한 설립조약규정들과 EU법령에 의해 규정된다.[25] 더욱이 EU 목적달성을 촉진하기 위해 회원국들에게 부과된 일반적 의무는 위원회가 필요로 하는 모든 정보를 확보하도록 필요한 법적 환경을 마련해야 한다는 것이었다.[26] 위원회는 획득한 정보에 근거하여 필요시 다음과 같이 행동한다.

(1) 회원국과 관련하여[27]

회원국이 EU법상의 의무를 이행하지 아니할 경우에 위원회는 다음과 같은 조치를 취한다.

① 위원회는 회원국에게 의무와 관련된 문제를 환기시킬 수 있으며, 필요한 조치를 취하도록 권고할 수 있으며, 법의 준수를 부탁할 수 있으며, 위원회는 이를 위해 보통 2개월의 여유를 준다.

② 회원국이 적절한 조치를 취하지 아니하거나, 법의 준수를 수용하지

---

23) EC조약 제211조(구 제155조, TFEU에 의해 삭제됨). first indent.

24) EC조약 제284조(구 제213조, TFEU 제337조).

25) EC조약 제88조의 (3)(구 제93조의 (3), TFEU 제108조); Reg. 17. 제4조, 제5조

26) EC조약 제10조(구 제5조, TFEU에 의해 삭제됨).

27) EC조약 제226조(구 제169조, TFEU 제258조).

아니하거나, 위원회를 납득시키지 못하는 경우, 위원회는 문제에 대한 '합리적 의견'(reasoned opinion)을 회원국에게 전달하고 회원국이 응해야 할 기한을 정한다.

③ 회원국이 이에 응하지 아니하면, 위원회는 사안을 유럽사법법원(ECJ)에 제소할 수 있다.[28]

④ 유럽사법법원이 회원국의 의무불이행을 확인하는 경우, 회원국은 재판에 회부된다.

물론 여기에서 중요한 문제는 위반회원국이 유럽사법법원(ECJ)의 판결을 이행하지 않는 경우이다. EC조약(TFEU)은 위반회원국이 판결에 대한 필요한 조치를 취하지 않는다고 판단되는 경우, 위원회는 법의 준수를 부탁할 기회를 부여한 이후에 위반회원국이 응하지 않은 것에 대한 합리적 의견을 제시할 수 있고, 이를 위한 기한을 정할 수 있다. 이에도 응하지 않는 경우에 위원회는 법원에 문제를 상정할 수 있고, 모든 것을 상세하게 기록하거나 혹은 벌금을 과하도록 요구할 수 있다. 이는 상황에 따라 적절하게 고려될 것이다.[29]

만약 ECJ가 위반회원국이 판결에 응하지 않음을 확인한 경우 EU법을 폄하하는 위반회원국에 대하여 강제조치를 규정하기도 한다.[30] 주의할 것은 대부분의 경우, 위반회원국의 EU법 이행과 관련된 문제는 ECJ의 외부에서 해결된다는 것이다.

---

28) 이는 위원회의 전속적 재량권이라 할 수 있다.

29) EC조약 제228조의 (2)2(구 제171조의 (2)2, TFEU 제260조).

30) ESCS조약 제88조.

(2) 법인 또는 자연인과 관련하여

위원회는 공법인, 사법인, 자연인에 대하여 업무상의 중요한 권한을 부여받았다.[31] 이러한 권한은 주로 경쟁(competition)과 운송(transport)분야에 적용되며, 위원회는 이 위반에 대하여 벌금을 부과할 수 있다. 또는 합병조사 시 기업에 대하여 해외투자를 철회하도록 명령할 수도 있다.

2) 권고 및 의견의 전달

EC조약(TFEU)이 명백하게 규정하거나[32] 또는 위원회가 판단하여 필요한 경우에 위원회는 사안에 대하여 권고(recommendations) 및 의견(opinions)을 전달할 수 있었다.[33] 소위 위원회의 공고(Notices)나 통보(Communications)가 이러한 범주에 해당한다. 주의할 것은 권고나 의견은 법적 구속력을 갖지 못하기 때문에,[34] 위원회는 단지 정보를 제공한다거나 충고적인 권한으로 이 직무를 수행하게 된다는 점이다. EC조약(TFEU)은 위원회의 의견이 필요한 경우를 규정하고 있었으며,[35] 위원회의 권고와 의견은 EC조약(TFEU)에서 다루는 사안과 관련된 내용이어야 하였다.

3) 의결권의 실행

EC조약(TFEU)은 위원회의 의결권에 관하여 규정하고 있었다.[36] EU 내의 의결기관은 원칙상 이사회이다. 그러나 위원회 역시 의결권을 행사한다

---

31) EC조약 제86조(구 제90조, TFEU 제106조).
32) EC조약 제209조(구 제153조, TFEU 제242조).
33) EC조약 제211조(구 제155조, TFEU에 의해 삭제됨). second indent.
34) EC조약 제249조(구 제189조, TFEU 제288조).
35) EC조약 제134조의 (1)(구 제115조-1, TFEU에 의해 삭제됨).
36) EC조약 제211조(구 제155조, TFEU에 의해 삭제됨). third indent.

는 사실은 입법권을 두 기관이 함께 향유하고 있다는 인상을 갖게 한다. 비록 두 기관이 EU법에 예속되어 행동한다고는 하지만, 양자의 구별은 이사회의 특권인 입법권(legislative power)과 위원회의 행정권(executive power or implementing power)으로 특징지어져야 한다. 입법부와 행정부 양자는 규칙을 제정할 수 있고, 지침이나 결정을 채택할 수 있다. 명심해야 할 것은 양자 모두 그 권한이 조약 수권(conferred powers)에 의한다는 것이다. 즉 기관들에게는 일반적 의결권(general decision – making power)이 주어지는 것은 아니다. 이들은 단지 조약상 명백하게 부여된 경우에만 의결권을 행사한다. 그런데 이와 관련하여 이사회와 위원회가 동등한 수준으로 운영되는 것은 아니다. 비록 양자를 명백하게 구분하는 것이 불가능하다고 할 수 있더라도, 이 양 기관은 매우 동등한 수준으로 운영되지는 않는다.

EC조약(TFEU)에 의하여 위원회에 직접적으로 부여되는 결정권한은 '공동시장'의 발전과 기능에 관한 내용이었다.[37] 그중에서도 특히 관세연합에 관한 행정(administration of the customs union),[38] 보호조항(safeguard clauses)의 적용과 경쟁(competition)[39]과 농업(agriculture)[40]과 같은 다양한 정책, 공동체 예산의 실행, 보다 광범위하게는 대외관계(external relations)에 관한 것이었다.

위원회의 결정은 다수결[41]로 채택되며, 적어도 11명의 위원이 참석해야

---

37) EC조약 제211조(구 제155조, TFEU에 의해 삭제됨).

38) EC조약 제134조의 (1)(구 제115조의 (1), TFEU에 의해 삭제됨).

39) EC조약 제81조의 (3)(구 제85조의 (3), TFEU 제101조), 제85조의 (2)(구 제89조의 (2), TFEU 제105조), 제86조의 (3)(구 제90조의 (3), TFEU 제106조), 제88조의 (2)(구 제93조의 (2), TFEU 제108조).

40) EC조약 제37조(구 제43조, TFEU 제43조).

41) EC조약 제219조(구 제163조, TFEU 제250조).

한다.42) 위원회의 의결권은 위원들 중 하나 또는 그 외의 공무원들에게 위임될 수 없다.

4) 입법절차에의 참여

이사회는 위원회의 제안에 근거해야만 입법에 대한 의결권을 수행할 수 있다. 위원회가 규칙, 지침, 결정을 위한 입법 초안을 제출함으로써 이사회의 입법상의 의결권 행사가 가능하다. 이를 EC조약에서는 '이사회와 유럽의회에 의하여 채택된 법안을 형성함에 있어서'43)라고 표현하였다. 따라서 위원회는 EU의 입법과정에서 '배타적인 발안권'(exclusive right of initiative)을 행사하는 것이다. 대부분의 경우 위원회는 제안의 적정성에 대하여 스스로 판단해야 한다.44)

그런데 비록 위원회가 '배타적인 발안권'을 행사한다고 할지라도, 이사회45)와 유럽의회46)는 위원회에게 적절한 제안을 제출하도록 요구할 수 있다. 물론 이는 단지 요구할 수 있는 것일 뿐이지만, 사실상 위원회가 이를 무시하기란 어려울 것이다. 그럼에도 불구하고 이사회나 유럽의회는 입법안을 발의할 수 없다. 그런데 위원회는 다른 기관의 요구에 따른 입법안 제안 시 그 제안에 대한 정치적 책임이 있다. 그리고 위원회가 이사회에 입법을 위한 제안을 한다는 것은 3개 기관인 위원회, 유럽의회, 이사회 내에서의 의결절차의 개시를 말하는 것이며, 각각의 기관은 각자 본연의 역

---

42) Rules of Procedure, 제6조.
43) EC조약 제211조(구 제155조, TFEU에 의해 삭제됨), third indent.
44) EC조약 제89조(구 제94조, TFEU 제109조).
45) EC조약 제208조(구 제152조, TFEU 제241조).
46) EC조약 제192조의 (2)(구 제138b조의 (2), TFEU 제225조).

할을 수행하게 된다.

여기서는 위원회의 역할에 대하여 간략하게 살펴볼 필요가 있다. 입법상의 제안에 대한 초안을 작성하기 전, 어떤 경우 위원회는 경제사회위원회(Economic and Social Committee)[47]와 상의해야 한다. 그러나 보다 중요한 것은 위원회에 의하여 위임된 국내전문가들(national experts)과 행하는 비공식적 자문(informal consultations)이다. 이는 위원회로 하여금 각국의 반응들을 파악할 수 있게 해준다. 특별히 이사회 내에서 다수결에 의해 의결되는 경우에 그 결과를 예측할 수 있게 해 준다는 데에 의의가 있다.

일단 입법상의 제안에 대한 초안을 위원회가 승인하면, 일반적으로 이는 관보에 공표되는데, 이는 모든 이해당사자들의 논평이 있은 후에 공표된다. 이를 위하여 필요한 경우 위원회는 상담그룹(consultations of groups)을 구성하거나 또는 청문회(hearings)를 구성할 수 있다. 비록 이러한 상의가 많은 시간을 소비할지라도, 이는 입법상 제안의 초안과 관련된 매우 귀중한 정보들을 위원회에 제공할 것이기 때문에 큰 의미를 갖는다고 할 수 있다. 또는 이미 입법초안이 제출된 경우일지라도 그 수정의 차원에서 중요한 정보들이 제공될 수 있다.

위원회의 입법 제안은 이사회에서 유럽의회의 자문을 위한 기초로 제공된다. 위원회는 유럽의회와도 긴밀하게 직무를 수행하는데, 특히 입법 제안의 초안을 심의하는 유럽의회 분과위원회들과 더욱 긴밀하게 직무를 수행한다. 위원회의 대표위원들은 항상 이들 유럽의회 분과위원회 개회 시 참관한다. 이는 위원회가 초안에 대한 자기의 입장을 유럽의회 분과위원회에서 설명하게 하고, 또한 이에 대한 유럽의회의 반응을 보다 잘 이해하기

---

47) EC조약 제37조의 (2)1(구 제43조의 (2)1, TFEU 제43조).

위함이다. 이로서 위원회는 결국 그 입법제안의 수정에 대한 준비를 하게 되고, 이사회가 아무런 행동을 취하지 않는 한 해당 입법초안은 EU법령으로 채택된다.[48] 위원회는 유럽의회 내의 토의에 참석하듯, 이사회 내 의제 논의 시에도 참석하며, 이사회는 상임대표위원회(COREPER)에 의해 실무그룹 차원에서 논의한다. 많은 경우에 이런 실무그룹들은 국가공무원으로 구성되며, 이들은 사안이 입법초안이 되기 전에 위원회에 비공식적으로 자문을 받고, 이사회 내에서 보다 부드러운 토의(smoother discussion)가 진행되도록 노력한다.

위원회의 입법제안은 이사회의 최종 결정을 위한 기초가 된다. 이사회가 위원회가 제출한 입법제안의 수정을 원하는 경우에는 회원국들의 만장일치가 요구된다.[49] 제안을 수정하는 이사회의 권한이 무한한 것은 아니다. 유럽사법법원(ECJ)도 지적하였듯 제안의 본질적인 내용은 수정 또는 변경할 수 없다.[50] 이 이외의 경우에 위원회는 이사회의 수정을 수용한다. 제안에 대한 이사회 토론 시 이사회의 의장은 교착상태를 해소하기 위해 조화를 도모한다. 위원회는 종종 스스로 이사회의 의장에게 그러한 타협점에 이를 것을 제안한다. 이러한 이사회의 수정을 위원회가 수용했을지라도, 수정된 제안에 관한 또 다른 의견수렴을 위하여 해당 입법안은 유럽의회(EP)에 다시 제출된다.

끝으로 위원회는 유럽의회(EP)뿐만 아니라 유럽사법법원(ECJ)에서도 그 제안의 정당성에 대한 책임이 있다. 왜냐하면 ECJ는 이사회가 제정한 법령

---

48) EC조약 제250조의 (2)(구 제189a조의 (2), TFEU 제293조).
49) EC조약 제250조의 (1)(구 제189a조의 (1), TFEU 제293조).
50) Case C-65/90, *Parliament* v. *Council*, [1992] ECR Ⅰ-4593.

의 합법성에 관하여, 법령을 채택한 이사회에 대해서뿐만 아니라 법안을 제안했던 위원회에 대해서도 소송을 제기하는 원고의 권리를 구제하기 위하여 상대방 당사자 적격을 인정해야 하기 때문이다.[51]

5) 대외관계

EU의 대외관계와 관련해서는 위원회의 두 가지 측면을 지적할 수 있다. 첫째, EC조약(TFEU)상 국제협정(international agreements)의 체결 시 - 주로 EU의 상업정책(commercial policy)의 체제 내에서 - 위원회는 이사회에 권고를 할 수 있다. 이에 대하여 이사회는 위원회에게 필요한 국제협정 교섭을 개시할 것 그리고 그러한 국제협정 교섭을 위해 지침을 형성할 권한을 부여한다. 둘째, 위원회는 이를 위하여 이사회가 지명한 전문위원회(special committees)와의 상의를 통해 국제협정 체결을 위해 교섭한다.[52]

이사회가 위원회에 대하여 국제협정을 교섭하도록 지시하는 경우, 그 협정내용이 EC조약(TFEU) 규정과 양립할 수 없을 시 위원회는 유럽사법법원(ECJ)에 의견을 구할 수 있다.[53]

타국과의 국제협정 교섭 외에, 위원회는 모든 국제기구들과 적절한 관계를 유지하기 위해 활동할 수 있다.[54] 특별히 UN과 그 전문기관(specialized agencies) 그리고 WTO와의 관계에서 그러하다.[55]

또한 위원회의 특별 임무에는 유럽평의회(Council of Europe)[56]와 경제협

---

51) Joined Cases 63~69/72, *Werhahn* v. *Council*, [1973] ECR 1229 at 1247(8).
52) EC조약 제300조의 (1)(구 제228조의 (1), TFEU 제218조).
53) EC조약 제300조의 (6)(구 제228조의 (6), TFEU 제218조).
54) EC조약 제302조의 (2)(구 제229조의 (2), TFEU 제220조).
55) EC조약 제302조의 (1)(구 제229조의 (1), TFEU 제220조).
56) EC조약 제303조(구 제230조, TFEU 제220조).

력개발기구(Organization for Economic Co‒operation and Development: OECD)[57]와의 밀접한 협력을 확립하는 것이 있다.

Ⅲ. 유럽의회

유럽의회는 처음에는 'Assembly'라는 용어를 사용하였다.[58] 그 후 1958년 3월 '유럽의회 회의'(European Parliament Assembly)로 개명되었다가, 1962년 3월 '유럽의회'라는 명칭을 사용하기로 결정하여 1987년 단일유럽의정서(SEA)에 의해 정식으로 'European Parliament'라는 용어를 채택하였다.[59]

유럽의회를 논함에 있어서 핵심적인 부분은 물론 유럽의회의 '입법권'의 내용에 관한 것이라고 할 수 있다. 왜냐하면 1979년 실시된 최초의 직접보통선거와 이에 의한 실질적인 법치주의와 연관하여 민주질서를 형성하기 때문이다. 그러나 유럽의회에는 배타적 또는 광범위한 입법권이 부여되어 있지 않다. SEA와 Maastricht조약에 의해 그 권한을 확대시켰다고는 하지만, 민주주의의 주축을 이루는 유럽의회의 역할로는 만족스럽지 못하며, 특히 입법권과 관련하여 '의회'라는 용어가 요원하게 느껴지기도 한다. 하지만 위원회가 입안하고 이사회가 의결한다고 해도, 유럽의회가 부여받은 협의(consultation), 협력절차(co‒operation procedure), 공동결정절차(co‒decision procedure), 동의절차(assent procedure) 등은 그 의미가 크다고 할 수 있다. 특히 이사회/유

---

57) EC조약 제304조(구 제231조, TFEU 제220조).

58) EC조약 제7조(구 제4조, TFEU에 의해 삭제됨); ECSC조약 제7조.

59) SEA 제3조의 (1).

럽의회에 의한 공동결정절차에 의한 법률제정의 빈도가 점점 증대되고 있
다는 점은 매우 고무적인 현상이라고 할 수 있다. 또한 예산[60])에 관한 유
럽의회의 권한도 상당하다 할 것이다.

1. 구성과 운영

1) 구성: 의원의 선출

유럽의회(EP)는 750석 이하의 의석수를 가지며,[61]) EU회원국들의 국민,
보다 정확하게는 정당을 대표하였다.[62]) ECSC조약[63])은 이미 직접보통선거
를 규정하고 있었으나, 1976년 이사회의 부속서를 통해 유럽의회 의원의 선
출방식을 직접보통선거(direct universal suffrage)로 하는 법안을 채택함으
로써 임기를 5년으로 하는 의원선출선거가 1979년에 처음으로 실시되었다.

EP의석수는 각국의 인구수에 비례하여 할당된다. 이는 EU의 초국가적
성격을 보여 주며, 회원국의 '주체성'보다는 회원국 간의 '평등과 불평등'
의 개념을 도입한 특징을 보여 준다. 그런데 여기서의 인구수란 일반적 수
치를 의미하는 것이 아니라, 회원국의 경제규모 내지 대표성 등 실질적 기
능을 고려한 인구수를 의미한다.

EP의원들은 의회에서 출신국가가 아니라 정당을 대표하였다.[64]) 이는 EU
통합의 중요한 요인이 되었다. 즉 유럽정당(European Political Parties)은

---

60) EC조약 제272조(구 제203조, TFEU 제313조~제314조).
61) EC조약 제190조(구 제138조, TFEU 제223조).
62) EC조약 제189조(구 제137조, TFEU에 의해 삭제됨).
63) ECSC조약 제21조의 (3).
64) EC조약 제191조의 (1)(구 제138a조의 (1), TFEU에 의해 삭제됨).

EU통합의 중요한 요소가 되어 EU시민의 여론을 형성하고 시민의 정치적 의사(political will)를 표현하는 데 기여한다.

EP내규에 따라 EP는 상임위원회(standing committees) 또는 임시위원회 (temporary committees)를 둘 수 있다.[65] 여기에는 법률, 예산, 농업 등을 다루는 20여 개의 부속된 분과위원회가 있으며, 이들은 EP에서 토의될 내용의 보고서를 작성하거나 또는 회기 동안 위원회(Commission), 이사회(Council)와 교섭한다. 그런데 이러한 20여 개의 부속분과위원회들은 EP와 접촉할 기회가 많지 않으므로 대부분 독자적으로 활동을 수행한다.

EP사무국(Bureau)은 재정적 · 행정적 업무를 담당하며, 2년 6개월을 임기로 하는 의장과 14명의 부의장 및 직원으로 구성된다.

2) 운영

EP는 별도의 규정이 없는 한, 재적의원 1/3 이상 출석 그리고 출석의원 과반수로 의결한다.[66] EP는 프랑스 Strasbourg에 위치하며 여기에서 예산책정을 포함한 본회의(plenary sessions)가 열린다. 추가회의(additional sessions)는 Brussels에서 열린다. 이는 한 회원국에 의한 권력의 집중을 방지하려는 정치적 동기에서 기인한다고 볼 수 있다.

2. 직무와 권한: 입법절차에의 참여

처음 EP에는 자문역할만 부여되었으나, 단일유럽의정서(SEA)와 Maastricht 조약에 의해 입법권이나 예산안 결정과 같은 영역에서 그 권한이 강화되었다.

---

65) Rules of Procedure, 제109조, 제114조.
66) Rules of Procedure, 제112조.

1) 협의(Consultation)

이는 위원회가 이사회에 제출한 입법안에 대해 EP가 자문하여 의견을 제시하는 것을 말한다. 그러나 EP의 의견은 구속력을 갖지 못하여, 위원회나 이사회가 이에 반드시 응할 의무는 없다고 할 수 있다. 실제로 이사회는 EP의 의견보다는 회원국들의 이해를 조율하는 데 더 관심을 갖고 있다.

한편 EP는 위원회로 하여금 적절한 법안(appropriate proposal)을 제출할 것을 요구할 수 있는데,[67] 이는 위원회의 배타적인 '법률안 제안권'을 저해할 수 있다는 우려가 제기될 수 있다. 그러나 EC조약(TFEU)의 어느 규정도 EP의 입안 요구 시 위원회가 이에 응할 의무를 규정하고 있지는 않다.

EP가 자문을 하는 중요한 분야는 농업, 운송, 경쟁 관련 분야이다.[68]

2) 협력절차(Co - operation Procedure)

이는 위원회가 제출한 입법안에 대해 이사회가 유럽의회와 상의 후, 어떤 결정을 내리는 대신에 공동입장(common position)을 채택하는 것을 말한다. 이는 역내시장(internal market)의 완성과 관련된 대부분 문제에 적용된다고 볼 수 있다. 이때 EP는 제안을 승인하거나 거부할 수 있으며, 재적의원 절대다수에 의해 수정안을 제안할 수 있고, 이때 위원회는 이를 근거로 재검토하여야 한다. 만약 공동입장에 실패하였음에도 불구하고 이 제안이 채택되기 위해서는 이사회의 만장일치를 요한다.[69] 주로 EU의 지역발전, 연구, 환경, 기술개발, 사회정책, 해외협력에 관한 사안들이 해당된다.

---

67) EC조약 제192조의 (2)(구 제138b조의 (2), TFEU 제225조).
68) EC조약 제37조의 (2)3(구 제43조의 (2)3, TFEU 제43조).
69) EC조약 제250조(구 제189a조, TFEU 제293조).

3) 동의절차(Assent Procedure)

이는 이사회와 EP가 함께 조정절차(conciliation procedure)하에서 결의하는 것을 의미한다. 동의절차에 있어서는 공동결정이라기보다는 거부권(veto right)을 EP에 부여하고 있다고 할 수 있다. 즉 EP의 동의를 요하는 경우에는 이사회의 권한이 그만큼 축소되는 것을 의미하기 때문이다. 동의절차를 요하는 경우로는 회원국에 개별적으로 적용되는 조치, 국제협정, 재정 관련 사안이 해당된다.

4) 공동결정절차(Co - decision Procedure)

이는 위원회의 제안에 대해 이사회와 EP가 공동으로 결정하는 것을 말한다. 이를 위하여 조정위원회가 설치되어 조력한다.[70] 공동결정을 요하는 경우는 역내시장의 성립을 위한 사람의 자유이동, 소비자보호, 교육, 문화, 보건 등이다.

Ⅳ. 사법기관

1. 국내법원

회원국 국내법원은 국가기관과 자연인 및 법인 간의 모든 사건에 대하여 EU법상의 의무를 적용하고 권리를 보호할 의무가 있으며, 이러한 EU법 적용에 있어 국내 법원의 가장 기본적인 기능은 EU법의 독특한 성질과 관계가 있다. EU는 EU법의 '직접효력'과 '우위'라는 '하나의 새로운 법질서'(a

---

70) EC조약 제251조의 (3)(구 제189b조의 (3), TFEU 제294조).

new legal order of international law)를 형성하고 있으며, 이러한 EU법의 적용은 회원국 국내법원의 협력과 직접적인 관련이 있다. 즉 EU의 사법질서와 회원국의 사법질서는 EU법의 직접효력과 우위라는 법적 성질에 의해 '초국가적'으로 운영되고 있다. 한편 EU시민인 개인이 EU법상의 권리에 대하여 어떤 방법을 통해 주장할 수 있는가의 문제가 제기될 수 있는데, 이 경우에 개인은 CFI를 통해 직접소송으로 제소할 수 있으며, 또한 개인이 국내법원에 1차적으로 제소하여 당해 국내법원이 ECJ에 선결적 결정을 부탁함으로써 EU법상의 권리실현이 가능하다.

EU의 기초 설립조약은 회원국 내에 사법보호제도로서 개별적인 소위 'EU법 관할법원'의 창설을 규정하고 있지 않다. 이는 곧 국가기관의 작위 또는 부작위에 의해 또는 EU법이 부여한 개인의 권리가 타당 당사자에 의해 침해되었을 경우, 그 개인이 의지할 수 있는 기관은 오직 '국내법원'뿐임을 전제로 하는 것이다. 따라서 국내법원은 EU법원으로서 ECJ 또는 CFI의 관할에 속하지 않는 모든 사건들에 대하여 심리하고 판결할 권한을 가진다. 국내법원은 회원국사법제도에서 EU사법질서의 교두보로서 ECJ와 대화·협력하며, 이를 통해 EU법의 집행을 보장한다.[71] ECJ는 이 경우 선결적 부탁절차의 개시와 관련하여 국내법원의 직무내용을 결정함과 동시에, EC조약(TFEU) 제10조(구 제5조)상의 국내법원 협력 원칙을 적용할 것인지를 결정하고, 국내법원의 협조를 실질적으로 요청할 수 있었다.

1) 국내법원의 범위

일반적으로 EC조약 제234조(TFEU 제267조) 2단의 '회원국의 국내법

---

71) Koen Lenaerts, Dirk Arts and Robert Bray, *Procedural Law of the European Union* (London: Sweet & Maxwell, 1999), p.3.

원'(any court or tribunal of a Member State)이란 표현 자체는 어떤 문제를 발생시키지는 않는다.[72) 먼저 여기에서 회원국의 '국내법원'이란 국내사법질서상의 상급심과 하급심을 구별함이 없이 모두 인정함을 말한다. 따라서 국내의 최고법원이 아닌 하급법원도 독자적으로 선결적 판결을 ECJ에 부탁할 수 있다. 또한 회원국이 어떤 '공공기관'을 일종의 법원과 같은 성격의 기관으로 인정하면, EU는 회원국의 이러한 견해를 그대로 수용한다. 왜냐하면 이 경우 당해 공공기관은 사법기관에 관한 ECJ의 기준을 분명하게 이행하고 있기 때문이며, 당해 공공기관이 비록 국내법상 법원으로 인정되지 않는다 하더라도 선결적 판결소송에 관한 한 EU법을 적용하는 해당 기관으로 인정될 수 있다고 보기 때문이다. 한편 국내법원으로 인정되기 위하여 당해 기관은 어떠한 명칭으로 불리는가는 문제가 되지 않으며, 당해 기관이 소위 사법적 기능을 수행하는가가 그 중요한 기준이 된다.

따라서 회원국의 당해 '공공기관'이 ECJ에 의해 국내법상의 '법원'으로 인정되기 위해서는 다음과 같은 요건을 갖추어야 한다. 회원국의 공공기관은 ① 일정한 기관의 형태로 존재해야 하며, ② 법에 근거하여 설립되었어야 하며, ③ 상설적·독립적 기관이어야 하며,[73) ④ 분쟁해결에 대한 책임을 지는 기관으로, ⑤ 보통의 법원규칙과 같은 절차규칙에 의해 운영되어야 하며,[74) ⑥ 분쟁해결을 위해 적합한 사법적 기관으로서 행동할 수 있어야 하는데, 이는 곧 당사자들이 분쟁해결을 위해 법원이나 법정에 제소할

---

72) 조약기안자들이 EC조약 제234조(TFEU 제267조) 2단에서 court와 tribunal을 각각 사용한 이유는 분명치 않고, 또한 각국의 국내법에 따라 tribunal의 의미도 모호하다고 할 수 있다. 그러나 이러한 것은 사실상 중요하지 않다. 왜냐하면 court 또는 tribunal의 의미에 관해서는 ECJ가 공동체법에 의거하여 적극적으로 밝혀 나가고 있기 때문이다. 김대순, 『EU법론』(서울: 삼영사, 1995), p.438 각주 51.

73) Case C-54/96, *Dorsch Consult*, [1997] ECR I-4961, at I-4992~4993, para.23.

74) *Ibid.*, paras.22~38.

수 있어야 하고 또한 당사자에 대한 판결의 구속력이 존재해야 함을 의미
한다.75) ⑦ 그리고 법의 지배가 가능해야 한다.76)77) 이런 판단에 따라 네
덜란드의 Commissie van Beroep Juisartsgeneeskunde(일반진료 상소위원
회: Appeals Committee for General Medicine)는 전문기관으로서 네덜란
드법상으로는 법원이 아님에도 불구하고 ECJ는 법원으로 간주하였다.78)
본 상소위원회가 법원으로 인정한 중요한 이유는 다음과 같은 판결에 의해

---

75) *Ibid.*, paras.27~29.

76) Case 61/65, *Vaassen(née Göbbels)* v. *Beambtenfonds Mijnbedrijf*, [1966] ECR 261, at
273. 이 사건에서 ECJ는 광업연금기금에 관한 분쟁을 해결하는 네덜란드의 한 중재심판소
(Scheidsgerecht, arbitration tribunal)로부터 네덜란드 사회보장규정과 관련하여 선결적 판결을 부
탁받았다. 이 중재심판소는 네덜란드법상으로 재판소가 아니었으며, 그 판정은 네덜란드 민사소송법에
의하여 중재판정(arbitral awards)의 지위를 갖고 있었다. 그러나 상설기구로서의 이 중재심판소는 독
립적 지위를 가지고 있고, 심리과정은 대립당사자주의를 기초로 하고 있을 뿐만 아니라, 광업연금 계
획하의 일체의 권리분쟁은 이 심판소에 제기하도록 되어 있었다. 특히 이 심판소의 구성원을 지명하
고 절차규칙을 수립하는 권한은 주무장관에게 있을 뿐만 아니라, 이 심판소는 공법적 성격의 법규를
적용할 의무가 있었다. 그러므로 법률고문관 Gand는 이 심판소가 "국가권력을 정당하게 대표하며 또
한 보험계획에 관한 분쟁을 법률문제로서 처리하는 사법기관"이라고 강조하였다. ECJ는 이 견해에
동의하여 중재심판소의 선결적 부탁을 접수하였다. 김대순, 앞의 책(각주 72), p.440 각주 57.

77) Josephine Steiner and Lorna Woods, *EC Law*(Oxford: Oxford Univ. Press, 2003), p.555;
Mark Brealey and Mark Hoskins, *Remedies in EC Law*(London: Sweet & Maxwell, 1998),
pp.200~201.

78) Case 246/80, *Broekmeulen* v. *Huisarts Registratie Commissie*, [1981] ECR 2311, at 2327,
para.11. 이 사건에서 ECJ에 선결적 판결을 요청한 기관은 네덜란드의 Appeals Committee for
General Medicine(일반진료 상소위원회)이었는데, 이 기관은 네덜란드에서 개업허가를 원하는 일반
진료의들의 동록기관인 General Practitioners Registration Committee(일반진료의 등록위원회)의
결정에 대한 상소를 심리하였다. 이 두 기관 모두 Royal Dutch Society for the Promotion of
Medicine(네덜란드 진료증진협회)이 만든 것으로서, 이 Society는 의사들의 사적인 결사임에도 불구
하고 네덜란드에서의 의사 개업에 대하여 상당한 통제력을 갖고 있었다. 즉 일반진료의들이 Society에
등록을 하지 않고 개업을 한다는 것은 사실상 불가능한 일이었다. 그리고 문제가 된 Appeals
Committee for General Medicine의 구성을 보면, 그 구성원의 1/3은 네덜란드 대학들의 의학부에
의하여, 1/3은 Society에 의하여 그리고 나머지 1/3은 네덜란드 정부에 의하여 임명되었다. 그것은
또한 대립당사자 절차를 따랐으며, 소송대리도 허용되었다. 뿐만 아니라 네덜란드의 사법재판소에게
Appeals Committee for General Medicine의 결정을 심사할 권한이 있는가에 관해서도 의문의 여
지가 있었다. 그러므로 ECJ는 Appeals Committee for General Medicine가 EC조약 제234조
(TFEU 제267조)상의 회원국의 법원으로 간주되어야 한다고 판결하였다. 김대순, 앞의 책(각주 72),
p.440; 각주 58.

구체화되었다. ECJ가 본 상소위원회는 "'EU법의 적용'과 관련하여 '사실 상 최종적인 기관'으로 간주되며,79) 이러한 상소위원회를 통한 선결적 판 결을 요청할 기회가 존재하지 않는다는 것은 EU법의 기능을 위협하는 결 과를 초래할 수 있다"80)고 판결하였다.

그러나 ECJ는 룩셈부르크대공국(Luxembourg Grand Duchy)의 조세국 장(Director of Taxation and Excise Duties: Directeur des Contributions Directes et des Accises)에 의한 선결적 판결의 요청에 관해서는 이를 거 부하였다. 그런데 본 기관의 담당관은 이러한 기관을 법원으로 볼 수 있다 고 주장하였었다.81) 이에 대하여 ECJ는 그러한 주장은 EU법에 의해 판단 되어야 하며, 성질상 소송의 객체를 다루는 기관은 '제3자'로서 행동하는 어떤 기관이어야 한다고 강조하였다. 그러나 본 조세국장에 의한 사건에 있어서는 분명 그렇지 않았다. 본 기관의 담당관은 세금평가를 담당하는 세무부서에 근무하고 있었고, 더욱이 본 사안은 상소로서 Luxembourg의 참사원(Conseil d'Etat)에 제출되어 본 기관의 담당관은 피고가 되어 소송 당사자가 되었기 때문에, 이제는 더 이상 '제3자적' 기관의 자격이 아니었 기 때문이다.

그런데 비록 공공기관에 의견을 제출하는 기관이 행정적 기능을 수행한 다 할지라도 국내법원의 지위로서 선결적 판결을 제소할 수 있는 권한을 부여받은 것은 아니다. 예를 들면, 직업허가에 관한 정기관인 '전문기관'

---

79) 상소위원회가 국내법원 또는 법정으로 간주되기 때문에 굳이 다른 법원이나 법정을 구할 필요가 없다. 국내법상으로는 법원으로 인정되지 않더라도, EU법의 적용과 관련된 문제일 경우에는 그러하다는 것 이다.

80) Case 246/80, *Broekmeulen* v. *Huisarts Registratie Commissie*, [1981] ECR 2311, at 2328, paras.16~17.

81) Case C-24/92, *Corbiau*, [1993] ECR Ⅰ-1277, at Ⅰ-1304, para.17.

또는 외환관련 국내법을 위반한 개인에 대하여 재무장관이 부과하는 제재에 관하여 재무장관에게 합리적 의견(reasoned opinions)을 – 그러나 구속력은 없는– 제출할 의무가 있는 '자문위원회'가 그것이다. 이 양자의 경우 최종적인 행정적 결정 이후 필요한 경우에 선결적 판결의 부탁을 위해 당사자로서 국내사법기관에 제소할 가능성이 있는 것인지에 관하여 직접 ECJ에 선결적 판결을 부탁할 권한이 있는 기관은 아니다. 이러한 '전문기관'이나 '자문위원회'는 제3자적 기관으로 간주될 가능성이 전무한데, 이는 이들 기관이 관련 내용을 '자체적'으로 형성하였거나 혹은 그러한 사항을 형성하는 데 '직접적'으로 관여하였기 때문에 '제3자적' 지위를 부여받기에는 부적절하다는 점이 그 이유이다.

경쟁법(competitions law)의 적용과 관련하여, 분쟁해결의 책임을 지는 '국내기관들'에게 선결적 판결의 제소권한이 부여될 수 있는가의 문제가 발생한다. 무엇보다도 이들 국내기관이 일반 국내법원과 같은 방식으로 판결할 수 있는가의 의문이 발생한다. 이 문제에 대한 해답을 위해 당해 '국내기관'의 국내법상 법적 지위에 대한 분석이 선행되어야 한다. 이러한 국내기관의 국내법상 법적 지위는 '회원국에 따라' 다를 수 있다. 그럼에도 불구하고 ECJ는 처음부터 이들 국내기관을 통한 선결적 판결의 부탁을 허용하였다. EU경쟁법의 '통일된 적용'을 통한 법적 효과를 최대한 보장할 필요성을 깊이 인식하고 있었기 때문이다. 이는 ECJ의 법률고문 Jacobs가 무역부(Ministry of Trade)의 행정적 법정(Tribunal) 형태로 만들어진 법정부서를 '국내기관'으로 인정한 후, 스페인의 Tribunal de Defensa de la Competencia에 의한 선결적 판결 부탁에 대하여 어떠한 유보도 없이 ECJ가 그 선결적 판결의 부탁을 '접수'하여 판결한 이유가 되었다.[82] 행정적 성격을 갖는 기관임에도 불구하고 앞서 언급했던 국내법원으로 인정될 조건이 충족되었던 것이다.

한편 중재인(arbitrator)은 국내기관으로 인정될 조건을 충족시키지 못하는 경우, 사실관계가 아래와 같음에도 불구하고, EC조약 제234조(TFEU 제267조)상의 '회원국의 국내법원'으로 간주될 수 없다.

"중재법원의 활동과 일반법원의 활동 사이에는 일정한 유사성이 있는데, 이러한 중재법원의 활동은 법의 범위 내에서 규율된다는 것, 중재자는 법에 따라 판결해야 한다는 것, 그의 판정은 당사자 간에 법적 구속력을 갖는다는 것이다."[83]

이러한 단순한 유사성만으로 중재기관에 회원국의 법원으로서의 지위를 부여하기는 불충분하다. 왜냐하면 조약의 당사자들이 "일반법원에 의해 해결되어야 할 분쟁을 '회피'하거나 혹은 조약상 중재조항을 규정하여 중재를 '선택'"[84]하게 할 수 있기 때문이다. 이렇게 되면 중재기관은 실제로는 적절한 사법기관으로 행동할 수 없고, 이로 인해 국내법원으로 인정될 조건을 실질적으로 충족하지 못하게 된다. 조약의 당사자들은 중재조항을 선택하여도 법적으로든 실질적으로든 그들의 분쟁을 중재에 회부할 의무가 실제로는 존재하지 않는다. 더욱이 중재기관이 소재하는 회원국이 중재선택의 결정에 관여하지 않고, 중재소송절차상 어떠한 요청도 하지 않는다면 본 중재기관을 국내법원으로 인정하기 어려울 것이다.

그런데 ECJ는 중재기관에 의한 선결적 판결의 제기가 부진함에 따라 중

---

82) Case C-67/91, *Asociación Española de Banca Privada and Others*, [1992] ECR Ⅰ-4785, at Ⅰ-4809.

83) Case 102/81. *Nordsee* v. *Reederei Mond*, [1982] ECR 1095, at 1110, para.10.

84) *Ibid.*, para.11.

재기관에게 선결적 판결을 요청할 것을 권유하게 되었다. 실제 EC조약 제234조(TFEU 제267조)의 입법취지는 회원국 국내법원과 ECJ의 대화와 교류를 위한 것이었다. 국내법원은 선결적 판결의 요구에 대한 독점적 권리를 가지며, ECJ라는 EU사법당국에 판단을 위임하기 위해 진정으로 필요한 경우에 한하여 선결적 판결을 부탁한다. ECJ의 관점에서 보면 이러한 사법체제는 조약의 당사자가 중재를 통해 국내법원보다 선행하여 문제의 해결을 시도하는 경우에는 다른 방법을 취할 수 없게 하는 위험을 초래할 수 있다. 따라서 중재기관과 국내법원 간의 사법적 보호제도에는 충분히 밀접한 관계가 정립되어야 하고, 이렇게 정립된 후에야 이러한 중재기관은 EC조약 제234조(TFEU 제267조) 2단의 '회원국의 법원'과 같은 성격의 법원으로 간주될 수 있을 것이다.[85]

그리고 EC조약 제234조(TFEU 제267조) 2단의 국내법원은 반드시 '회원국의 소유'이어야 한다. 그런데 이 점은 일반적으로 인정되어야 할 내용이라 할지라도, 다음의 법원들이 그러한 자격을 실제로 부여받고 있다는 사실은 매우 중요하다. 회원국 내 설립된 법원,[86] 프랑스 해외 부분과 특별제휴협정상의 법원,[87][88] 회원국이 책임을 지는 대외관계에 대한 유럽영토 내의 법원, 마지막으로 아일랜드해협(Channel Islands)과 만 섬(Isle of Man) 내에 설립된 법원[89][90]에 의해 선결적 판결을 ECJ에 부탁할 수 있다.

---

85) John Fairhurst and Christopher Vincenzi, *Law of the European Community*(London: Pearson Longman, 2003), p.129.

86) EC조약 제299조의 (1)(TFEU에 의해 삭제됨).

87) EC조약 제299조의 (2)(TFEU 제349조).

88) EC조약 제299조의 (3)(TFEU 제355조).

89) EC조약 제299조 (6)의 (c)(TFEU 제355조).

90) Protocol No.3 constitutes the "arrangements for those islands set out" in the Accession

그러나 국제사법재판소(International Court of Justice: ICJ), 유럽인권재판소(European Court of Human Rights: ECHR)와 같은 국제법원은 ECJ에 선결적 판결을 부탁할 권한이 없다. 비록 국제분쟁이 사안의 성질상 어떠한 경우에는 ECJ에 제소하는 것이 그 해결에 유용하다고 판단될지라도 그러하다. 그러나 베네룩스대법원(Benelux Court of Justice)의 경우에는 일반적인 국제법원과는 그 법적 지위가 다르기 때문에, 베네룩스대법원은 베네룩스 3국 내에서 통일된 공동의 사법질서를 보장할 의무가 있으며, 국내법원의 자격으로 ECJ에 선결적 판결을 부탁할 권한이 있다.

비회원국 내에 설립된 법원은 EC조약 제234조(TFEU 제267조) 2단의 사법기관은 아니다. 그러나 비회원국 내의 법원에 선결적 판결을 부탁할 일정한 권리를 부여한다고는 볼 수 없음에도 불구하고, EU와 관련 '비회원국 간에 체결된 국제협정에 근거'하여 선결적 판결을 부탁할 일정한 권리의 존재가 부여되는 경우가 있다.[91] 'EEA협정'이 바로 그러한 경우인데, 이 협정은 EFTA회원국의 국내법원이 EEA규칙의 '해석'에 관하여 ECJ에 선결적 판결을 부탁할 권한을 부여하고 있다.[92] EEA협정 제107조에 의하면 EFTA국가들은 자국의 재판소 또는 심판소가 ECJ에 EEA규칙의 '해석'에 관하여 결정을 주도록 요청하는 것을 허용할 수 있다. 세부적인 규정은 제34의정서에 수립되어 있는데, 동 의정서에 의하면 이 같은 요청은 EEA협정의 규정이 EU법 규정과 실질적으로 동일한 경우에만 가능하다.[93]

Treaty signed on January 22, 1972.

91) Koen Lenaerts, Dirk Arts and Robert Bray, *Procedural Law of the European Union* (London: Sweet & Maxwell, 1999), p.26.

92) EEA Agreement 제107조[1994] O.J. L1/26), Protocol 34 annexed to the EEA Agreement ([1994] O.J. L1/204).

2. 유럽사법법원(ECJ)

　　EU의 사법법원은 국내법원 외에 두 개의 법원으로 구성되는데, 유럽사
법법원(European Court of Justice: ECJ)과 제1심법원[94](Court of First
Instance: CFI)이 그것이다.[95] 이 두 사법기관은 관할권의 범위에 의해 구
분되지만, EU법의 해석과 적용을 보장하여 EU법의 준수를 확보한다는 역
할에 있어서는 동일하다.[96] EU의 사법질서는 국내법원, ECJ 그리고 CFI
에 의해 규율되는데, 여기에서 한 가지 주목할 것은 ECJ와 CFI는 본래
EC의 사법기관이었으며, 1992년 2월 7일의 Maastricht조약으로 설립된
EU의 사법기관이 되었다는 점이다. Maastricht조약은 3대 기둥으로 구성되

---

93) 김대순, 『국제경제법론』(서울: 삼영사, 1998), p.525.

94) EC조약 제225조(구 제168a조, TFEU 제256조). 한편, 니스조약에 의하여 EC 제220조(TFEU에 의
해 삭제됨)에 도입된 주요변화의 하나는 ECJ와 CFI 이외에 "사법패널(judicial panels)이 – 제225a
조(현제257조)에 규정된 조건에 따라 – CFI에 부속될 수 있다."(*may be attached* to the Court of
First Instance)는 사실이다. EC 제225a조(TFEU 제257조)에 의하면, 특수 영역에서의 일정 소송을
제1심의 자격으로 심리하고 결정지을 각 사법패널은 – 위원회의 제안에 의거하여 그리고 유럽의회와
ECJ의 의견을 구한 후 또는 ECJ의 요청에 따라 그리고 유럽의회와 위원회의 의견을 구한 후 – 만장
일치로 행동하는 이사회에 의하여 설립될 수 있다. 한편, 'EC 제225a조에 관한 선언'(Declaration
on Article 225a TEC)에서는 "EU와 그 직원 간의 분쟁에 대해 제1심의 자격으로 판결을 내릴 권한
이 있는 한 개의 사법패널을 설치하기 위한 결정초안을 가능한 한 신속히 준비할 것을 ECJ와 위원회
에 요구"하고 있다. 예를 들면 2005년에 설치된 EU공무재판소(Civil Service Tribunal)를 들 수 있
다. 김대순, 『국제법론』(서울: 삼영사, 2004), p.1135 참조.

95) ECJ(European Court of Justice)는 1951년 4월 18일 채택되어 1952년 7월 25일 발효된 ECSC
조약에 의하여 설치된 ECSC의 사법기관으로 시작되어, 1957년 3월 25일 EEC조약과 EAEC조약이
채택된 후 "Convention on certain institutions common to the three Communities"에 의하여
EC(European Communities)의 사법기관이 되었다. 세 개의 공동체에 공통적인 일정한 기관에 관한
동 협정에서는 단일의회(a single Assembly)와 단일법원(a single Court)에 있어서 합의를 이루었기
때문에, 이때부터 ECJ는 EC의 실질적인 사법기관이 되었으며, 물론 향후 1965년 4월 8일 통합조약
에 의해 완전한 공식적인 EC의 사법기관이 되었다. 한편 CFI(Court of First Instance)는 1986년 2
월 28일 채택되어 1987년 7월 1일 발효된 단일유럽의정서(SEA: Single European Act)에 의하여
설치되어 1989년 11월에 직무를 개시하였다. L. Neville Brown and Tom Kennedy, *The Court
of Justice of the European Communities*(London: Sweet & Maxwell, 2000), pp.1～2.

96) EC조약 제220조(구 제164조, TFEU에 의해 삭제됨).

는데, 제1기둥은 통합된 3개의 공동체(European Communities), 제2기둥은 공동외교안보정책(Common Foreign and Security Policy), 제3기둥은 사법내무협력(Co-operation in the fields of Justice and Home Affairs)이다. ECJ와 CFI는 주로 제1기둥인 EC의 분쟁해결기관으로 기능하였기 때문에, EU 설립 이후에 제2기둥과 제3기둥과 관련된 사안에 대해서는 그 관할권이 제한받게 되었다. 그러나 현재는 이러한 제약에도 불구하고 일반적으로 ECJ와 CFI는 통합된 EU의 사법기관으로 불리고 있다. 따라서 여기에서도 ECJ와 CFI를 통상 'EU의 사법기관'으로 다루고자 한다.

먼저 ECJ의 구성을 살펴보면, ECJ의 '재판관'은 '법률고문'[97]의 자문을 받는다. ECJ가 요청하는 경우 이사회의 만장일치에 의하여 재판관[98]이나 법률고문[99]의 숫자를 증가시킬 수 있다. 재판관과 법률고문은 회원국들의 일반협정에 의해 6년의 임기로 선출된다. 이들은 물론 독립적 지위를 가지며, 개인 자격으로 선출되어 회원국에 종속되지 않으며, 당해 국가의 고위 법률기관에 근무한 경력자 또는 유능하다고 인정된 법률가이다. 이들은 3년마다 부분적으로 교체된다. 그런데 EC조약(TFEU)은 회원국 가운데 재판관이나 법률고문[100]의 숫자를 배분하고 있지 않으며, 심지어 회원국의 국민이어야 한다고 규정하고 있지도 않다.[101] 그러나 실제 각 회원국은 1

---

97) EC조약 제222조(구 제166조, TFEU 제252조), para.1.

98) EC조약 제221조(구 제165조, TFEU 제251조), para.4.

99) EC조약 제222조(구 제166조, TFEU 제252조), para.3.

100) 법률고문의 임명에 있어서는 5대 회원국인 프랑스, 독일, 이탈리아, 스페인, 영국이 각각 관여하며, 나머지의 법률고문은 그 외 회원국들이 교대로 임명한다. 만일 재판관 또는 법률고문의 임기만료 전에 공석이 발생하는 경우에 후임자는 선임자임기의 연장선상에서 임명된다. ECJ규정 제7조.

101) Cf. EC조약 제213조(구 제157조, TFEU 제245조), paras.2~4. 위원회의 구성원은 반드시 회원국의 국민이어야 함을 명시하고 있다.

명의 재판관을 보유하고 있다.102)

　재판관과 법률고문은 직무개시 전에 법원에서 그들의 직무를 공평하고도 양심적으로 이행할 것과 심의과정 비밀을 보장할 것을 선서한다.103) 재판관과 법률고문은 사법권으로부터 면제를 받으며, 이러한 특권은 구두절차와 서면절차를 포함한 업무의 한도 내에서 인정된다. 이들의 사법권으로부터의 면제특권은 재판관 전원출석의 개정에 의해 법원이 철회할 수 있다. 일정한 사유로 인해 이들의 사법적 면제특권이 철회되면, 이들 재판관이나 법률고문에 대한 형사절차는 회원국 고위사법기관의 구성원에 대한 재판관할권을 갖는 ECJ에 의해서 진행된다.104)

　재판관과 법률고문은 일체 자국의 정치기관이나 행정기관에 임직할 수 없으며, 이사회(Council)가 인정하지 않는 한, 어떠한 직업에도 고용될 수 없다. 이들은 임기만료 후에도 일정한 지위나 이해와 관련하여 청렴결백하고도 사려분별 있게 행동해야 한다.105) 재판관이나 법률고문은 다른 재판관이나 법률고문의 만장일치에 의하여 개인 또는 기타 이익에 대한 권리나 직무를 박탈당하는 경우에 더 이상 직무를 수행할 수 없다.106) 재판관의 부분적 교체 즉시, 재판관들은 그들 가운데서 3년 임기의 법원장(President of the Court)을 선출하며, 재선107)이 가능하다.108)

---

102) ECJ는 항상 홀수의 재판관으로 구성되어야 하며, 이는 판결상 항상 홀수의 재판관이 필요하기 때문이다. ECJ규정 제15조.

103) ECJ규정 제2조.

104) ECJ규정 제3조.

105) ECJ규정 제4조.

106) ECJ규정 제6조.

107) EC조약 제223조(구 제167조, TFEU 제253조), para.5; ECJ규칙 제7조의 (1).

108) 임기만료 전에 공석이 발생하는 경우 후임자가 선임자의 임기를 대신하여 선출된다는 재판관과 법률

원칙상 ECJ는 '전원재판부'로 이루어지며, 예외적으로 관할재판부(chambers)를 구성하는데 3명, 5명, 또는 7명의 재판관으로 구성되며,109) 전원재판부에 비해 이러한 관할재판부에 의해 판결되는 사건들은 양적 측면에서 지배적으로 많다. ECJ의 법원장은 어느 재판부에도 참석하지 아니한다. 각각의 재판부는 각 재판부의 재판장에 의해 사회가 진행된다. 재판부들의 구성과 재판장들의 임명은 유럽연합공보(Official Journal of the European Union: OJ)에 공시된다.110)

재판을 위한 서면절차가 종료되면, ECJ는 여러 사건들을 일정한 재판부에 각각 할당하며, 보고담당재판관(Judge - Rapporteur)의 예비보고서에 대한 숙지와 법률고문이 제시한 의견을 청취한 후에, 어떤 회원국 또는 어떤 EU기관이 소송당사자로서 불복하지 않는 한 그 다음의 절차를 계속하여 진행한다.111) 여기에서 소송당사자란 회원국 또는 EU기관, 선결적 판결소송에 서면보고서를 제출한 이해당사자를 의미한다.112) 이로부터 ECJ는 자체적으로 재판부들에 할당될 사건들의 기준을 정한다.113) 반면 이들 재판부는 소송절차의 어떤 단계에서든지 사건을 ECJ에 회송할 수 있다.114) 소송당사자들은 특정 국적의 재판관을 지정 또는 제외할 것을 요구하지 못하므로,115) ECJ는 회원국의 특별한 절차상의 이해에 대하여 초국가적 법원

고문에 관한 규정은 법원장에게도 동일하게 적용된다. ECJ규칙 제7조의 (2).

109) EC조약 제221조(구 제165조, TFEU 제251조), para.2.

110) ECJ규칙 제10조의 (1), subpara.3.

111) EC조약 제221조(구 제165조, TFEU 제251조), para.3; ECJ규칙 제95조의 (2).

112) ECJ규칙 제95조의 (2), subpara.2.

113) ECJ규칙 제9조의 (3).

114) ECJ규칙 제95조의 (3).

115) ECJ규정 제16조, para.4.

(supranational court)으로 조직되고 운영된다고 볼 수 있다.

소송의 부탁 즉시 ECJ의 법원장은 사건들을 각각의 재판부에 지정 할당하며,116) ECJ의 판결에 대한 중요한 책임은 보고담당재판관117)에게 있다. 동시에 최고법률고문118)(First Advocate General)은 본 사건에 대하여 1명의 법률고문119)을 배정한다.120) 법원장은 ECJ의 법적·사무적 행정을 지시하며, 심문과 심리 시 사회를 주관한다.121) ECJ는 임무의 수행을 위하여 자체적으로 다양한 부서를 둘 수 있다. 예를 들면, 통역부, 번역부, 자료검색부, 법원도서관, 내부행정조직(인사과, 총무과 등을 포함하는) 등이 있다. 법원행정처 직원(Registry staff)은 법원행정처장(Registrar)의 법적·행정적 업무를 보조하고, 법원행정처장은 법원의 다양한 부서들을 활용할 수 있다. 재판관들과 법률고문들은 법률사무비서(référendaires)로 알려진 직원을 3명씩 둘 수 있다. 이 직원들은 재판관들과 법률고문을 위해 사전작업을 수행한다. 또한 재판관과 법률고문은 법률사무비서가 아닌 별도의 3명의 비서직원을 둘 수 있다.

다음으로 ECJ의 기본적 기능을 살펴보면, ECJ는 EU의 '헌법재판소'(constitutional court)로서의 기능을 한다. 즉 EC설립조약(TFEU)상에 규정된 목적의 달성과

---

116) ECJ규칙 제9조의 (2).

117) 당해 보고담당재판관과 법률고문은 각별히 주의하여 사건의 소송 진행에 따라야 한다. 보고담당재판관은 사건의 경과와 결과에 관한 예비보고서를 작성할 책임을 지며, 이 보고서는 후에 재판부에서 청취된다. 결국 보고담당재판관은 판결초안을 작성하게 되는 것이고, 이어서 이것을 수정하여 ECJ 또는 재판부의 합의에 반영한다.

118) ECJ규칙 제10조의 (1).

119) ECJ규칙 제10조의 (2).

120) 매우 공평하고도 독립적으로 활동하는 법률고문은 공개법정에서 ECJ의 임무수행을 지원하기 위하여 그에게 할당된 각 사건에 관하여 합리적인 의견(Advocate General's Opinion)을 제시하여 중재한다. EC조약 제222조(구 제166조, TFEU 제252조), para.2.

121) ECJ규칙 제8조.

EU법에 의한 법치주의의 감시자로서의 역할을 수행한다. ECJ가 회원국들이나 EU기관들이 제소한 사건에 대하여 판결하는 경우, 이러한 사건은 EU기초 설립조약상의 쟁점이어야 하며, 예를 들면 이러한 내용에는 EU의 2차적 법원(규칙(regulations), 지침(directives), 결정(decisions), 권고(recommendations) 및 의견(opinions))의 합법성, 제도적 균형의 보호와 유지, 기본권의 보호 등이 있다. 또한 ECJ는 국내법원의 선결적 판결의 부탁과 관련하여 EU의 '최고 법원'(supreme court)으로서의 기능을 하여 EU법의 통일적 적용을 보장한다. 이는 EC설립조약(TFEU)상의 목적달성에 반하는 회원국의 상이한 EU법의 적용에 대하여 ECJ가 EU사법질서의 통합을 위해 수행하는 사법적 기능이다.[122]

3. 제1심법원(CFI)

먼저 CFI의 구성에 관하여 살펴보면, CFI의 '재판관'은 회원국들의 합의에 의해 6년 임기로 임명된다.[123] 이들은 독립된 개인자격으로 선출되어 회원국에 예속되지 않는 법률사무에 필요한 능력을 갖춘 자들이다. 이들은 3년마다 부분적으로 교체되며, 퇴임하는 재판관일지라도 재선이 가능하다.[124] CFI에서는 재판관의 임명에 있어 국적을 요건으로 하지는 않으나,

---

122) ECJ의 이와 같은 기능과 관련하여 볼 때, 분명한 것은 EU법의 헌법적 쟁점들에 관한 사건은 국내법원 또는 제1심법원에도 제소될 수 있다는 사실이다. 따라서 ECJ만이 EU사법질서의 유일한 감시기관은 아니다. 그러나 국내법원도 결국은 선결적 부탁절차를 통하여 ECJ에 헌법적 쟁점을 제기할 수 있으므로, 선결적 부탁의 대상이 되는 법률문제에 대한 최종적인 사법적 감독기관은 ECJ뿐이다. 그리고 국내법원은 제1심법원의 판결에 관하여 ECJ로 상소를 제기할 수 있는데, 이는 EU 기초 설립조약상의 난해한 법률문제를 판결하는 최종적인 권한을 행사하는 사법기관이 ECJ임을 의미한다. Lenaerts, Arts and Bray, *supra* note 91, p.9.

123) EC조약 제225조(구 제168a조, TFEU 제256조)의 (3).

실제로 각 회원국들은 1명의 재판관을 보유한다. 사무 기간에 공석이 발생하는 경우, 신임재판관은 선임자의 기간을 위해 임명된다.[125]

　　CFI 각각의 재판관은 그의 직무 전, ECJ에서 선서를 한다.[126] CFI 재판관들은 ECJ의 재판관이나 법률고문과 동일한 법적 지위를 가진다.[127] 그리고 다른 정치적 또는 행정적 사무에 종사하거나 기타의 직종에 종사하는 것을 자제할 의무가 있다. 어떠한 재판관도 직무상 필요한 조건을 갖추지 못하여 직무상의 의무를 더 이상 수행할 수 없는 경우, 이러한 사유에 관해서는 CFI의 의견을 청취한 후 ECJ에 의해 그의 직무에서 제명된다.[128] 그러한 제명에 관한 사유의 청취 이전에 적합하다고 판단되는 경우 관련 재판관은 자신의 의견을 CFI에 설명할 수 있다.[129]

　　CFI에는 ECJ와는 달리 원칙적으로 별도의 '법률고문'이 존재하지 않는다. 이는 CFI관할권에 속하여 CFI에 제소되는 모든 사건들이 CFI 재판상 법률고문의 보조를 반드시 필요로 하지 않기 때문이다. 그러나 재판관은 일정한 사건에 대하여 법률고문의 보조를 요청할 수 있다.[130] CFI는 전원재판부에서 법률고문의 보조를 받을 수 있도록 규정되어 있다.[131] 즉 당해

---

124) EC조약 제225조(TFEU 제256조)의 (3).

125) ECJ규정 제7조; ECJ규정 제44조.

126) CFI규칙 제4조의 (1).

127) EC조약 제225조(구 제168a조, TFEU 제256조)의 (2); ECJ규정 제44조.

128) ECJ규정 제44조; CFI규칙 제5조.

129) CFI규칙 제5조.

130) 이렇게 지명된 재판관은 ECJ의 법률고문과 같은 자격과 동일한 기능을 수행하되, 본 사건의 판결에는 재판관으로서 직접적으로 관여하지 아니한다. 이런 특별한 사건에 있어서 법률고문의 임명은, CFI 행정회의 시에 또는 사건의 초기배정 시에 본 사건을 관할하는 재판부의 요구에 의해 이루어진다. CFI규칙 제19조, para.1.

131) CFI규칙 제17조, 제32조의 (1), subpara.2.

사건을 관할하는 재판부는 사건이 법적인 '난해함'이나 '복잡한' 성질을 가진다고 판단되는 경우에 법률고문의 임명을 요구할 수 있다. 이때 CFI의 법원장은 재판관들 중 한 재판관에게 법률고문의 기능을 수행할 것을 지시할 수 있다.[132] 결국 CFI의 소송규칙상 법률고문의 요구는 강제사항이 아니기 때문에, 법률고문으로서 재판관이 지정될 경우에만 법률고문의 임명이 가능하다.[133]

ECJ와는 달리, CFI는 보통 '일반재판부'를 구성하며, 예외적인 경우에만 전원재판부를 구성하거나 또는 단독판사로 재판부를 구성한다.[134] CFI는 3명의 재판관으로 재판부를 구성하거나, 5명의 재판관으로 재판부를 구성할 수 있다.[135] CFI는 각 사건들의 분류기준에 따라서 각 재판부에 사건을 배당한다.[136] CFI 법원장은 법원이 정하는 분류기준에 근거하여 재판부에 당해 사건의 해결을 지시한다. 물론 재판관의 수에 필적할 만큼의 사건을 각 재판부에 할당한다.[137] 재판부의 구성과 재판부 재판장들의 임명은 유럽연합공보(OJ)에 공지된다.[138] 사건의 법적인 난해함, 사건의 중요성 또는 재판을 위한 특별한 환경이 필요한 경우에 당해 사건은 CFI의 전원합의부[139]에 배당되거나 별도의 판사 수로 구성된 재판부에 배당된다.[140]

---

132) CFI규칙 제19조, para.2.

133) CFI규칙 제2조의 (2).

134) CFI규칙 제11조의 (1), 제14조의 (2).

135) CFI규칙 제10조의 (1).

136) CFI규칙 제12조.

137) CFI규칙 제13조의 (1).

138) CFI규칙 제15조, para.3.

139) 소송의 어떤 단계에서든지 재판부는 자체적으로 또는 당사자의 요구에 의하여 본 사건이 전원합의부를 통하여 효과적으로 판단될 수 있다고 제안할 수 있다. 이때 전원합의부의 구성 여부는 당사자 또는 법률고문의 의견을 청취한 후 결정된다. CFI규칙 제51조.

CFI 소송절차는 대부분 ECJ 소송절차와 같다. CFI 법원장의 직무와 권한은 그 범위에 있어서 ECJ 법원장의 내용과 유사하다. 그리고 CFI 재판관은 2명의 법률사무비서(이들은 ECJ의 재판관과 법률고문의 법률사무비서와 같은 동일한 직무를 수행한다)와 2명의 일반사무비서직원의 보조를 받는다. 이는 이들이 다른 법원으로부터 독립을 보장받아 법원장하에서 직접적으로 그리고 배타적으로 법적 기능을 수행하기 위함이다. CFI의 인사에 관해서는, 이사회(Council)의 결정(decision)을 통해 ECJ규정에 다음의 규정이 첨가되었다.

"ECJ 법원장과 CFI 법원장은 공동합의로 CFI의 기능을 위해 봉사할 수 있는 직원을 ECJ에 소속시킨다는 조건하에 그 직원들을 결정한다."[141]

다음으로 CFI의 기본적 기능을 살펴보면, CFI는 EU의 일종 '행정법원'으로서 기능한다. CFI의 기본적 기능은 EU기관의 '불법행위'(unlawful act)나 '부작위'(ommission)에 대하여 자연인이나 법인의 권리를 보호하는 것이다. 한편 CFI의 설립목적은 EU사법질서를 통한 법적 보호를 질적이면서도 효과적으로 달성하기 위함이다. 1988년 이후 발생한 수많은 사건들은 접수할 수 없을 정도로 지연되어 법원에 제소되었다. 더욱이 복잡한 사실관계의 평가를 요하는 사건들에 대하여 ECJ는 더 이상 양질의 법적 보호를 부여할 수 없게 되었다. 1988년 10월 24일 이사회에 의해 제1심법원설립에 관한 결정(Council Decision 88/591)이 채택되었고, 1989년 9월 25일 제1심법원이 설치되었으며, 1989년 11월 제1심법원의 직무가 개시되었다. 이에 따라 '2단 법원체제'(two-tier court system: ECJ와 CFI체제)가 성립되었

---

140) CFI규칙 제14조, para.1.
141) ECJ규정 제45조, para.2.

고, 이로써 EU 차원의 사법적 보호의 질적 향상에 기여하게 되었다.

그런데 EC조약 제225조(1)(구 제168a조(1), TFEU 제256조)에 의하여, CFI관할권의 범위에서 제외되는 것은 오직 '선결적 부탁의 대상'뿐이다. 반대로 그 외 모든 사건은 직접소송의 대상으로 EC조약 제225조(2)(TFEU 제256조)에서 정하는 의결절차에 따라서 CFI의 관할권에 속한다.[142] 현재 자연인이나 법인은 오직 직접소송에 의해 제소하는데, 이는 본래의 EU법에 해당하는 EU기초 설립조약의 적용과는 무관한 것으로서 CFI의 재판관할권에 해당되는 문제의 경우이다.[143] 그러나 EU와 그 직원 간의 분쟁에 대한 직접소송 또는 위반회원국에 대한 회원국이나 위원회에 의한 직접소송은 ECJ가 관할권을 행사한다.[144] CFI의 판결에 대한 상소[145]는 오직 법적인 쟁점에 대해서만 CFI로부터 ECJ로 제소될 수 있다. 이 경우에 CFI는 독자적인 사실조사관할권을 갖기 때문에, 상소소송에 있어서 ECJ는 사실관계에는 크게 관여하지 않으며 오직 법률문제의 해결에 관심을 가진다.4646

ECJ규정 제47조는 ECJ와 CFI 간의 관할권의 배분과 관련하여 세 가지 복잡한 특성을 다루고 있다.[146] 첫째, 형식적인 과실이다. CFI에 제출되어야 할 신청서 또는 소송자료가 과오로 인하여 ECJ의 법원행정처장에게 잘

---

142) EC조약 제225조 (1), (2)(구 제168a조 (1), (2), TFEU 제256조).

143) EC설립조약(TFEU)상 직접소송의 대상 중 자연인과 법인과 무관한 사건에 관해서는 ECJ가 관할권을 행사한다. 그런데 회원국의 EU법위반행위에 대해 다른 회원국이나 위원회는 직접소송을 통해 ECJ에 제소할 수 있으나, 회원국의 위반행위를 간접적으로 평가하기 위해 EU법의 해석에 관한 선결적 판결소송을 이용하는 경우도 있다. Lenaerts, Arts and Bray, *supra* note 91, p.128.

144) EC조약 제236조(구 제179조, TFEU 제270조); EAEC조약 제152조.

145) CFI의 결정에 대한 ECJ의 상소소송절차는 서면절차와 구두절차로 구성된다. 서면절차는 원칙적으로 상소서(appeal)와 응답서(response)로 구성되며(ECJ규칙 제110조, 제111조(1)), 서면절차를 통해 당사자들의 의견이 충분히 반영되지 못한 경우가 아닌 한, ECJ는 구두절차 없이 결정을 내릴 수 있다(ECJ규정 제52조; ECJ규칙 제120조, 제121조).

146) ECSC규정 제47조; EAEC조약 제48조.

못 전달된다거나 또는 그 반대인 경우에, 법원행정처장은 즉시 이를 이송하여야 한다.147)

둘째, 기초적인 과실이다. 만약 CFI가 당해 소송을 심문 및 판결할 관할권이 없음을 발견하는 경우에, 이 사건을 ECJ에 부탁해야 한다. 마찬가지로 ECJ가 CFI의 심문 및 판결할 관할권에 해당하는 소송임을 발견하는 경우에, 이 사건을 CFI에 송부해야 한다. 그리고 그러한 당해 법원은 이송된 사건에 대한 관할권을 거부할 수 없다.148) 이러한 ECJ와 CFI 간의 관할권 배분의 문제는 어떤 법원이 과실로 다른 법원의 관할권에 귀속시켰을 경우에, 당해 법원에 부탁해야 한다는 객관적인 조건에 근거한다. 그런데 이는 당해 사건이 전체적으로 보아 EU사법질서의 범주에 해당하지 않는 경우에 법원(특히, CFI)의 관할권행사의 거부에 영향을 주지 아니한다.

셋째, ECJ와 CFI 양 법원이 동일한 목적을 갖는 사건에 동시에 관여하는 경우가 있다. 즉 자연인이나 법인이 EU의 기관법령에 대하여 CFI에 취소소송을 제기하는 경우, 다른 EU기관이나 회원국이 동일한 소송을 ECJ에 제소하는 경우이다. 예를 들면, 위원회(Commission)의 지위남용에 관하여 공기업이 CFI에 취소소송을 제기한 경우, 그러한 공기업을 위하여 회원국이 ECJ에 동일한 취소소송을 제기하는 경우가 있다. 이에 관하여 ECJ규정 제47조의 3단은 이 문제를 다음과 같이 해결하고 있다.

"ECJ와 CFI가 동일한 법적 구제에 대하여 경합하는 경우에, EU법의 해석이 논점으로 제기되거나 EU기관행위의 효력(유효성)이 문제되는 경우, CFI는 당사자를 심문한 후 ECJ에 이송될 때까지 당해 소송의 유예를 결정

---

147) ECJ규정 제47조, para.1.
148) ECJ규정 제47조, para.2.

할 수 있다. EU기관행위의 무효선언을 이유로 CFI에 제소되었을 경우, ECJ가 그러한 신청을 규율하게 하기 위하여 CFI는 관할권을 거부할 수 있다. 위의 두 경우, ECJ는 CFI가 소송을 속개하기 전에 당해 소송의 유예를 결정할 수 있다."149)

그런데 이러한 해결방법은 많은 주의를 요한다. ECJ는 CFI가 소송을 CFI에 계속 귀속시키도록 강요할 수 없으며, 취소소송의 경우에는 소송의 성질상 당해 관할권을 거절하도록 강요할 수 없다. 이는 ECJ와 CFI 양 법원의 사법적 독립을 반영한 것으로, "제1심법원은…… 할 수 있다."(Court of First Instance may…….)라는 말로 표현되었다. 일반적인 사건의 경우에 ECJ는 ECJ에 제소되기 전에 CFI가 그러한 사건을 판결해 주는 것을 선호한다.

V. 감사원

감사원(Court of Auditors)150)은 이전에는 공동체의 단순한 기관(simple organ)이었으나, Maastricht조약에 의해 공동체의 주요 기관(institution)151)으로 승격되었다. 감사원의 임무는 회계감사를 이행하는 것이며 Luxemburg에 소재한다.

---

149) ECJ규정 제47조, para.3.
150) EC조약 제246조(구 제188a조, TFEU 제285조).
151) EC조약 제7조의 (1)(구 제4조의 (1), TFEU에 의해 삭제됨).

1. 구성

감사원은 15명으로 구성되며, 6년 임기로 이사회의 만장일치로 임명하며 재임이 가능하다. 이때 '이사회'는 '유럽의회'의 자문을 받은 후에 위원들을 임명한다. 감사원은 각국에서 대외회계기관(external audit bodies)에 속하거나 속해 왔던 사람 중에서 선출되거나 또는 이 직무에 특별히 자격과 능력을 갖춘 사람 중에서 선출된다. 감사원장은 3년을 임기로 구성원 중에서 선출되며, 재선이 가능하다.[152]

감사원 위원들은 위원회의 구성원이나 재판관과 같이 그들의 임무를 수행함에 있어서 완전한 독립이 보장되어야 하며, 자국의 어떠한 지시를 받아서도 아니 되며, 여타의 직업에 종사할 수 없으며, 그 직무에 대하여 진지하게 임무를 수행하며, 청렴결백하게 행동해야 하며, 직무기간이나 그 후에도 신중하게 행동해야 한다. 이들은 ECJ 판결에 의해 강제 퇴임될 수 있다.[153]

2. 직무

명백하게 배제되지 않는 한, 감사원은 EU와 EU에 의해 설립된 모든 기구들의 세입(revenue)과 지출(expenditure)에 대한 회계를 심사한다.[154]

감사원은 거래의 기초를 이루는 회계대차(accounts)와 적법성(legality)과 일반성(regularity)을 신뢰할 만한 진술서(평가서)를 '유럽의회'와 '이사회'에 제출해야 한다.[155]

---

152) EC조약 제247조의 (2), (3)(구 제188b조의 (2), (3), TFEU 제286조).
153) EC조약 제247조의 (4), (5), (6)(구 제188b조의 (4), (5), (6), TFEU 제286조).
154) EC조약 제248조의 (1)1(구 제188c조의 (1)1, TFEU 제287조).

감사원은 수입과 지출의 적법성과 일반성에 대해 심사하며, 재정에 대한 경영의 건전성에 관하여 심사한다. 감사원은 EU의 모든 기술사항(premises)과 모든 기록(records)들에 대하여 방문 심사할 권리를 갖는다. 회원국이 관련되는 경우 그 회계는 국내회계기관(national audit bodies)의 연락관을 통하여 이행되어야 한다. 기관들(institutions)과 회원국들은 감사원의 직무수행에 필요한 자료(documents)와 정보(informations)를 제공해야 한다.156)

감사원은 여러 EU기관들이 관측할 수 있도록 관보(Official Journal)에 공고하는 연례보고서(annual report)를 작성한다. 또한 이는 EC조약(TFEU)상 규정되어 있지는 않지만, 감사원은 그러한 관측에 대한 감사원의 답변 또는 설명을 공지한다. 그런데 이는 EU기관들에게는 불리하게 작용되는데, 왜냐하면 이러한 답변에 대하여 자신들의 견해를 알릴 수 있는 가능성이 희박하기 때문이다. 또한 감사원은 특별한 문제에 관해서는 특별보고서(special reports)를 제출할 수 있고, 여타 기관의 요청에 대해 감사원의 견해(opinions)를 전달할 수 있다.157)

감사원의 역할은 예산(budget)의 이행을 조율하는 '유럽의회'와 '이사회'를 보조한다는 EC조약(TFEU)상의 문구에 의해 가장 잘 요약되어 표현된다고 할 수 있다.158)

---

155) EC조약 제248조의 (1)2(구 제188c조의 (1)2 TFEU 제287조).
156) EC조약 제248조의 (2), (3)(구 제188c조의 (2), (3), TFEU 제287조).
157) EC조약 제248조의 (4)(구 제188c조의 (4), TFEU 제287조).
158) EC조약 제248조의 (4)4(구 제188c조의 (4)4, TFEU 제287조).

Ⅵ. 유럽중앙은행

유럽통화기구(European Monetary Institute: EMI), 유럽중앙은행제도(European System of Central Banks: ESCB), 유럽중앙은행(European Central Bank: ECB)은 Maastricht조약에 의하여 설립되었다.[159] 이들은 일정한 범주 내에서 EU의 경제와 통화정책(Economic and Monetary Policy)을 이행하는 각각의 임무를 수행하며 그 권한을 행사한다. 아래에서는 제도적 측면을 간단히 살펴보고자 한다.

유럽통화기구(EMI)[160]는 경제 및 통화정책에 대한 제2단계에서 구성되어 독자적인 법인격을 가지며, 각 회원국들의 중앙은행장들로 구성된 이사회에 의하여 지시를 받으며 운영된다. 이들 중 이사회에 의하여 부의장이 임명된다. 유럽통화기구의 의장은 유럽의회와 이사회의 자문 후 은행장위원회(Committee of Governors)의 추천에 의하여 유럽이사회(European Council)가 임명한다. 유럽통화기구 의장은 통화와 은행 업무에 있어서 명성이 있으며, 전문적인 경험이 있는 자 중에서 선출된다. 자체의 내규는 공동체조약에 부속된 의정서에 규정되어 있다. 제3단계에서는 1993년 10월 29일 유럽이사회(European Council)의 결정에 따라 유럽통화기구(EMI)가 유럽중앙은행(ECB)으로 대체되었다. 따라서 Frankfurt에 있는 유럽통화기구(EMI)의 체제는 그대로 유럽중앙은행(ECB)으로 이전되게 되었다.

유럽중앙은행제도(ESCB)[161]는 제3단계에서 기능이 시작되며, ECB와 회원

---

159) EC조약 제8조(구 제4a조, TFEU에 의해 삭제됨).
160) EC조약 제117조(구 제109f조, TFEU 제141조).
161) EC조약 제107조(구 제106조, TFEU 제129조).

국중앙은행들(national central banks)로 구성된다. 유럽중앙은행제도(ESCB)는 독자적인 법인격을 가지며, ECB의 의결기구들에 의해 운영된다. 이러한 기구들에는 통제이사회(Governing Council)와 행정위원회(Executive Board)가 있다. 유럽중앙은행(ECB)[162]은 제3단계에서 EMI를 대신하며, 통제이사회와 행정위원회의 지시를 받는다. EMI의 청산에 관해서는 EMI의 법령에 규정되어 있다. ① 통제이사회[163]는 행정위원회의 구성원들과 회원국중앙은행장들로 구성된다. ② 행정위원회[164]는 의장, 부의장 그리고 통제이사회 구성원 4명으로 구성된다. 이들은 8년을 임기로 통화와 은행업무에 있어서 명성이 있으며 전문가적 경험을 갖춘 자 중 회원국 정부들의 동의에 의해 임명된다. 그 임명은 이사회의 추천에 의하여 유럽이사회(European Council)가 결정한다. 이때 이사회는 먼저 유럽의회와 통제이사회의 자문을 받아야 한다. 유럽중앙은행(ECB) 의장은 유럽중앙은행제도(ESCB)의 목적과 직무에 관련된 문제를 논의하는 경우 이사회 회의에 초청된다.[165] 분명한 것은 모든 것이 국가최고화폐기관(highest national monetary institutions)과 EU 최고의결기관(highest decision-making authorities within the Community)을 밀접하게 연결시키도록 규정되어 있다는 것이다. 유럽중앙은행(ECB)의 연차보고서는 유럽의회와 유럽이사회(European Council), 이사회, 위원회에 보고된다. 이 연차보고서는 유럽중앙은행(ECB) 의장에 의해 이사회와 유럽의회에 보고되는데, 유럽의회에서는 이에 대한 일반적인 논의가 진행된다.[166] ③ 자문적 지위를 갖는 통화위원회(Monetary Committee)는 역내

---

162) EC조약 제123조(구 제109l조, TFEU 제140조~제141조).

163) EC조약 제112조의 (1)(구 제109a조의 (1), TFEU 제283조).

164) EC조약 제112조의 (2)(구 제109a조의 (2), TFEU 제283조).

165) EC조약 제113조의 (2)(구 제109b조의 (2), TFEU 제284조).

시장 기능 확대를 위한 회원국들 정책의 조화를 증진시키기 위해 설립되었다.167) 통화위원회의 직무는 회원국들과 EU의 금융과 재정상태(monetary and financial situation)를 검토하고 회원국의 일반지출체계를 검토하는 것으로, 이를 이사회와 위원회에 보고한다.168) 이는 '자본의 이동'과 관련된 이사회의 업무에 기여하며, 회원국들의 경제정책 방향이 된다.169) 그리고 재정기관들에 관여하며, 공공기관의 범죄와 정부의 결손에 관여하며, 경제화폐연합(Economic and Monetary Union: EMU)의 과도적 규정들에 관여한다. 제3단계에서 통화위원회는 경제재정위원회(Economic and Financial Committee)로 대체되고, 그 직무는 전과 동일하며,170) 다만 제3국과 국제기구와의 재정관계가 첨가되었으며,171) 경제재정위원회의 구성원의 임명에 유럽중앙은행(ECB)도 관여한다는 것이 첨가되었다.172) 대체되는 경제재정위원회의 구성원은 유럽중앙은행(ECB)과 통화위원회(Monetary Committee)의 자문 후, 위원회의 제안에 기초하여 이사회에 의해 결정된다.

---

166) EC조약 제113조의 (3)(구 제109b조의 (3), TFEU 제284조).
167) EC조약 제114조의 (1)1(구 제109c조의 (1)1, TFEU 제134조).
168) EC조약 제114조의 (1)2, 3(구 제109c조의 (1)2, 3, TFEU 제134조).
169) EC조약 제114조의 (1)4, 5(구 제109c조의 (1)4, 5, TFEU 제134조).
170) EC조약 제114조의 (2)(구 제109c조의 (2), TFEU 제134조).
171) EC조약 제114조의 (2)4(구 제109c조의 (2)4, TFEU 제134조).
172) EC조약 제114조의 (2)7(구 제109c조의 (2)7, TFEU 제134조).

Ⅶ. 경제사회위원회 · 지역위원회

1. 경제사회위원회

경제사회위원회(Economic and Social Committee)는 EU의 의결절차에서 주로 '자문역할'(consultative role)을 수행한다.173) 경제사회위원회는 일반적으로 최종결정이 채택되기 전 이사회의 요청에 의해 자문 직무를 담당하고, 이때 유럽의회가 함께 관여한다. 만일 이사회가 EC조약(TFEU)상의 규정대로 경제사회위원회에 자문을 구하는 것을 소홀히 한 경우, 중요 절차요건(essential procedural requirement)의 위반으로 ECJ에 의해 법령이 무효로 처리될 수 있다.

경제사회위원회는 이사회나 위원회에 의해, 또한 경제사회위원회 자체 발의에 의해174) 자문역할을 수행한다. 이사회와 위원회는 필요한 경우 경제사회위원회에 의견서 제출을 위한 1개월의 기한을 정할 수 있으며, 기한이 만료된 경우 의견서의 부재를 이유로 후속조치를 해하지는 아니한다.175) 이 경우 이사회는 위원회의 자문을 받아야 하며, 공동체와 관련된 경제영역과 사회영역을 대표하는 여타 기구들의 의견도 수렴하게 된다.176) 1972년 Paris정상회담(Paris Summit meeting)에서 국가대표들은 "앞으로 공동체기관들(Community institutions)은 자체 발의권에 의하여 공동체에 영향

---

173) EC조약 제257조의 (1)(구 제193조의 (1), TFEU에 의해 삭제됨).
174) EC조약 제260조의 (3)(구 제196조의 (3), TFEU 제303조), 제262조의 (1)(구 제198조의 (1), TFEU 제304조).
175) EC조약 제262조의 (2)(구 제198조의 (2), TFEU 제304조).
176) EC조약 제259조의 (2)(구 제195조의 (2), TFEU 제302조).

을 주는 모든 문제에 대하여 경제사회위원회의 자문에 대한 승인을 할 수 있다.”고 결의하였다.177) 경제사회위원회는 ‘농업’과 ‘운송’과 같은 특별 분야에 있어서는 관련 규정들에 구속된다. 그리고 이러한 특별 분야들은 경제사회위원회의 자문역할에서 독립할 수 없다.178)

경제사회위원회의 구성원은 재임이 가능한 4년의 임기로, 개인적 자질을 갖춘 자로 이사회의 만장일치에 의해 임명된다.179) 이들은 직무상 완전한 독립이 유지되어야 하였고,180) 경제와 사회 활동의 다양한 범주의 대표자들로 구성되었다.181) 경제사회위원회의 의장과 그 외 관료는 2년을 임기로 구성원 중에서 선출된다.182) 경제사회위원회는 Brussels에 소재한다.

2. 지역위원회

지역위원회(Committee of the Regions)는 Maastricht조약에 의해 설립되어 지역적 · 지방적 기구들(regional and local bodies)의 대표자들로 구성되어 자문적 역할을 수행하는 지위를 갖는다.183)

지역위원회는 경제사회위원회와 마찬가지로 4년 임기의 구성원으로 구성되며, 재임이 가능하고, 각 회원국들의 제안에 대한 이사회의 만장일치에 의하여 임명된다.184) 구성원은 어떠한 지시에도 구속되지 않으며, EU 일반

---

177) See the own-initiative opinions in [1988] OJ C95, C134 and C318.
178) EC조약 제261조(구 제197조, TFEU에 의해 삭제됨).
179) EC조약 제258조의 (1), (2)(구 제194조의 (1), (2), TFEU 제301조).
180) EC조약 제257조의 (3)(구 제193조의 (3), TFEU에 의해 삭제됨).
181) EC조약 제257조의 (2)(구 제193조의 (2), TFEU에 의해 삭제됨).
182) EC조약 제260조의 (1)(구 제196조의 (1), TFEU 제303조).
183) EC조약 제263조의 (1)(구 제198a조의 (1), TFEU에 의해 삭제됨).

이익상의 직무 수행상 완전한 독립을 누려야 한다.[185]

지역위원회는 2년 임기의 의장과 관료들을 구성원 중에서 선출하며, 이사회나 위원회의 요청에 의하여 또는 지역위원회 자체 발의에 의하여 회합한다.[186]

지역위원회는 EC조약(TFEU) 규정상 이사회와 위원회에 대하여 자문하며, 기타의 모든 경우에는 두 기관이 필요하다고 판단되는 경우에 자문이 행해진다.[187] 지역위원회는 적절하다고 판단되는 경우 자체 발의에 의하여 의견을 표명할 수 있다.[188] 위원회와 이사회는 지역위원회의 의장에게 통지된 지 1개월 내에 자체의견을 제출하도록 기한을 정하며, 기한 만료 시 의견 부재를 이유로 하여 후속조치를 해하지는 아니한다.[189] 경제사회위원회가 EC조약 제262조(구 제198조, TFEU 제304조)에 의거하여 자문을 하는 경우, 이사회나 위원회는 지역위원회에도 의견을 타진해야 하며, 특별한 지역적 이해관계에 관한 문제라고 판단되는 경우에 지역위원회는 이에 대하여 자신의 의견을 표명할 수 있다.[190] 지역위원회의 의견은 진행기록과 함께 이사회와 위원회에 발송된다.[191]

---

184) EC조약 제263조의 (2), (3)(구 제198a조의 (2), (3), TFEU 제305조).

185) EC조약 제263조의 (4)(구 제198a조의 (4), TFEU 제305조).

186) EC조약 제264조(구 제198b, TFEU 제306조).

187) EC조약 제265조의 (1)(구 제198c조의 (1), TFEU 제307조).

188) EC조약 제265조의 (4)(구 제198c조의 (4), TFEU 제307조).

189) EC조약 제265조의 (2)(구 제198c조의 (2), TFEU 제307조).

190) EC조약 제265조의 (3)(구 제198c조의 (3), TFEU 제307조).

191) EC조약 제265조의 (5)(구 제198c조의 (5), TFEU 제307조).

제4장 EU법의 법원*

       EU정책결정의 주요방향은 유럽의회, 이사회 그리고 위원회에 의해 이루어진다. 그런데 실제로는 설립조약규정과는 달리 행해지기도 한다.[1] 이로써 '규칙'(Regulations)이나 '지침'(Directives)보다는 '결정'(Decisions)의 채택이 증대되기도 한다. 또한 이사회의 선언(declarations) 이외에도 방침(programmes),[2] 결의(resolutions)를 통해 이루어지기도 하는데, 이러한 내용은 이사회뿐 아니라 이사회 내의 회원국 정부 대표자들에 의해서도 공표된다. 이를 위해 유럽연합조약(Treaty on European Union: TEU)은 '국가나 정부의 수뇌들로 구성된 이사회회의'(Council meeting in the composition of the Heads of State or of Government)를 추가로 구성하였다.

    그러나 이러한 법령들은 직접적으로 권리와 의무를 발생시키지 못한다. 왜냐하면 이러한 법령은 모두 법원에서 참조될 수 있는 합법성을 지닌 법

---

* 이 내용은 김두수, 『EU법론』, 파주: 한국학술정보, 2007, 제6장을 참고하였음.

1) P. S. R. F. Mathijsen, *A Guide to European Union Law*(London: Sweet & Maxwell, 1999), p.25.

2) EC조약 제44조(구 제54조, TFEU 제50조).

령으로서 제정되는 것이 아니기 때문이다. 또한 이는 항상 위원회의 제안으로 공표되는 것도 아니고, 유럽의회나 경제사회위원회가 반드시 자문해야 하는 것도 아니다. 그럼에도 불구하고 이러한 법령들은 본질적인 EU의 정책을 형성한다. 그리고 그 결과로서 EU 자체의 발전에 기여한다. 때때로 그 내용이 중요해질수록 절차와 형식은 덜 형식적이 된다. 그럼에도 불구하고 설립조약에 의해 명확히 규정된 법령들은 여전히 EU의 정책결정과정에서 중요한 역할을 하고 있으며, 이러한 설립조약의 내용은 합법성, 법적 통제와 법적 보호를 보장받게 된다.3)

EU기초 설립조약 이후 EU기관들은 EU의 목적을 이행하는 책임을 지게 되었으며, 이를 수행하기 위해 규칙, 지침, 결정, 국제협정, 권고, 의견 등의 법령을 제정할 수 있는 권한을 부여받게 되었다. EU법의 발전에 있어서 각 법령들은 특별한 기능을 수행하고 있으며, EU기초 설립조약은 법령들이 채택되어야만 하는 몇몇 경우를 명백히 규정하고 있다.4) 이러한 EU법령들에 대한 이해는 EU를 이해하는 데에 필수적이다. 따라서 아래에서는 EU법령의 종류와 특징에 관하여 살펴본다.

Ⅰ. 공동체 설립조약

EU의 기초가 되는 설립조약에는 ECSC설립조약, EC설립조약(TFEU를 의미함), Euratom설립조약이 있다. 이 설립조약들은 의심의 여지없이 직접

---

3) T. C. Hartley, *The Foundations of European Community Law*(Oxford: Clarendon Press, 1994), p.196.
4) EC조약 제249조의 (1)(구 제189조의 (1), TFEU 제288조).

효력을 갖는 법으로서 국내법원에 의해 국내법의 범주로 수용되었다. 이 세 개 공동체설립조약들은 단일유럽의정서(SEA)와 유럽연합조약(TEU)에 의해 수년에 걸쳐 개정되었다. 특히 유럽연합조약(TEU)은 EU의 정치적 '헌장'이라고 주장되고 있다. 비록 TEU가 국내 헌법과 같이 모든 임무를 수행할 수는 없다 하더라도, TEU는 헌법에서 일반적인 주제로 다루기 부적절한 내용을 다수 다루고 있으며, 그 내용은 정책의 형태로서 구성되었다. 구체적으로 한편으로는 일반적인 원칙(general principles)의 선언 형태를 취하고 있고, 다른 한편으로는 발전되어야 하는 정책 분야(policy sectors)를 한정하는 형태를 취하고 있다.5) 이러한 정책에는, ECSC설립조약상의 석탄과 철강정책, Euratom설립조약상의 핵에너지정책, EC설립조약(TFEU)상의 농업정책, 사회정책, 운송정책, 지역정책, 환경정책, 과학개발연구정책, 경제통화동맹정책 등이 있다.

Ⅱ. 2차 입법6)

EU의 입법(규칙, 지침, 결정, 권고 및 의견)은 EP와 협력하여, 이사회와 위원회가 채택함으로써 형성된다.7) 입법은 주로 위원회의 제안으로 이루어지는데, 이때 위원회의 제안에 대하여 수정을 필요로 할 경우 이사회의 만

---

5) Neill Nugent, *The Government and Politics of the European Union*(London: Macmillan Press, 1994), pp.209~210.

6) EC조약 제253조(구 제190조, TFEU 제296조), ECSC조약 제15조: 유럽 의회와 이사회에 의해 공동으로 채택되는 규칙, 지침, 결정 그리고 이사회 또는 위원회에 의해 채택되는 그러한 법령은 그 기초가 되는 이유를 명시해야 한다.

7) EC조약 제249조(구 제189조, TFEU 제288조).

장일치를 요하며, 위원회는 이사회가 입안을 거부하는 동안 그 제안된 법안을 변경할 수 있다.8) 이로서 이사회와 위원회는 상호 견제한다.

1. 규칙

규칙(regulations)은 모든 회원국에 대한 일반적 적용성을 가지며, 이행해야 하는 결과와 방법 선택에 있어 모두 구속력을 가진다.9) 따라서 연방적 성격을 갖는 규칙은 EU의 법질서 형성을 위한 중요한 법원(法源)이다.

규칙의 구체적 특성은 다음과 같다. 첫째, 규칙은 '일반적 적용성'이 있는데, 일반적 적용성이란 수범자가 불특정 다수라는 것을 의미한다. 둘째, 규칙은 '전체적 구속력'을 가지는데, 여기서 '구속력이 있다'는 것은 수범자에게 권리를 부여하거나 의무를 부과함을 말한다. 그리고 '전부' 구속력이 있다는 것은, 지침과 같이 달성될 결과에 대해서만 구속력을 가지는 것이 아니라, 국내법률과 같이 규칙에 담겨 있는 모든 규정이 구속력이 있음을 의미한다. 즉 '결과' 이외의 '형태나 방법' 등에 관한 사항에 대해서도 구속력을 가진다. 따라서 규칙에 결과 달성의 방법이 명시되어 있으면 이것도 구속력이 있다. 회원국들에게는 규칙 내의 여러 조항을 선별하여 자국민 또는 자국의 이익에 불리한 부분의 적용을 거부할 권리가 없다. 셋째, 규칙은 '직접 적용성'을 가지는데, 직접 적용성이란 규칙이 제정됨과 동시에 자동적으로 회원국 내 법질서의 일부를 형성하며, 따라서 효과 발생을 위한 특별한 국내적 편입절차(national legislation)가 요구되지 않는다. 넷

---

8) EC조약 제250조(구 제189a조, TFEU 제293조).

9) EC조약 제249조의 (2)(구 제189조의 (2), TFEU 제288조)). Euratom조약 제161조.

째, 규칙은 '모든 회원국 내'에서 직접 적용된다. 따라서 규칙은 EU의 모든 영토에서 법적 효력이 발생한다.

2. 지침

어떤 국제기구도 지침(directives)과 같은 성격을 지닌 규정은 없으며, 이는 EU에서 가장 특이한 입법 장치이다. 지침은 이사회에 의해서, 위원회에 의해서, 유럽의회와 이사회의 협력으로 채택된다. 이러한 지침은 EC조약 제249조(구 제189조, TFEU 제288조)에는 단지 그 기능만 언급하고, 제249조(TFEU 제288조)는 일단 이사회와 위원회에 지침을 채택할 수 있는 권한을 부여할 뿐이다. 이 지침도 구속력이 있는 법령이다. 그러나 규칙과는 달리 '전부' 구속력이 있는 것은 아니고, 달성될 '결과'에 대해서만 구속력이 있으며, '형식과 방법'의 선택은 회원국에게 위임되어 있다. 즉 지침에 있어서는 목표만을 수립하고, 적당하다고 생각하는 방법은 회원국에 위임하고 있다. 하지만 지침은 국내법으로의 변형이 필요한데, 이로 인해 회원국들은 중요한 이해관계에 직면한다.[10] 분명한 것은 지침이 회원국에 의해 그 이행조치가 취해져야 한다는 것을 예정하고 있다는 것이다. 따라서 회원국들은 자국의 이익을 위해 지침을 위반하지는 못한다. 이러한 지침을 불완전이행하거나 불이행하는 경우 막대한 벌금을 부과받을 수 있다.

지침에 있어서 주의할 것은, 제249조(현제288조) 규정상으로 지침은 직접 적용성이 없으며, 그 수범자도 회원국에 한정되어 있다는 것이다. 따라서 실제 모든 회원국들은 항상 지침을 이행해야 할 직접적 의무가 없다고

---

10) Elies Steyger, *Europe and its Members: A Constitutional Approach*(Aldershot: Dartmouth, 1995), p.89.

주장해 왔다. 따라서 중요 문제는 규칙의 형태로 규정하며 그 밖의 것은 지침의 형태를 취하게 된다. 이처럼 지침은 외관상으로는 연방적 성격이 없는 것으로 보인다. 그러나 ECJ는 이처럼 지침이 회원국을 상대로 발표되지만, 해당 국민은 그로부터 직접적인 권리를 향유할 수 있다고 봄으로써, 그 성격을 규칙 또는 연방적 법령에 근접시키고 있다. 즉 국내법원은 직접효력을 갖지 않는 EU규정, 곧 지침의 합법성과 관련하여 ECJ에 선결적 판결을 부탁할 수 있다. 지침의 효과에 대해 유권적 해석기관인 ECJ에 제소할 수 있다는 것은 지침이 연방적 성질을 가짐을 보여 준다.

이러한 지침은 기한이 완료되기 전에는 직접효력을 갖지 못하는데, 이 또한 규칙과의 차이점이다. 한편 규칙과 EU기초 설립조약들은 회원국 국민 개인에게 권리와 의무를 부여하지만, 지침은 회원국에게는 의무부여가 가능하나 개인에게는 의무부여가 원칙적으로 불가능하다. 개인과 관련된 지침이 문제가 될 경우에도, 단지 ECJ는 법률사항을 관할할 뿐, 사실문제는 국내법원이 관할한다. 개인과 관련된 법률문제도 개인이 아니라 국가가 판결을 ECJ에 부탁하는 경우이며, 개인이 지침과 관련하여 직접 제소할 수 없다. 지침의 효과에 있어서 이제는 지침의 수평적·수직적 효과의 구별이 사라지고 있다.

3. 결정

결정(decisions)은 당해 수범자들에게 전부 구속력이 있다. '전부' 구속력이 있다는 점에서 규칙과 같고 지침과 다르다. 결정은 또한 오로지 확정된 개개의 수범자들을 대상으로 한다. 이러한 '개별 적용성'으로 인해 수범자는 하나 혹은 둘 이상의 회원국일 수도 있고 회원국 내의 하나 혹은 둘 이상의 개인일 수도 있다. 다만 수범자가 다수인 경우에는 당해 결정에서 그들을 일일이 지칭할 필요는 없고 수범자의 집단이 확인될 수 있을 정도면 충분하다.

일반적으로 결정은 위원회 또는 이사회가 개별 문제를 다루는 수단이 된다. 따라서 결정을 국내 행정법상의 '행정행위'에 비유한다. 하지만 실제는 결정의 내용이 추상적인 입법적 성격의 결정도 많이 채택되고 있다. 그 결과 지침과 비슷하게 일정한 목적을 달성하기 위해서 회원국에 대해 필요한 조치를 취할 것을 요구하는 결정도 있고, 규칙과 같이 일반규칙을 수립하는 결정도 있다.

4. 권고 및 의견

'권고'(recommendations)란 일정한 상대방에게 특정행위를 권하는 국제기구의 일방행위이며, '의견'(opinions)이란 특정대상자 없이 제3자의 요청으로 단순한 견해를 표시하는 것이다. 이러한 권고 및 의견은 모두 구속력이 없다. 이들은 대부분 회원국 정부에 대해 내려지지만, EU기초 설립조약에 명시되어 있는 몇몇의 경우에는 한 개인, 다수인 또는 일정한 사업가에 대해서도 내려질 수 있다. 권고와 의견의 차이점을 분명히 말하기란 쉽지 않다. 일반적으로 그 목적이 수범자로부터 행동(EU 집행기관이 회원국들의 국내법규를 조화시키기 위한 간접적인 행동수단)을 얻는 것이면 '권고'이고, 제3자의 요청에 대해 어떤 관점인가를 표현하는 것이면 '의견'이다.

Ⅲ. 국제법(국제협정)

　여기서의 국제법이란 주로 국제협정을 의미하는데, 이 국제법은 구속력과 이행강제에 있어 미비한 점이 있지만, ECJ는 때때로 EU의 발전을 위해 국제법을 인용한다. 이러한 사법심사는 EU가 고유의 국제적 법인격을 갖추어 감으로써 그리고 회원국들로부터 권한을 위임받음으로써 성립되었다. 이를 통해 국제법이 ECJ의 재판에 적용되었다. 예를 들면, 조약법과 관련된 국제기구의 특권과 면제가 있다.

　EU가 당사자인 많은 국제협정들은 종종 국제법상으로는 다소 다른 차원으로 이해되고 있다. 그러나 그러한 국제협정들이 EU 내에서는 유럽연합의 입법으로 수용되어 이행되기 때문에, 그러한 국제협정들은 EU의 입법과 동등하다. 즉 EU가 당사자가 되어 체결한 국제협정은 유럽연합이 입법한 것으로 수용되어 회원국에 직접 적용된다. 여기에서 '구속력이 있다'는 것은 국제협정이 EU법의 일부를 형성함을 의미한다. 따라서 EU법도 국내법과 마찬가지로 하나의 통일된 법체계를 형성한다. 그렇다면 EU에 대하여 구속력을 가지는 국제협정은 EU법체계 내에서 어느 정도의 서열에 있는가가 문제이다. 그런데 협정체결권을 포함한 EU의 모든 권한은 설립조약에서 나온다. 따라서 EU기초 설립조약과 국제협정 사이에서는 당연히 EU기초 설립조약이 우선한다.

Ⅳ. 법의 일반원칙

3개의 모든 공동체설립조약들은 ECJ에 의하여 이 설립조약의 해석과 적용에 있어서 '법의 준수'를 보장하는 관할권을 인정하고 있다.11) 그런데 이 EC설립조약 제220조(구 제164조), ECSC설립조약 제31조, Euratom설립조약 제136조 그리고 명백하게는 EC설립조약 제230조(구 제173조, TFEU 제263조)와 제288조(구 제215조, TFEU 제340조)는 명문화된 EU법 규정만이 EU의 법원으로 인정될 수 있는 유일한 법적 근거가 아님을 함축하고 있다.

이는 ECJ가 그 판결 시 '법의 일반원칙'의 적용이 필요한 경우에 당해 일반원칙을 적용할 수 있음을 의미한다. 현재는 정확하게는 무엇이 법의 일반원칙이냐를 놓고 논쟁이 있기도 하다. 결국 법의 일반원칙은 회원국들의 법제를 비교법적으로 연구하여 적용하여야 할 것이다.

또한 ECJ에 의해 인용된 법의 일반원칙에는 기본권이 있는데, 이는 현재 TEU 제6조(구 제F조)에 명백하게 규정되어 있다. 즉 "유럽연합은 1950년 11월 4일 Rome에서 서명한 인권과 기본적 자유의 보호에 관한 유럽대표자회의(European Convention for the Protection of Human Rights and Fundamental Freedoms)에 의해서, 회원국 공통의 전통으로서 그리고 공동체법의 일반원칙으로서, 기본권을 존중해야 한다."12)는 것이다. 법의 일반원칙은 종종 법원의 판결을 이끌어 내는 법적 참작으로서 중요하다. 이로서 재판관의 자의적 판결을 방지하고, 법의 흠결로 인한 재판 불능을 예방하기 때문이다. 기본권과 관련해서는 EU의 기본권헌장이 채택된 바 있다.

---

11) EC조약 제220조(구 제164조, TFEU에 의해 삭제됨); ECSC조약 제31조; Euratom조약 제136조
12) TEU 제6조의 (2)(구 제F조의 (2)).

다음은 ECJ에 의해 다수 인용되었던 법의 일반원칙들이다.13) 적법의 기대가능성 보장(protection of legitimate expectation),14) 청문권(right to be heard),15) 법적 확신(legal certainty),16) 동등하게 대우받을 권리(equality of treatment),17) 비례성의 원칙(proportionality),18) 충실한 행정운영과 감독(good administration)19) 등이다.

Ⅴ. 사법적 해석과 판결

일반적으로 국제법상으로는 '선례구속의 원칙'이 적용되지 않아, 당해 판결은 당해 사건에 대해서만 효력을 갖는다. 그런데 이런 판례법은 영국과 아일랜드를 제외한 대부분 EU회원국 내에서 전통적으로 법원으로서의 주된 기능을 하지 못하였음에도 불구하고, ECJ의 판결은 EU법의 한 부분을 형성해 왔다. 이는 법의 올바른 해석과 적용을 보장하기 위해 ECJ에 인정된 권한이다. 또한 이는 EU의 성문법 불명확성과 불완전성에서 기인한다.

EU의 성문법 불명확성과 불완전성은 다음과 같은 요인으로 발생한다.

---

13) L. Neville Brown and Tom Kennedy, *The Court of Justice of the European Communities* (London: Sweet & Maxwell, 2000), pp.345~367.

14) Case 112/77, *Töpfer v. Commission*: [1978] ECR 1019 at 1033(19).

15) Case 17/74, *Transocean Marine Paint Association* v. *Commission*: [1974] ECR 1063 at 1080(15), [1974] 2 CMLR 459.

16) Case 21/81, *Openbaar Ministerie* v. *Bout*: [1982] ECR 381 at 390(13), [1982] 2 CMLR 371.

17) Case 148/73, R *Louwage* v. *Commission*: [1974] ECR 81 at 89(12).

18) Case 122/78, *Buitoni* v. *FORMA*: [1979] ECR 677 at 684(16), [1979] 2 CMLR 665.

19) Joined Cases 33 and 75/79, *Kuhner* v. *Commission*: [1980] ECR 1677 at 1698(25).

새로운 EU와 기존 공동체와의 관계, 타협으로 인한 미약한 의결절차 문제와 제2차 입법으로의 회피, EU의 발전에 부합하는 성문법 영역의 빠른 변화 속도가 그것이다. 따라서 EU의 다양한 권한의 영역에 있어서 ECJ가 상세한 법령에 기초한 판결을 내릴 수 없는 경우도 존재한다. 또한 다양한 사건들이 법원에 제소됨으로써,[20] ECJ는 불가피하게 기술적이고도 문법적인 해석이 불가능할 경우도 있다. ECJ는 이를 극복하고자 해석을 통하여 법을 명확하게 하고, 나아가 새로운 법을 창출하기도 한다. 이는 회원국 국내법원들이 ECJ의 판결을 존중해 줄 것이 기대되는 데서 비롯되는데, 일반적으로 그렇게 수용되고 있다. 그리고 실제 ECJ가 판례법을 인용하는 정도가 증가하고 있는데, 이로서 ECJ는 해석과 판결을 통하여 EU법의 적용을 확대시키고 있다. 이처럼 ECJ의 해석과 판결은 회원국들을 구속한다.

VI. 결의 및 방침

여기서의 결의(resolutions)란 이사회, 이사회와 회원국대표자회의에서 사용되는 결의를 말한다. 또한 방침(programmes)이란, 회원국과 EU기관들이 장래의 행동에 대한 일반원칙을 설정해 놓은 것을 말한다. 이러한 방침도 역시 일반적으로 이사회와 이사회 내의 회원국 정부 간 대표자회의에 의해 채택된다.

---

20) SEA 제11조에 의해 이사회는 재판의 효율을 위해 ECJ에 부속된 제1심법원(Court of First Instance)을 두고 있다. 법적 관점에 관해서는 ECJ의 관할이다. 이 제1심법원은 이사회 결정 88/591(*Council* Decision 88/591)에 의해 1988년에 설치되어, 1989년 11월부터 기능하고 있다. 제1심법원은 각 회원국이 한 명씩 임명한 재판관들로 구성되며, 특별한 경우에는 전원재판부(plenary session)를 구성한다.

제2부

EU공동시장의 법제와 판례

제5장 공동시장법상 자유이동에 관한 개관

유럽연합(European Union: EU)은 주요 중앙기관이라고 할 수 있는 이사회, 위원회, 유럽의회, 유럽사법법원, 감사원, 유럽중앙은행, 경제사회위원회, 지역위원회 등의 상호 견제와 협력 속에서 그리고 EU의 주요 설립조약들인 1차 법원과 이에 근거한 규칙, 지침, 결정, 권고 및 의견 등의 2차 법원, EU법의 직접효력과 우위의 원칙이라고 할 수 있는 법적 성질에 의하여 복잡하면서도 잘 정비된 EU지역 내 사법질서를 확립하고 있다. 이러한 법제도적 기초하에 EU는 일반 국제사회에서 실현하는 데는 한계가 있는 문제점들을 극복하여 EU라고 하는 지역 국제사회에서 평화와 복지사회를 추구하고 있는 것이다. 이와 같은 목적의 복지사회와 복지사회를 달성하려는 방법은 EC조약 제3조(TFEU 제8조)에 규정되어 있다.[1]

---

[1] EC조약 제3조(TFEU 제3조～제6조 참조)에 의하면 EU는 광범위한 정책영역에 걸쳐 각 영역별 목적에 따라 매우 다양한 역할을 수행하는데, 이에는 상품의 자유이동(free movement of goods), 사람의 자유이동(free movement of persons), 다른 회원국으로부터의 서비스 용역 제공의 자유(free movement of services), 다른 회원국 내에서의 회사설립(개업)의 자유(freedom of establishment), 공동농업정책(common agricultural policy), 경쟁(독과점금지)법(competition (antitrust) law), 산업에의 공동 국가보조(state aid), 공동경제금융정책(common economic and monetary policy), 공동통화(common currency(euro))정책, 비회원국에 대한 공동통상정책(common commercial policy), 사회정책(social policy), 교육(education)정책, 문화(culture)정책, 공중보건(public health)정책, 소비자보호(consumer protection)정책, 환경(environment)정책 등이 있다.

그런데 EU법의 여러 영역 중 가장 중요한 내용은 EU의 본질적인 목적에 해당되는 '공동시장'(common market, 즉 역내시장(internal market)을 의미함)과 관련된 내용이라고 할 수 있다. 그리고 상품·사람·서비스의 자유이동과 회사설립(개업) 자유 등 네 가지 자유들은 공동시장의 주요 내용을 이루고 있다. EU는 역내 평화와 경제적 안정 달성을 최우선의 목적으로 하고 있으며, 이러한 의도와 정신이 성취되도록 다양한 정책과 목표를 설정해 놓고 이를 추진하고 있다. 이를 위해 EU는 통합을 위한 최우선 목표였던 '공동시장'의 설립을 EC조약 제2조에서 규정하고 있었고, 제3조 1항 (a)에서는 이러한 목표달성을 보장하기 위해 EC가 취해야 할 관세(customs duties), 수량제한(quantitative restrictions) 그리고 이와 동등한 효과를 갖는 기타 모든 조치(all other measures having equivalent effect)의 금지 등 일련의 행동들을 나열함으로써 '공동시장' 설립 목표를 구체적으로 규명하고 있었다. 특히 제3조 1항 (c)에서는 '상품·사람·서비스·자본의 자유이동 및 회사설립(개업)의 자유'에 방해가 되는 모든 요소들의 '철폐 의무'를 규정하는 한편, 제14조(TFEU 제26조) 제2항을 통해 이러한 자유이동이 보장되도록 역내시장(internal market)이라고 하는 모든 역내 국경이 사라진 시장개념을 설정하여 위와 같은 목표의 달성을 강조하고 있다. 그리고 제3조 제1항 (h)에서 공동시장의 기능화를 위해서 '지침'과 '상호 인준'을 통한 회원국들 간의 '법률의 조화'를 추구하도록 규정하고 있었다.

그런데 여기에서 한 가지 유념할 것은 '공동시장'은 '관세동맹'(customs union)보다 상위의 개념이라는 것이다. 공동시장은 다른 회원국들 내에서의 '상품의 자유이동'뿐만 아니라, '사람의 자유이동', '자본의 자유이동', '서비스의 자유이동' 그리고 '회사설립(개업)의 자유'를 포함한다. 특히 EU공동시장에 관한 법제와 판례에 관한 이해는 향후 한·EU FTA시대를 맞아 장차 예상되는 시장 개방의 수준과 이에 대한 대응책을 마련하는 데 중요한 기초 자료가 될 것이다. 왜냐하면 EU의 대외 FTA정책은 근본적으로 EU역내의 공동시장 법질서를 근간으로 구상될 것이기 때문이다. 따라서 한·EU FTA에 의해 시장개방을 통한 무역활동이 활발해질 것이고, 시장 개방의 수준은 점점 높아질 것이며, 이에 우리나라도 인적·물적 인프라 구축에 더욱 매진해야 할 것이다. 이와 관련해서는 '대한민국과 유럽공동체(리스본조약 발효에 의해 현재는 유럽연합) 및 그 회원국 간의 자유무역협정' 국문본을 중심으로 비교하여 검토하면 유익할 것이다.

제6장 상품의 자유이동*

Ⅰ. 서언

현재 세계무역기구(World Trade Organization: WTO)하의 다자간체제와 함께 자유무역협정(Free Trade Agreement: 이하 FTA)은 보편적인 세계적 현상이며, 이러한 상황에서 한국과 유럽연합(European Union: 이하 EU) 간의 FTA협상이 진행되었다.[1] 그런데 EU의 FTA 정책

---

* 이 내용은 김두수, "EU의 상품의 자유이동에 있어서의 관세 및 수량제한과 동등한 효과를 갖는 조치의 금지", 『외법논집』, 제33권 제3호(2009. 8.31)를 참고하였음.

[1] 그런데 오늘날에는 FTA가 단순한 '관세철폐'에 그치지 아니하고, '역내시장'의 경제활동에 중요한 영향을 미치는 '노동, 서비스, 투자, 환경' 등 다양한 분야에 이르기까지 협상이 진행되고 있다. 이처럼 한·EU FTA 체결은 '역내시장'에서 '무역 및 투자의 증가, 고용창출 및 산업경쟁력 강화를 통한 경제성장' 등 다양한 측면에서 경제적 파급효과를 기대할 수 있다. 그러나 한편으로, 한·칠레 FTA, 한·싱가포르 FTA, 한·EFTA FTA, 한·ASEAN FTA의 체결 및 발효 이후, 최근 한·미 FTA에 이르기까지 시장개방과 자유경쟁의 원리가 가져오는 영향력과 그에 대한 우려는 1994년 WTO가 출범할 당시 가졌던 것과 유사하다고 할 정도로 국내적 반발을 야기한다고 할 수도 있다. 특히 EU와 같은 대규모 경제 주체와의 FTA를 통한 교역이 예외일 수는 없다. 이 정, "유럽연합(EU)과의 자유무역협정(FTA)체결에 따른 노동서비스개방에 대한 연구", 『외법논집』, 제29집(2008), p.32 참조; EU는 외부적으로는 WTO를 통한 다자주의를 지향하면서 내부적으로는 동유럽 국가들의 EU신규가입을 통하여 EU의 영역을 확대하였다. 국제사회가 WTO를 통한 다자주의에 있어서 한계를 갖고 있고, EU신규회원국들의 가입도 어느 정도 마무리되어 가고 있는 현재, EU의 장기발전전략은 여전히 '시장 확대'에 맞추어져 있다고 볼 수 있다. 단지 시장 확대의 초점이 동유럽에서 이제는 세계시장에 대한 선택적 양자주의, 즉 'FTA'와 같은 상호 시장개방을 통한 확대로 전환되고 있다고 볼 수 있고, EU가 한국, ASEAN, 인도 등과의 FTA에 관심을 갖는 이유도 같은 맥락이라고 할 수 있다.

은 유럽공동체(European Community: EC)조약 제131조(TFEU 제206조))에서 제134조(TFEU에 의해 삭제됨)까지의 '공동통상정책'을 기초로 추진되고 있다.[2] EC조약 제131조(TFEU 제206조)에 따라 EU는 WTO의 기조 아래 대내적으로는 회원국들이 무역정책 및 법률의 조화를 통하여 원활한 단일시장(Single Market, 즉 공동시장(Common Market) 또는 역내시장(Internal Market))의 운영을 제도적으로 구축하고, 대외적으로는 역외국가와 효과적인 경제관계를 유지·발전시킴으로써 회원국들의 협상력 제고와 경제적 이익을 도모하고 있다고 볼 수 있다.[3]

EU가 생각하는 FTA의 경제통합수준은 EU와 같은 단일시장 수준보다는 낮고 다자주의의 체제에 의한 WTO의 개방 수준보다는 높은 수준이라고 할 수 있다. EU수준의 단일시장이란 표준화, 경쟁원칙, 환경기준, 국가보조금 등에 있어서 모든 규정이 모든 회원국들에게 동일하게 적용되는 것을 말하고, WTO의 개방 수준이란 '상품시장' 자유화 중심의 시장개방을 의미한다. 그런데 과거보다 한층 강화된 신세대 FTA란 바로 상대방에 대한 '시장접근'(market access)의 개선을 최우선의 목표로 삼는 것이고, EU도 단순한 '관세율 인하'로 해결할 수 없는 상대방의 '위생검역기준', '환경기준' 또는 '상거래관행' 등 다양한 '비관세장벽'의 문제를 해결하기를 원하는 것이라 할 수 있다. 이에 대한 자세한 내용은 "대한민국과 유럽공동체(리스본조약 발효에 의해 현재는 유럽연합) 및 그 회원국 간의 자유무역협정" 국문본에 있는 제1장(목적 및 일반정의), 제2장(상품에 대한 내국민대

---

2) EU는 EC체제였던 1968년에 대외무역에 대하여 '공동대외관세'를 부과하여 '관세동맹'을 확립하였다.
3) 이강용, "유럽연합의 공동통상정책: EC 133조를 중심으로", 『유럽연구』, 제26권 제2호(2008), p.137 참조.

우 및 시장접근), 제3장(무역구제), 제4장(무역에 대한 기술장벽), 제5장(위생 및 식품위생조치), 제6장(관세 및 무역원활화), 제13장(무역과 지속가능발전) 등을 통해서도 알 수 있다.

한국과 EU는 1차(2007.5.7.~5.11.: 서울), 2차(2007.7.16.~7.20.: 브뤼셀), 3차(2007.9.17.~9.21.: 브뤼셀), 4차(2007.10.15.~10.19.: 서울), 5차(2007.11.19.~11.23.: 브뤼셀), 6차(2008.1.28.~2.1.: 서울), 7차(2008.5.12.~5.15.: 브뤼셀), 8차(2009.3.23.~3.24.: 서울) FTA협상을 개최하였다. 8차 협상 결과 양측 협상단 차원에서 대부분의 핵심 쟁점에 대해 잠정합의에 도달했으나, 관세 환급 등 미해결 정치적 이슈는 4월 2일 영국 런던에서의 양측 통상장관회담에서도 합의에 이르지 못해 최종 타결은 다시 지연되기도 하였다. EU 측에서 볼 때 한국은 역외교역국 중 4위의 규모이며, 한국 측에서 볼 때 EU는 2위의 수출국이자 최대의 외국투자자이다. 따라서 이러한 긴밀한 무역관계에 기초하여 양측 모두에게 이익이 되는 방향으로 협상이 타결되어야 했다. EU는 명실공히 세계 최대시장으로, 이러한 EU와 FTA가 체결되는 경우 한국과 EU 27개 회원국들은 FTA협정의 발효와 함께 '단일시장'이 된다. 이로써 한국 기업들은 EU라는 거대시장에 보다 쉽게 접근할 수 있게 되며, 다른 한편으로 우리나라의 국내시장이나 무역구조에는 향후 큰 변화를 가져올 수도 있다. 따라서 2009년 10월 15일 한·EU FTA협정 가서명은 매우 의미 있는 일이라고 할 수 있다.

그러므로 이 글의 목적은 위와 같은 한·EU FTA협정 배경이 된 EU의 '상품의 자유이동'에 대한 '공동시장'의 법제와 주요 판례를 분석·검토하여, 이러한 이해를 기초로 EU가 상품과 관련하여 자신의 '공동시장' 수준으로 한국에 시장개방을 요구할 경우 그 대응책을 모색하는 것이다. 이로

써 우리나라가 전적으로 수용해야 할 내용은 아니지만 EU가 원하는 시장
개방의 수준 내지 정도를 가늠할 수 있을 것이고, 나아가 향후 한·EU
FTA협정의 발효로 EU시장과의 교류확대에 따른 각종 법률문제 해결에 기
여할 수 있을 것이다.

이 글에서는 EU공동시장의 여러 분야 중 '상품4)의 자유이동'에 관한 법
제와 판례의 검토로 범위를 한정한다. 상품의 자유이동을 방해하는 장벽과
관련하여 EC조약(TFEU)은 '관세장벽'에 대해서는 제23조~제25조(역내관
세의 폐지, TFEU 제28조~제30조)에 의하여, 제26조~제27조(관세동맹에
의한 대외공동관세, TFEU 제31조~제32조)에 의하여 그리고 제90조~제
93조(차별적·보호적 내국세의 금지, TFEU 제110조~제113조)에 의하여
규율하고 있다. 한편 '비관세장벽'에 대해서는 제28조~제31조(수량제한 및
이와 동등한 효과를 갖는 조치의 금지, TFEU 제34조~제37조)에 의하여
규율하고 있다. EU는 이를 통하여 역내에서 상품의 자유이동을 완전하게
실현하고자 하고 있으며, 유럽사법법원(European Court of Justice: ECJ)이
이에 대한 판례법을 형성하고 있다. 아래에서는 먼저 EU의 관세동맹과 역
내 관세금지의 엄격성에 대하여 살펴본 후, 회원국들 간 수입품에 대한 과
세의 문제 그리고 특히 오늘날 주요 논의가 되고 있는 상품의 자유이동에
있어서의 '수량제한'의 문제와 '수량제한과 동등한 효과를 갖는 조치'의 금
지에 관하여 살펴보고자 한다. 이를 위하여 EC조약(TFEU) 관련규정을 검
토하고 몇몇 주요 사례를 선별적으로 분석·평가하고자 한다.

---

4) 여기에서의 '상품'(goods 또는 products)의 개념은 광의로 인정되고 있으며, 일반적으로 무역거래의
   대상이 될 수 있는 모든 것이 해당된다. 예술적·역사적·고고학적·민속학적 가치를 갖는 상품도 금
   전적으로 평가되어 거래의 대상이 될 수 있는 한 '상품'에 해당된다. Case 7/68, *Commission* v.
   Italy, [1968] ECR 423, p.428.

Ⅱ. EU의 관세동맹과 역내 관세금지의 엄격성

EU는 어느 회원국을 통하여 EU 외부로부터 수입된 상품에 대하여 특별한 이익이 없다는 것을 보장하기 위하여 '관세동맹'(customs union)을 통해 대외공동관세(common external tariff)를 적용하고 있으며, 회원국들 간의 수출·수입에 관해서는 모든 관세부과를 금지하고 있다(EC조약 제23조(TFEU 제28조) 제1항, 제2항). 사람·서비스의 자유이동, 회사 설립의 자유 그리고 상품의 자유이동 중 수량제한 금지 영역에서는 '공익적 관점'에서 회원국에게 일정한 예외적 조치를 허용하고 있으나, 관세의 금지에 있어서는 예외를 허용하고 있지 않아 매우 '엄격'하게 적용된다고 할 수 있다.

1. 관세 및 '이와 동등한 효과'를 갖는 과세의 금지

관세의 부담 정도를 불문하고 관세로 부과되는 모든 금전적 부담은 소액일지라도 금지되며, 관세의 명칭 및 적용의 형태를 불문하고 금지된다.[5] 또한 관세가 국산품보호의 효과(차별적·보호적 효과)를 발생시키지 않아도, 관세가 부과된 제품과 경쟁하는 국산품이 존재하지 않아도 그리고 관세징수의 목적을 불문하고 이러한 상황들은 관세부과의 정당화 사유가 되지 않는다.[6] 예를 들면, 무역통계를 작성할 목적으로 수출입에 부과하는 소액의 부담금도 '관세와 동등한 효과'를 갖는 과세에 해당한다고 하여 금

---

5) Case 24/68, *Commission* v. *Italy*, [1969] ECR 193, para.9.

6) Cases 2 and 3/69, *Sociaal Fonds voor de Diamantarbeiders* v. *Brachfeld*(*Diamond Workers* case), [1969] ECR 211, paras.15~18; Case 7/68, *Commission* v. *Italy*, [1968] ECR 423, pp.429~430; Case 24/68, *Commission* v. *Italy*, [1969] ECR 193, paras.7, 9, 14, 15.

지된다.7) 그러나 상품의 자유이동을 촉진하기 위하여 수출국에서만 가축의 수출에 필요한 검역을 실시하고 부담금을 부과하는 것(수입국에 대한 검역 배제로 인한 1회 검역 실시 정책)은 수출국 측면에서 볼 때 관세와 동등한 효과를 갖는 과세에 해당하지 않는다고 볼 수 있다.8)

2. 회원국들 간 관세부과 금지의 엄격성

EC조약 제25조(TFEU 제30조)는 회원국들 간 수출·수입상의 모든 관세를 금지하고 있다. 이에는 '관세와 동등한 효과'를 갖는 일체의 비용(charges)도 포함된다. 이러한 금지는 직접적인 효력이 있으며,9) 상품이 회원국 국경을 넘어왔다는 사실에 의하여 부과하는 어떠한 형태의 비용에도 적용된다.10) 이 조항은 아래의 *Sociaal Fonds voor de Diamantarbeiders (Diamond Workers* case)11)사례에서 보는 바와 같이 매우 엄격하게 적용된다.

이 사례에서 벨기에는 수입된 다이아몬드에 0.33%의 과세(levy)를 부과하였다. 벨기에는 이 금전이 Antwerp를 센터로 하고 있는 다이아몬드 세공

---

7) *Ibid.*, paras.15~18.

8) Case 46/76, *Bauhuis* v. *Netherlands*, [1977] ECR 5, paras.40, 41, 52.

9) 이러한 직접효력의 첫 번째 사례는 Case 26/62, *Van Gend en Loos*([1963] ECR 1)이다. 유럽공동체가 설립되었을 때, 처음에는 회원국들 간의 관세의 어떠한 '증가'에 대하여도 이를 금지(관세동결)하였으나, 그 다음단계에서는 관세를 완전히 '철폐'하였다(관세철폐).

10) Case 24/68, *Commission* v. *Italy*, [1969] ECR 193, para.9. ECJ는 엄격한 의미에서의 관세는 아니지만 국경을 넘었다는 사실에 근거하여 부과된 일체의 금전상의 비용을 이와 동등한 효과를 갖는 비용으로 보았다. 그러나 EU법이나 또는 국제협정에 근거하여 요구되는 상품검사에 필요한 합리적 비용은 예외로 인정하였다. T. C. Hartley, *European Union Law in a Global Context: Text, Cases and Materials*(Cambridge: Cambridge Univ. Press, 2004), p.395 참조.

11) Cases 2 and 3/69, *Sociaal Fonds voor de Diamantarbeiders* v. *Brachfeld*(*Diamond Workers* case), [1969] ECR 211.

산업에 종사하는 노동자들의 복지혜택을 위한 기금마련(Sociaal Fonds voor de Diamantarbeiders)에 사용된다고 주장하였고,12) 이 과세는 EC조약 제25조(TFEU 제30조)에 반한다는 이유로 SA CH. Brachfeld and Sons(Case 2/69)와 Chougal Diamond Co.(Case 3/69)에 의해 벨기에 국내법원(Vrederechter of the Second Canton of Antwerp)에 제소되어 결국 ECJ에 선결적 결정이 부탁되었다. 이 사건에서 벨기에 정부는 자국 내에서 다이아몬드가 생산되지 않기 때문에 당해 과세는 보호무역의 효과를 갖는 것이 아니었다고 주장하였다.

벨기에는 다이아몬드를 생산하는 국가가 아니다. 만약 벨기에에서 다이아몬드가 생산된다고 가정하면, 수입된 다이아몬드와 벨기에산 다이아몬드는 판매에 있어서 가격 경쟁을 벌이게 된다. 그러나 벨기에에서는 다이아몬드가 생산되지 않으며, 수입을 통해서만 다이아몬드를 구할 수 있기 때문에, 벨기에에서 생산된 다이아몬드와 수입된 다이아몬드 간에는 경쟁이 발생할 여지가 없다. 그러므로 벨기에 정부가 다이아몬드에 세금을 부과하여 수입하더라도 벨기에 내에서는 수입된 다이아몬드만이 거래될 것이고, 이러한 세금 부과는 벨기에 자국의 다이아몬드 산업을 보호하려는 것이 아니므로 보호무역적인 효과가 발생하는 것은 아니다. 따라서 벨기에 정부는 다이아몬드 세공 산업에 종사하는 노동자들의 복지혜택을 위해 부과된 과세는 불법이 아니라고 주장하였던 것이다.

그런데 ECJ에 의하면 어떤 관세도 그것이 금지되는 회원국들 간에는 금지에 관한 일반적이고도 절대적인 원칙에 따라야 하기 때문에, 회원국의

---

12) Paul Craig and Grainne de Burca, *EU Law: Text, Cases, and Materials*(Oxford: Oxford Univ. Press, 2008), p.641.

국경을 넘어왔다는 이유로 인하여 상품에 부과되는 아주 적은 금전상의 부담일지라도 상품의 자유이동에 장애를 가져오는 경우에는 관세의 금지를 위반하게 된다.13) 따라서 벨기에 정부가 수입된 다이아몬드에 부과한 과세는 불법적인 것이다.14)

결국 EC조약 제25조(TFEU 제30조)의 '회원국 상호간'의 수입품 및 수출품에 대한 모든 관세 및 내국세(단, 국산품과 동등하게 부과되는 내국세는 인정됨)의 금지원칙 규정은 직접적인 효력을 가지며, 또한 이는 어떠한 이유를 불문하고 국경을 넘어온 상품에 대해서는 엄격하게 적용된다고 보아야 한다.

Ⅲ. EU회원국들 간 수입품에 대한 과세(내국세)의 금지

EU역내관세의 폐지는 다른 회원국들로부터의 수입품에 대한 '차별적' 내국세, 국산품에 대한 '보호적' 내국세를 함께 금지함으로써 보다 충분하게 달성될 수 있을 것이다. 이것이 EC조약 제90조(TFEU 제110조)의 제정목적이며, 이러한 차별적·보호적 내국세의 금지는 EC조약의 '상품의 자유이동'의 장(PART THREE – COMMUNITY POLICIES: TITLE I – FREE MOVEMENT OF GOODS)에 포함되어 있지는 않지만, 동 조항은 '상품의 자유이동'과 매우 밀접하게 관련되어 있으며, 국산품과 수입품의 '경쟁'과 관련하여 내국세가 중립적 견지를 취할 것을 보증하고, 관세 및 '이와 동등한 효과'를 갖는 과세의 금지에 관한 규율체계를 보완하고 있다.15)

---

13) *Ibid.*, p.642 참조.

14) Cases 2 and 3/69, *Sociaal Fonds voor de Diamantarbeiders* v. *Brachfeld*(*Diamond Workers* case), [1969] ECR 211, paras.11~14, 15~18.

1. 차별적 내국세와 보호적 내국세의 금지

1) 차별적 내국세의 금지

EC조약 제90조(TFEU 제110조)는 차별적 내국세와 보호적 내국세를 구별하여 금지하고 있다. 제90조(TFEU 제110조) 1단에 의하여 회원국은 동종의 국산품(similar domestic goods)에 부과하는 것 이상의 내국세를 다른 회원국의 제품에 '직접적으로' 또는 '간접적으로' 부과하는 것이 금지된다(차별적 내국세의 금지). 그런데 수입품과 국산품의 과세부담의 평등을 보장하기 위하여 동종제품의 개념은 유연성 있게 해석할 필요가 있으며, 생산 또는 판매의 동일단계에서 '동종의 성질을 갖거나 또는 소비자의 측면에서 동일한 필요를 충족시키는 제품'일 경우에는 동종제품으로 간주될 수 있다.[16] ECJ는 위스키와 코냑에 대해서는 식전 주와 식후 주와의 차이, 맛, 소비자의 습관에 의한 구별로서 동종성이 부정될 수 없다고 판정하였으며,[17] 과실주(liqueur fruit wine)와 위스키(whisky)의 동종성은 알코올 함유량 차이 그리고 제조공정에서의 증유와 양조라는 차이가 있기 때문에 동종성이 부정되었다.[18]

2) 보호적 내국세의 금지

EC조약 제90조(TFEU 제110조) 2단에 의하여 회원국은 다른 회원국의 제품에 대하여 국산품을 간접적으로 보호하는 것과 같은 성질의 내국세를

---

15) Craig and de Burca, *supra* note 12, p.648 참조; Case 168/78, *Commission* v. *France*, [1980] ECR 347, paras.4, 6, 25, 29.

16) *Ibid.*, paras.9~10, 29, 36.

17) *Ibid.*, paras.21~23, 29, 31~36.

18) Case 243/84, *John Walker* v. *Ministeriet for Skatter*, [1986] ECR 875, paras.8~14.

부과하는 것이 금지된다(보호적 내국세의 금지). 특히 제90조(TFEU 제110조) 2단의 규정 목적은 제90조(TFEU 제110조) 1단에서와 같은 국산품과 수입품 간에 '동종성'이 존재하지 않음에도 불구하고, 수입품이 국산품과 '경쟁관계'에 있는 경우에 모든 형태의 간접적인 보호적 내국세를 금지하기 위함이라고 할 수 있다.19) 즉 수입품과 '동종의 국산품'이 존재하는 경우에는 1단이 적용되고, 수입품과 국산품 간에 '동종성'이 없는 경우에는 2단이 적용된다. 동조 2단은 국산품의 간접적 보호를 금지하고 있으며, 비록 수입품이 국산품과 동종성이 없다 하더라도 이들 상품 간에는 여전히 경쟁관계가 존재할 수도 있기 때문이다. 즉 일정한 상황에서 소비자는 국산품 대신에 수입품을 구매할 수도 있다. 예를 들어, 맥주(beer)와 와인(wine)은 다르지만 만일 어떤 회원국이 다량의 맥주를 생산하는 반면 와인은 조금 혹은 전혀 생산하지 않았고 맥주보다 와인에 보다 높은 세금을 부과했다면, 이는 소비자가 맥주에서 수입 와인으로 전환하는 것을 방해하여 구매를 단념시키게 된다. 이러한 경우에는 EC조약 제90조(TFEU 제110조) 2단을 위반하게 된다.20)

그런데 문제의 두 상품 간에 어떤 '충분한 관련성'이 있든지 간에 EC조약 제90조(TFEU 제110조) 2단의 적용은 사실의 문제(question of fact)이다. 1980년 한 사건(Case 170/78, *Commission* v. *United Kingdom*)에 대한 ECJ의 판결에서 영국 정부는 영국 내에서 맥주와 와인은 서로 다른 환경에서 소비된다고 주장하였다. 오늘날보다는 1980년 관점에서 맥주는 술집에서 주로 소비되는 인기 있는 음료이고, 반면 와인은 보편화되지 않은

---

19) Case 168/78, *Commission* v. *France*, [1980] ECR 347, paras.34, 41.

20) Hartley, *supra* note 10, p.396 참조; Craig and de Burca, *supra* note 12, p.656 참조.

특별한 음료였다. 즉 맥주는 인기가 많고 평소에도 많이 찾아서 소비가 많지만 와인은 특별한 날에 소비하기 때문에 수요가 많지 않다는 것이고, 이러한 와인에 대한 세금을 많이 부과하는 것은 큰 문제가 되지 않을 수도 있었다. 그럼에도 불구하고 ECJ는 '현재의 상황'뿐만 아니라 가능한 한 '미래의 경향'도 고려해야만 하기 때문에 EC조약 제90조(TFEU 제110조) 2단이 적용될 수 있다고 판시하였다.[21] 즉 와인은 그 품질과 가격 면에서 현저한 차이가 있어 여러 종류가 있기 때문에, 알코올 농도가 낮고 값이 저렴한 와인과 맥주 사이에는 경쟁관계가 인정될 수 있으므로 보호적 내국세 금지에 관한 EC조약 제90조(TFEU 제110조) 2단의 적용이 가능하다는 것이다.[22] 이 사건 이래로 영국에서 증가된 와인의 인기는 ECJ의 관점을 지원하는 데 일조하였다.

2. '간접적 차별'의 내국세 및 '보호적' 내국세의 성질 인정문제

'차별적' 내국세의 금지는 '직접적 차별'과 '간접적 차별'을 모두 그 대상으로 하고 있다. '직접적 차별'이란, 수입국의 세제가 국산품과 수입품을 구별하여 취급하는 것을 명확하게 규정하고 있는 경우를 말한다. 이에 반해 '간접적 차별'이란, 수입국의 세제 자체에는 국산품과 수입품을 구별하고 있지 않으나, 그 세제의 적용 결과 실제로는 수입품이 국산품보다 과중한 세금 부담을 지게 되어 국산품과의 경쟁에서 불리하게 되는 경우를 말한다. 이처럼 원산지와는 무관하게 객관적 기준에 근거하여 과세되었음에도

---

21) Case 170/78, *Commission* v. *United Kingdom*, [1983] ECR 2265, paras.12~24.

22) *Ibid.*, paras.26~28.

불구하고, 결과적으로는 수입품에 대하여 차별적 과세효과가 발생하는 경우에 이는 '간접적 차별'로서 금지된다.23) 이 문제는 아래의 *Humblot*(*French Road Tax* case)24) 사례에서 잘 설명된다.

이 사건 당시 프랑스에는 자동차에 적용할 수 있는 두 종류의 도로세(road tax)가 있었다. 이 두 종류의 도로세는 모두 과세를 위하여 마력(horsepower(CV))에 근거하고 있었다. 즉 프랑스는 자국의 자동차에 CV란 등급을 매기고 그 등급에 따라 차등적으로 자동차의 도로세를 부과하였는데, 차별세(differential tax)에 의하여 16CV까지 점차적으로 세금이 높게 책정되었고, 특별세(special tax)에 의하여 16CV를 초과하는 자동차에 대해서는 모두 동일한 세금이 일률적으로 책정되었다. 그런데 이 일률적 세금은 너무나도 과도해서 문제가 되었고, 더욱이 그 대상은 대부분이 수입차였다. 예를 들면, 1981년 차별세는 최고가 FF1,100인 반면 특별세는 FF5,000이었다. 모든 프랑스산 자동차들은 16CV 이하였고, 모든 16CV를 초과하는 자동차들은 수입품이었던 것이다.25)

이 사례에서 **Michel Humblot** 씨는 36CV 등급의 수입차를 구매하였고, 프랑스 **Belfort** 시의 지방법원(Tribunal de Grande Instance)에 세무서장(Directeur des Services Fiscaux)을 상대로 소송을 제기하여 차별세의 최고액과 특별세 간의 차액 환불을 주장하였다. 프랑스 동 지방법원은 이 문제에 대한 선결적 결정을 ECJ에 부탁하였다.

이에 대하여 ECJ는 회원국이 자동차와 같은 생산품에 대하여 정당한 과

---

23) Craig and de Burca, *supra* note 12, pp.649, 653 참조.

24) Case 112/84, *Humblot*(*French Road Tax* case), [1985] ECR 1367.

25) Frank Emmert, *European Union Law: Cases*(The Hague: Kluwer Law International, 2000), p.323.

세목적으로 등급세율의 권한을 행사하여 점진적으로 과세를 증가시키는 도로세 제도를 자유롭게 적용할 수 있음을 인정하였으나,26) 그러한 국내세제는 어떠한 차별(간접적 차별도 포함)이나 또는 보호적 효과에 해당하지 않을 경우에만 EC조약 제90조(TFEU 제110조)와 양립할 수 있다고 하였다.27) 그런데 이 사건의 경우 차별세는 점진적으로 증가해도 지나치게 과도하지 않으나, 특별세와 같은 고정세는 최고 높은 차별세의 거의 5배 이상 세율에 해당하여 지나치게 과도하다는 것이 문제였다. 이러한 세제는 비록 원산지에 기초해서는 아무런 직접적·형식적인 차이가 없을지라도 EC조약 제90조(TFEU 제110조)에 위반하는 '간접적 차별' 또는 '보호적 성질'이 있음이 명백하다고 할 수 있다. 왜냐하면 특별세의 의무를 결정하는 세율책정이 특히 다른 회원국들로부터의 '수입차'에 대해서만 일정한 수준에서 '일률적으로' 고정되어 있기 때문이다. 반면 모든 국내산 자동차들은 분명히 월등히 유리한 차별세의 적용을 받게 되어,28) 특별세는 국내산 자동차에 대한 경쟁을 상당히 감소시키는 무역장벽의 원인이 되었던 것이다.29) 즉 엔진마력의 크기라는 객관적 기준은 제품의 원산지와는 무관한 것으로 세액의 구분에 사용될 수 있으나, 결과적으로 최고세액이 적용되는 기준은 수입차만 적용되도록 설정되어 있기 때문에, 이러한 프랑스의 세제는 EC조약 제90조(TFEU 제110조)를 위반하는 것으로 '간접적 차별의 내국세'와 '보호적 내국세'의 성질을 갖고 있다고 ECJ는 판시하였던 것이다.

---

26) Case 112/84, *Humblot*(*French Road Tax* case), [1985] ECR 1367, para.12.

27) *Ibid.*, para.13.

28) *Ibid.*, para.14.

29) *Ibid.*, para.15; Case C-265/99, *Commission* v. *France*, [2001] ECR Ⅰ-2305, paras.40~51; Case C-393/98, *Gomes Valente*, [2001] ECR Ⅰ-1327, paras.20~44.

Ⅳ. 상품의 자유이동에 있어서의 수량제한과 동등한 효과를 갖는 조치의 금지

1. 수량제한의 금지에 관한 개관

단순히 '관세' 및 '이와 동등한 효과'를 갖는 과세의 금지를 통해서는 EU가 목표로 하고 있는 공동시장의 완성이 불가능하다고 할 수 있다. 왜냐하면 회원국들은 다른 회원국들로부터의 특정 상품 수입 '총량'을 제한할 수도 있기 때문이다. 이런 이유로 EC조약은 제28조(구 제30조, TFEU 제34조)와 제29조(구 제34조, TFEU 제35조)를 통하여 수입품 및 수출품에 대한 '수량제한'(quantitative restrictions) 및 '이와 동등한 효과'를 갖는 조치의 금지(현재는 단순한 수량제한이 아닌 '이와 동등한 효과'를 갖는 조치의 금지가 주요 문제가 되고 있다)를 규정하고 있다. 수입과 수출에 있어서의 수량제한은 국제통상에 있어서 비관세장벽으로 사용되는 전통적인 방식으로, EU는 이러한 수량제한을 폐지하기 위하여 '수입'과 '수출'의 경우를 모두 규율하고 있다.[30]

그러나 EC조약 제28조와 제29조(TFEU 제34조와 제35조)는 그 적용이 엄격하고 원칙적이므로, EC조약 제30조(TFEU 제36조)는 허용되는 국내조치를 한정적으로 열거해 규정함으로써 이러한 특정한 경우에는 무역에서의 임의적이고도 독단적인 '자의적 차별'(arbitrary discrimination)이나 또는 '위장된 제한조치'(disguised restriction)로 간주하지 아니한다. 따라서 공중도덕(public morality), 공공정책(public policy) 또는 공공안보(public security), 인간·동식

---

30) 채형복, 『유럽연합법』(파주: 한국학술정보, 2005), p.187 참조.

물의 생명과 건강의 보호(protection of the health or life of human), 예술적·역
사적·고고학적 가치가 있는 국보의 보호, 산업적·상업적 재산권의 보호
를 위한 조치는 EC조약 제30조(TFEU 제36조)의 예외적 허용범주에 해당
된다. 앞에서 살펴본 관세장벽의 폐지는 절대적인 사항이기 때문에 그 예
외를 검토할 필요가 없지만, 수량제한과 같은 비관세장벽은 일정한 '공익상
의 이유'에 의해 정당화되기 때문에 금지의 예외를 검토할 필요가 있는 것
이다.

2. EC조약 제28조(수입, TFEU 제34조)상의 '수량제한과 동등한 효과' 를 갖는 조치의 인정 문제

ECJ는 수량제한과 '동등한 효과를 갖는 조치'의 개념을 가능한 한 광의
로 해석하여 왔다. 제품을 원산지에 따라 구별하는 회원국의 차별적 규제,
제품에 적용되는 규제내용(예를 들면, 제품에 대한 기술적 규격 등)의 상이
함 등 이러한 것들이 '수량제한과 동등한 효과를 갖는 조치'로 인정될 수
있는 것이다. 후자는 전자만큼 차별적 규제가 직접적이지는 않지만 통상을
제한하는 효과를 발생시킬 수 있기 때문에 이러한 종류의 통상장벽도 '상
품의 자유이동'을 보장하기 위해서는 폐지해야 하는 것이다.[31]

아래에서는 EC조약 제28조(TFEU 제34조)에 따른 상품 '수입' 시 '수량
제한과 동등한 효과를 갖는 조치'의 인정 문제에 관한 ECJ의 주요 사례를
살펴보고자 한다.

---

31) 채형복, 앞의 책(각주 30), p.191 참조; Craig and de Burca, *supra* note 12, pp.714~717 참조.

1) *Procureur du Roi* v. *Dassonville* 사례:[32] '수량제한과 동등한 효과'를
   갖는 조치의 포괄적 인정 첫 사례

이 사례에서 Gustave Dassonville 씨는 프랑스로부터 벨기에로 Scotch whisky를 수입하였는데, 당시 벨기에에서 이러한 위스키 수입업자는 영국 세관당국이 벨기에 수입업자에게 발행한 '인증서'[33]를 제출해야 하였으나, 이 위스키를 영국으로부터 직접 수입하지 않았기 때문에 그러한 인증서를 확보하는 것이 매우 어려웠다. 그래서 그는 이 위스키를 인증서 없이 판매 하였고, 결국 검사(Procureur du Roi)에 의해 형사기소되었으며, EU법상의 상품의 자유이동을 근거로 자신은 정당하다며 무죄를 주장하였다.[34] 이에 벨기에 국내법원(Tribunal de Premiere Instance of Brussels)은 이 문제에 대한 선결적 결정을 ECJ에 부탁하였다.

이에 대하여 ECJ는 회원국들 간의 역내거래에 방해가 될 수 있는 회원 국들의 모든 무역규제조치들은 그것이 '직접적이든 간접적이든 또는 실제 적이든 잠재적이든' 관계없이 '수량제한과 동등한 효과'를 갖는 조치로 간 주될 수 있다고 판시하였다.[35]

이 사건에서 ECJ는 어떤 경우에 '수량제한'에 해당되는지에 대한 범위를 '광의'로 해석하였다는 데 의의가 있다. 그리고 상품에 대한 '쿼터'의 부과 나 또는 '전면적 금지'를 부과하는 조항은 수입을 방해하는 범주에 해당한

---

32) Case 8/74, *Procureur du Roi* v. *Dassonville*, [1974] ECR 837.

33) 수입되는 상품이 특정 국가를 원산지로 하고 있다는 증명(소위 원산지 증명서)은 동 상품으로 인하여 유럽공동체 내부의 상거래가 직·간접적으로 또는 실제적·잠재적으로 교란되는 것을 방지하기 위하여 요구된다. 채형복, "EU법상 상품의 원산지의 개념에 관한 연구", 『국제법학회논총』, 제43권 제1 호(1998.6), p.276 참조.

34) Emmert, *supra* note 25, p.237.

35) Case 8/74, *Procureur du Roi* v. *Dassonville*, [1974] ECR 837, para.5.

다고 하였다. 더욱이 이들 조항은 그것이 '직접적이든 간접적이든 또는 실제적이든 잠재적이든' 관계없이 위반의 범주에 포함시키기에 충분하다는 것이다. 벨기에의 법규는 Scotch whisky가 프랑스에 수입된 후 프랑스에서 구입하는 것보다 영국에서 직접 구입하는 것을 보다 쉽게 규율할 수 있었기 때문에 양자를 동일하게 규율하고자 하였으나, 이러한 벨기에의 법규는 무역의 '다양한 경로'에 대한 간과를 초래하였던 것이다.

2) *Rewe-Zentral AG* v. *Bundesmonopolverwaltung für Branntwein*(*Cassis de Dijon* case) 사례:[36] '수량제한과 동등한 효과'를 갖는 조치의 엄격한 적용과 관련하여

이 사례에서 Cassis de Dijon은 향료나 감미료를 넣은 강한 술로, 프랑스에서 생산되는 리쾨르(fruit liqueur)인데, 독일에서는 그러한 종류의 리쾨르는 브랜디독점법(Branntweinmonopolgesetz) 제100조에 의거해 25%의 최소알코올함량을 준수해야만 하였다. 독일의 모든 리쾨르는 그러한 최소알코올함량을 갖고 있었으나, 대부분 프랑스 리쾨르는 보다 낮은 알코올함량을 갖고 있었고, Cassis de Dijon은 15~20%의 알코올함량을 갖고 있었다. 그 결과 Cassis de Dijon은 독일에서 판매될 수 없었고,[37] 이에 항의하기 위한 Rewe-Zentral AG의 연방브랜디독점행정청(Bundesmonopolverwaltung für Branntwein)을 상대로 한 독일에서의 소송은 결국 독일재정법원(Hessisches Finanzgericht)에 의해 선결적 결정을 위하여 ECJ에 부탁되었다.

그런데 알코올의 제조와 판매에 관한 EU 차원의 공동규범이 부재하는

---

36) Case 120/78, *Rewe-Zentral AG* v. *Bundesmonopolverwaltung für Branntwein*(*Cassis de Dijon* case), [1979] ECR 649.

37) Emmert, *supra* note 25, p.242.

경우, 회원국들은 자국 영토에서 알코올이나 알코올음료의 제조 및 판매에 관한 모든 사항들을 규율할 수 있다. ECJ도 문제가 된 상품의 제조 및 판매에 관한 회원국 국내법률들의 다양성으로 인하여 초래되는 EC 내 상품의 자유이동 장애물들은 그러한 국내법규정들이 특히 재정 관리의 효과, 공중보건, 상업적 거래의 공평, 소비자보호와 관련된 요건을 충족하기 위하여 필요한 경우에는 인정될 수 있다고 판시하였다.[38]

이에 본 사건에서 독일 정부는 프랑스산 Cassis de Dijon에 대한 국내 판매금지조치를 정당화하기 위하여 두 가지를 주장하였는데, 첫 번째 주장은 다소 놀랍게도 최소알코올함량의 요구는 '공중보건'에 필요했다는 것이다. 즉 음주가들은 고알코올함량보다는 저알코올함량의 알코올음료를 통하여 보다 쉽게 알코올에 중독될 수 있다는 주장이었는데, ECJ는 어렵지 않게 이러한 주장을 기각하였다. 독일 정부의 두 번째 주장은 '소비자보호'에 근거를 두고 있었다. 즉 저알코올함량음료는 고알코올함량음료에 부과되는 알코올에 대한 높은 세금 때문에 상대적으로 불공정한 이득을 얻게 되고, 독일산 고알코올음료를 음용하는 소비자들에게는 경제적 불이익이 발생하게 된다는 것이다.[39] ECJ는 이러한 주장 역시 기각하였다. 결국 문제는 상품무역에 장애가 있어서는 아니 되고 알코올음료의 병에 알코올함량이 표시되어야 한다는 단순한 문제로 귀결되었고, 상품의 선택은 소비자의 몫이라는 것이다.[40]

이와 같은 이유로 알코올음료의 최소알코올함량 요구는 EU 기본 원칙의

---

38) Case 120/78, *Rewe - Zentral AG* v. *Bundesmonopolverwaltung für Branntwein*(*Cassis de Dijon* case), [1979] ECR 649, para.8.

39) *Ibid.*, paras.9~11.

40) *Ibid.*, paras.12~13.

하나인 '상품의 자유이동'보다 우선될 수 없다는 것을 알 수 있다. 따라서 알코올음료의 판매를 목적으로 회원국규범이 부여한 최소알코올함량의 요구(독일에서는 25%의 최소알코올함량 요구)는 일방적인 요구로서, 이는 EU역내 무역에 장애를 초래하는 것으로 EC조약 제28조(TFEU 제34조)의 규정과 양립할 수 없고, 따라서 독일의 최소알코올함량의 요구에 관한 법률은 EC조약(TFEU)에 위배되는 것이다.[41]

3) *Keck and Mithouard* 사례:[42] '수량제한과 동등한 효과'를 갖는 조치의 제한적 인정을 위한 유형적 접근방식과 관련하여

이 사례에서 Bernard Keck과 Daniel Mithouard는 독일과의 국경에 인접한 Strasbourg 시의 프랑스 소매상으로, 이들은 맥주, 커피 등 상품을 고객에게 실제 구입가격 이하의 가격으로 판매하였는데, 프랑스 국내법은 소매상인의 '염가판매'(resale at a loss)를 금지하고 있었다.[43] 이는 '슈퍼마켓'이 '소매상인'이 파산할 때까지 가격경쟁을 하여 이들 소매상인을 사업에서 몰아내는 사태를 방지하기 위한 조치라고 할 수 있다. 즉 프랑스의 입법취지는 '판매방식'상 소매상인들이 지나친 가격경쟁으로 인하여 파산되는 것을 방지하기 위한 것이라고 할 수 있다. 그런데 이 두 사람은 염가판매를 하였고, 위반혐의로 Strasbourg 시의 지방법원(Tribunal de Grande Instance)에 의해 형사기소되었다. 이에 두 사람은 프랑스 국내법이 EC조약 제28조

---

41) *Ibid.*, para.14.

42) Cases C-267 and 268/91, *Keck and Mithouard*, [1993] ECR I-6097; David O'Keeffe, *Judicial Review in European Union Law*(The Hague: Kluwer Law International, 2000), pp.548~553.

43) 동 프랑스 국내법(No.63-628, 2 July 1963) 제1조는 No.86-1243(1 December 1986) 제32조에 의하여 개정되었다. 단, 특별한 경우에는 그 예외를 인정하였는데 유통기한에 도달한 상품과 같은 경우가 그 예에 해당된다. Hartley, *supra* note 10, p.402 참조.

(TFEU 제34조)를 위반하여 역내 공정무역에 있어서의 수량제한의 금지에 해당한다고 주장하며, 프랑스의 염가판매 금지입법으로 인해 프랑스 상점이 특히 독일과의 국경지대에서 이와 같은 염가판매규제가 없는 독일 상점과의 경쟁에서 불리하게 되었다고 주장하였다. 이 문제는 선결적 결정을 위하여 ECJ에 부탁되었다.

이에 대하여 ECJ는 이 사건에서의 염가판매에 대한 일반적 금지를 규정한 회원국의 국내조치는 회원국들 간 상품의 공정무역을 위해 의도(계획)된 것이 아니라고 하였다.44) 그러한 입법은 분명 다른 회원국으로부터 수입되는 상품의 판매량을 제한하여 무역업자에게서 판촉 방법(method of sales promotion)을 빼앗은 것임에는 틀림이 없다. 그러나 문제가 된 프랑스의 입법행위가 EC조약 제28조상의 수입품에 대한 '수량제한과 동등한 효과'를 갖는 조치로서 인정될 가능성이 있는지에 관해서는 검토할 필요가 있다.45) ECJ는 그러한 국내조치가 다른 회원국으로부터의 '수입품'을 특정한 목적으로 하지 않음에도 불구하고 그러한 조치가 무역업자 자신들의 '상업적 자유'를 제한하는 효과를 가져온다고 주장하여 EC조약 제28조(TFEU 제34조)에 호소하는 경향이 증대됨에 따라 이 문제에 대한 ECJ의 판례를 재검토하여 분명히 할 필요가 있다고 생각하였다.

1979년 *Cassis de Dijon* 판결을 통하여 형성된 판례법에 의하면 다른 회원국에서 합법적으로 제조 및 판매되는 상품에 적용되는 명칭, 형태, 크기, 중량, 구성, 라벨링, 포장 등과 관련된 내용이 어떤 회원국에서는 규제의 대상이 되는 경우, 이는 상품의 자유이동을 방해하는 것이고 EC조약 제

---

44) Cases C‑267 and 268/91, *Keck and Mithouard*, [1993] ECR Ⅰ‑6097, para.12.
45) *Ibid.*, para.13.

28조(TFEU 제34조)가 금지하고 있는 '수량제한과 동등한 효과'를 갖는 조치에 해당하게 된다.46) 그런데 이 사건에서는 '수량제한과 동등한 효과'를 갖는 조치의 인정에 대한 기존 광의의 해석 판결과는 달리 동 사건과 같이 소매상인들의 지나친 가격경쟁으로 인한 파산을 방지하기 위하여 심사숙고한 입법취지에 따라 특정 판매방식(여기서는 과도한 염가판매)을 제한하거나 금지하는 국내규정은 회원국들 간의 공정무역을 '직접적으로든 간접적으로든 또는 실제적으로든 잠재적으로든' 방해하는 '수량제한과 동등한 효과'를 갖는 조치에 해당하지 않는다고 본 것이다. 이들 국내규정들은 자국의 영역 내에서 '모든 관련 있는 무역업자'에게 적용되는 한 그리고 이러한 국내규정들이 법적으로 그리고 실제적으로 국산품의 판매와 수입품의 판매에 '동일한 방식'으로 영향을 미친다면, 이는 EC조약 제28조(TFEU 제34조)를 위반하는 행위가 되지 않는다는 것이다.47) 따라서 ECJ는 프랑스의 염가판매금지에 관한 입법은 EC조약에 위배되지 아니한다고 판시하였다.48)

이 사건에서 ECJ는 기존의 1974년 *Dassonville* 판결내용에 일부 변화를 가져오면서 회원국의 특정한 판매조건이 당해 국가에서 영업하는 모든 무역거래 주체들에게 '차별 없이' 적용되고, 법률상 및 사실상 국산품이나 수입품을 불문하고 '동일한 방식'으로 영향을 미친다면, 그러한 판매조건에 대한 국내조치는 기존 판결에서 금지되었던 '우회적 수량제한조치'에 해당되지 않는다고 판시한 것이다.

---

46) *Ibid.*, para.15.

47) *Ibid.*, para.16.

48) *Ibid.*, para.17.

그리고 이 판결은 '수량제한과 동등한 효과'를 갖는 조치의 개념을 기존 판례보다 '협의'로 해석한 것으로 EC조약 제28조(TFEU 제34조)의 적용범위를 '제한'하는 결과를 가져오는 것이다. 이 판결에 의한 기존 판례의 변경은 EC조약 제28조(TFEU 제34조)의 적용범위를 확정함에 있어서 기존에는 ECJ가 '각 사안마다' 역내통상행위에 대한 영향을 평가하였으나, 이제는 보다 명확한 기준에 따른 판매방식과 같은 '유형적 접근방식'으로 그 적용범위를 확정할 수 있도록 전환시켰다는 데 의미가 있다. 그러나 이 사건 판결에 의한 유형적 접근방식은 그 기준의 명확화에는 기여하였지만, 이로 인하여 원칙적으로 금지되어야 하는 내용을 '수량제한과 동등한 효과를 갖는 조치'로부터 배제시킬 위험성을 수반하고 있다. 무엇보다 이 판결에 대하여 우호적인 분위기가 형성되어 있지 않다는 점이 있고, 이 판결 이후의 판매방식에 대한 사례들49)에서도 이 판결과 같은 취지의 판결을 내린 사례가 거의 없으며, 결국에는 그러한 판매방식에 대한 대부분의 국내 조치가 '수량제한과 동등한 효과를 갖는 조치'로 판정되었다는 점이다.

4) *Alfa Vita Vassilopoulos AE* 사례:50) '수량제한과 동등한 효과'를 갖는 조치의 포괄적 인정으로서의 기본 원칙과 관련하여

이 사건은 두 슈퍼마켓 상인인 원고 Alfa Vita Vassilopoulos AE(Case C-158/04)와 Carrefour Marinopoulos AE(Case C-159/04)가 그리스 Ioannina 지방당국(Elliniko Dimosio, Nomarkhiaki Aftodiikisi Ioanninon)의

---

49) Joined Cases C-34, 35, 36/95, *de Agostini*, [1997] ECR Ⅰ-3843; Case C-189/95, *Franzen*, [1997] ECR Ⅰ-5909; Case C-405/98, *Gourmet*, [2001] ECR Ⅰ-1795; Joined Cases C-158, 159/04, *Alfa Vita Vassilopoulos AE*, [2006] ECR Ⅰ-8135.

50) *Ibid.*

'bake - off'(정확하게는 'fully or partially pre - baked and frozen products'를 의미하지만 ECJ는 단순히 'bake - off'라는 용어를 사용하였다)51)제품의 판매금지처분에 반발하여 소송을 제기한 사건이다.

그리스 Ioannina 지방당국은 국내법률52)에 의하면 제빵설비를 갖추고 지방당국이 발급하는 관련 자격증을 발급받아야 영업행위가 가능하고, 관련 법률에 의하면 거실공간을 비롯해 통풍, 조명, 기계설비, 오븐, 냉각기, 고체연료창고, 밀가루창고, 외투류(휴대품)보관소, 용기세척기, 화장실 등 상세한 부분까지 요구하고 있는데, 이와 관련된 자격증 발급의 권한을 가진 지방당국의 지사로부터 자격증을 취득해야 비로소 영업이 허용된다는 것이다.53) 아울러 그리스 지방당국은 2001년 2월 28일 관련 부서(Ministry of Development)의 공보54)를 통하여 'bake - off'제품에 대해 언급하였고, 이 제품판매방식을 사용하기 위해서는 사용자가 자격증을 취득하도록 법적으로 규정하고 있음을 공표하였다고 주장하였다.55) 이러한 공보에 따라 그리스의 Ioannina 지방당국이 당 사안의 원고인 두 슈퍼마켓을 조사한 결과, 위에서 언급한 'bake - off'제품의 제조판매에 관한 자격증이 없이 'bake - off' 시스템을 사용한 것이 밝혀졌고, 이에 지방당국은 두 슈퍼마켓에 대하여 영업중지를 결정하였다.56)

---

51) *Ibid.*, para.1.

52) FEK A'309, FEK A'113, FEK A'186.

53) Joined Cases C - 158~159/04, *Alfa Vita Vassilopoulos AE*, [2006] ECR Ⅰ - 8135, paras.5~8.

54) Bulletin No F 15(F17.1)/4430/183.

55) Joined Cases C - 158~159/04, *Alfa Vita Vassilopoulos AE*, [2006] ECR Ⅰ - 8135, para.9.

56) *Ibid.*, para.10.

이에 원고인 두 슈퍼마켓 주인은 이와 같은 그리스 지방당국의 영업중지 명령이 EC조약 제28조(TFEU 제34조)에서 금지하고 있는 '수량제한과 동등한 효과를 갖는 조치'에 해당한다고 주장하여 그리스 국내법원(Diikitiko Protodikio Ioanninon)에 소송을 제기하였고, 피고인 지방당국은 이러한 원고들에 대한 규제조치는 EC조약 제30조(TFEU 제36조))에 해당하는 예외적 행위로서 소비자들의 생명과 건강에 대한 보호를 위한 차원에서 행하여졌다고 항변하였다.57) 이에 그리스 국내법원은 2003년 11월 10일, 26일의 법원결정에 따라 2004년 3월 29일 이 사건에 대한 선결적 결정을 ECJ에 부탁하였다.

이에 대하여 ECJ는 2006년 9월 14일 첫째, 'bake-off' 제품판매를 위한 그리스 지방당국의 자격증 요구가 EC조약 제28조에서 금지하는 '수량제한과 동등한 효과'를 갖는 조치에 해당하는지, 둘째, 만약 '수량제한과 동등한 효과'를 갖는 조치에 해당되나, 이것이 규제의 대상인 제의 품질이나 공중보건과 소비자보호를 위한 조치로서 인정될 수 있는지(즉 EC조약 제30조(TFEU 제36조) 예외적 허용요건의 해당 여부), 셋째, 위에 언급한 제한이 국내와 유럽공동체 간에 차별 없이 적용되는 경우에 이러한 제한이 직·간접적이거나 실제적 혹은 잠재적인 경우에도 EU의 상품의 자유이동에 방해가 되는지에 대하여 판시하였다.58)

첫째, ECJ는 'bake-off' 제조방식의 특성상 완전 또는 부분적 제조 후 판매처로 배송되어 그 자리에서 '약간의' 제빵과정이나 가열만으로 제품을 완성하여 판매하는 것을 주시하였고, 이러한 사정하에서 그리스 당국이 주

---

57) *Ibid.*, para.11.
58) *Ibid.*, para.12.

장하는 모든 규제내용을 수용하는 것은 실제로는 힘들 수 있다는 점을 인정해 이러한 국내규제가 '수량제한과 동등한 효과'를 갖는 조치로서 EU의 상품 '수입'에 대한 사 실상의 비관세장벽 형태로서 EC조약 제28조(TFEU 제34조)에 위반된다고 판시하였다.[59]

둘째, ECJ는 관련 국내규제조치는 단지 제조방법을 규정하는 것으로 EU 내의 상품의 자유이동을 방해하는 행위가 아니라는 피고의 주장을 배척하였다. 다만 피고가 내세운 식품학자의 증언[60]과 반죽을 만들어 이동하는 과정에서 생기는 곤충, 바이러스 등에 의한 감염의 문제에 대해서는 그 타당성을 인정하였다.[61] 그러나 이는 자격증 취득을 요건으로 규정한 후 영업정지라는 방법을 동원하지 않고, 라벨을 붙이거나 하는 방식으로 소비자들로 하여금 즉석제품방식과 'bake-off'방식을 구별하게 할 수 있는 다른 방법을 사용하여도 본래 목적을 달성할 수 있다는 점에서 그리스 지방당국의 규제수단이 지나치다고 보았다.[62] ECJ는 이러한 규제조치가 정당화되기 위해서는 그 수단이나 방법이 소비자의 건강을 위하여 필요하고 또한 적절한 방식으로 취해져야 한다고 하였고,[63] 따라서 그리스 지방당국의 규제조치는 일면 공중보건과 소비자보호를 위한 조치로 볼 수 있으나, EC조약 제30조(TFEU 제36조)가 인정하는 정당화 사유라고 볼 수 없다고 판시

---

59) *Ibid.*, paras.19~20, 27.

60) 'bake-off'제조판매방식은 소비자들로 하여금 제품이 신선하다는 오해를 불러일으키는데, 그보다 중요한 사실은 비타민이 파괴될 수 있고 그 물질도 변화가 될 수 있기 때문에 공중보건과 소비자보호를 중시하여야 한다. *Ibid.*, para.24.

61) *Ibid.*, para.26.

62) *Ibid.*, para.25.

63) *Ibid.*, para.22; Case C-463/01, *Commission* v. *Germany*, [2004] ECR I-11705, para.78; Case C-309/02, *Radlberger Getränkegesellschaft and S. Spitz*, [2004] ECR I-11763, para.79.

하였다.64)

셋째, ECJ는 상품의 자유이동은 EC조약(TFEU)의 가장 본질적인 부분으로 EC조약 제28조(TFEU 제34조)를 통한 상품의 자유이동의 보장의 중요성을 강조하며, EC조약 제28조(TFEU 제34조)의 '수량제한' 및 '이와 동등한 효과'를 갖는 조치의 금지는 해당 규제조치가 직접적이든 간접적이든 또는 실제적이든 잠정적이든 불문하고 모든 범위를 포괄한다고 판시하였다.65)

ECJ는 기본적으로 EC조약 제28조(TFEU 제34조)에 따라 회원국 간의 수·출입에 대한 '수량제한'과 '이와 동등한 효과'를 가지는 조치에 대하여 가능한 한 '광의'로 해석해 왔다. ECJ는 '수량제한'과 '이와 동등한 효과'를 갖는 조치의 기본적 정의를 1974년 *Dassonville* 사건에서 확립하여, 역내무역을 직접적 또는 간접적으로, 실제적 또는 잠재적으로 방해할 수 있는 회원국의 모든 통상규제조치는 '수량제한과 동등한 효과'를 갖는 조치로 간주된다고 보고 있다. 다만 이러한 기존 광의의 해석이 *Keck and Mithouard* 사건에서 다소 변경을 가져왔으나, '판매방식'에 관하여 보다 명확하게 '유형적'으로 접근하여 상품의 자유이동의 예외를 역시 신중하게 판단하고자 했던 것으로 볼 수 있다. EC조약 제30조(TFEU 제36조)에 의한 예외적 정당화 사유도 EU공동시장의 상품의 자유이동이라고 하는 원래 목적을 중시하여 최대한 보장해야 하고, 공익적 관점과 충돌하는 경우 그 목적과 수단의 균형을 고려하여 합리적으로 결정되어야 하기 때문이다.

따라서 이 사건에서 그리스 지방당국의 규제조치는 EC조약 제30조(TFEU

---

64) Joined Cases C-158~159/04, *Alfa Vita Vassilopoulos AE*, [2006] ECR I-8135, para.23.
65) *Ibid.*, para.15; Case C-192/01, *Commission* v. *Denmark*, [2003] ECR I-9693, para.39; Case C-366/04, *Schwarz*, [2005] ECR I-10139, para.28.

제36조)에 의하여 정당화되지 않으며 제28조(TFEU 제34조))의 '수량제한과 동등한 효과'를 갖는 조치에 해당하여 EU법에 위배된다고 한 ECJ의 결정은 타당하다고 볼 수 있다. 이러한 ECJ의 견해는 EU공동시장 질서를 회원국 국내시장 질서의 상위질서로 보는 것이며, 매우 제한적인 부득이한 경우에만 예외를 허용하는 것으로, 이를 합리성 이론으로 설명하고 있으나 실제로는 EU의 통합을 강화하고자 하는 것으로 이해할 수 있을 것이다.

5) 소결

위의 사례들에서 살펴보았듯이 ECJ는 '수량제한과 동등한 효과'를 갖는 조치의 개념을 가능한 한 협의가 아닌 '광의'로 해석하여 왔다. 수량제한과 동등한 효과를 갖는 조치의 기본적인 개념은 *Procureur du Roi* v. *Dassonville* 사건에서 확립되었는데, 이 판결에 의하면 역내무역을 '직접적으로 또는 간접적으로, 실제적으로 또는 잠재적으로' 방해할 수 있는 회원국의 모든 통상규칙은 '수량제한과 동등한 효과'를 갖는 조치로 간주되어야 한다고 하였다. 이후 이러한 ECJ의 원칙은 *Rewe-Zentral AG* v. *Bundesmonopolverwaltung für Branntwein*(*Cassis de Dijon* case) 사건을 통하여 보다 확고해졌는데, 이 사건에서 ECJ는 알코올음료 판매에 있어서 최소알코올함량 요구는 EU 기본 원칙의 하나인 상품의 자유이동보다 우선될 수 없다고 하였다.

그러나 *Keck and Mithouard* 사건은 기존의 ECJ의 판례에 다소 변경을 가져왔는데, 이 사건에서 논란이 되었던 것은 '판매방식'의 유형화에 관한 것이었고, ECJ는 소매상의 염가판매금지를 규정한 프랑스의 입법은 그 취지에 의거해 볼 때 EC조약 제28조(TFEU 제34조)에 위배되지 않는다고 판시하였다. 그러나 이 판결에 의한 판매방식이라고 하는 '유형적 접근방식'은 나름대로 그 기준의 명확화에는 기여한 듯하지만, 이로 인하여 원칙적으로 금지되어야 하는 내용을 '수량제한과 동등한 효과'를 갖는 조치로부터 배제시킬 위험성을 수반하고 있다. 무엇보다 이 판결에 대하여 우호적인 분위기가 형성되어 있지 않다는 점이 있고, 이 판결 이후의 판매방식에 대한 사례들에서도 이 판결과 같은 취지의 판결을 내린 사례가 전무하며, 결국에는 판매방식에 대한 국내조치가 '수량제한과 동등한 효과'를 갖는 조치로 판정되었다는 점이다. 이 사건 직후의 판례와 2006년의 *Alfa Vita Vassilopoulos AE* 판결에서도 ECJ는 결국 EU 내에서의 시장접근성, 상품의 자유이동을 원칙적으로 보장하기 위하여 관련 국내조치를 '수량제한과 동등한 효과'를 갖는 조치로 보아 그 인정 범위를 '광의'로 해석하였다고 할 수 있다.

3. EC조약 제29조(수출, TFEU 제35조)상의 '수량제한과 동등한 효과'를 갖는 조치의 인정 문제

'수입'에 대한 수량제한이 국가가 국내 산업을 보호하기 위한 수단으로서 일반적으로 사용하는 것인 데 비해, 국가가 '수출' 시 수량제한을 꾀할 필요는 일반적으로 많지 않으므로 EC조약 제29조(TFEU 제35조)에 관한 판례는 제28조(TFEU 제34조)에 관한 판례만큼 많지 않다고 할 수 있다. 수출 시 '수량제한과 동등한 효과'를 갖는 조치에 관한 예로는 *The Queen v. MAFF, ex parte Hedley Lomas(Ireland) Ltd* 사례[66]가 있다. 한편 이

---

66) Case C-5/94, *The Queen* v. *MAFF*(Ministry of Agriculture, Fisheries and Food), *ex parte*

사례는 '수량제한' 및 '이와 동등한 효과'를 갖는 조치를 규율하기 위한 조화지침의 효과를 잘 보여 주고 있다.[67]

이 사례에서 영국 정부는 몇몇 회원국들 내에서 사용되는 잔인한 가축도살방식에 대하여 많은 염려를 하였고, 이러한 관심과 염려에 의해 EC는 1974년에 이사회 지침 74/577(Council Directive 74/577, OJ 1974, L316, p.10)을 채택하여, 동 지침 제1조와 제2조에서 잔인한 가축도살방식에 반대하여 "도살 전에 가축을 기절시켜야 한다."는 내용을 규정하여 회원국들이 이를 보장하도록 국가책임을 부여하였다. 이에 스페인 정부는 동 지침을 이행하기 위하여 가축 도살 전 기절시킬 것을 의무화하였으나(Royal Decree of 18 December 1987 — Boletin Oficial del Estado No 312 of 30 December 1987), 도살 전 기절시킬 의무를 이행하지 않는 경우에 대한 어떠한 '처벌규정'도 마련하고 있지 않았다.[68]

이에 영국 정부는 스페인의 동물복지단체를 포함한 여러 기관들로부터 획득한 정보에 기초하여 이사회 지침 74/577과 스페인의 이행조치가 스페인의 상당히 많은 도살장에서 무시되고 있다고 결론지었으며, 몇몇 도살장은 심지어 기절시킬 도구조차 구비하고 있지 않았다고 판단하여 살아 있는 가축의 스페인으로의 수출을 금지하였고, 이러한 수출제한조치는 스페인으로의 살아 있는 가축의 수출에 관한 '수출면허발행'의 거부에 의해 효력이 발생하게 되었다. 영국 정부는 이러한 수출제한조치는 EC조약 제30조

Hedley Lomas(Ireland) Ltd, [1996] ECR Ⅰ-2553.

67) T. C. Hartley, *The Foundations of European Community Law*(Oxford: Oxford Univ. Press, 2003), pp.238~239; Hartley, *supra* note 10, p.406 참조.

68) Case C-5/94, *The Queen* v. *MAFF*(Ministry of Agriculture, Fisheries and Food), *ex parte Hedley Lomas(Ireland) Ltd*, [1996] ECR Ⅰ-2553, paras.3-6.

(TFEU 제36조)에 의거한 것으로서 1990년 4월에 효력이 발생되었다고 주장하였다. 영국 정부는 이러한 수출제한조치가 EC조약 제30조(TFEU 제36조)상의 공공윤리, 공공정책 그리고 동물의 생명과 보건을 위하여 필요했다고 주장하였다. 비록 영국 정부는 스페인의 모든 도살장이 당해 이사회 지침 74/577을 위반하고 있었다는 증거를 확보하지는 못하였지만, 영국 정부는 스페인으로 수출된 동물들이 고통받을 중대한 위험(substantial risk)이 있었다고 주장하였다.[69]

한편 아일랜드계 회사인 Hedley Lomas Ltd는 스페인으로의 가축 수출에 대한 수출면허발행을 거부당한 가운데 영국으로부터 살아 있는 가축을 스페인으로 수출하였고, 이는 영국 정부가 취한 수출제한조치에 반하는 것이었다. 이에 영국 법정(High Court of Justice, Queen' s Bench Division(England and Wales)에서 소송이 진행되었고, 이 문제의 해결을 위한 선결적 결정이 ECJ에 부탁되었다.[70]

이에 대하여 ECJ는 영국 정부가 취한 스페인으로의 가축 수출에 관한 수출면허발행의 거부조치는 수출에 대한 '수량제한과 동등한 효과'를 갖는 조치에 해당하는 것으로 이는 EC조약 제29조(TFEU 제35조)에 위반된다고 판시하였다.[71] 상품의 자유이동에 대한 회원국의 국내 제한조치를 허용하는 EC조약 제30조(TFEU 제36조)에 의해 동물의 생명과 보건을 이유로 그러한 국내 제한조치가 정당화될 수는 있으나, 특정한 목적 달성을 위하여 국내조치들의 조화를 위해 채택된 EU지침이 각 회원국에서 이행되고

---

69) *Ibid.*, paras.7∼8, 12.

70) *Ibid.*, paras.10∼11.

71) *Ibid.*, para.17.

있는 경우(즉 각 회원국이 지침을 자국의 법률로 수용하여 규제하고 있는 경우)에는 EC조약 제30조(TFEU 제36조)를 원용할 수 없다는 것이 판결이유였다.[72]

이 사례에 있어서 예외조항인 EC조약 제30조(TFEU 제36조)는 이 사건에서 다음과 같은 이유로 영향을 받지 않는다고 할 수 있다. 즉 당해 이사회 지침 74/577이 '감독절차'에 대한 어떠한 EU 차원의 절차를 규정하고 있지 않고, 또한 규정위반에 대한 어떠한 '형벌'도 규정하고 있지 않다는 사실에 의해 EC조약 제30조(TFEU 제36조)가 영향을 받는 것은 아니다. 당해 지침이 '감독절차' 또는 '형벌'을 규정하고 있지 않다는 사실은 단지 EC조약 제10조(구 제5조, TFEU에 의해 삭제됨) 1단과 제249조(구 제189조, TFEU 제288조) 3단에 따라 회원국들이 EU법의 적용과 그 효력을 보장하기 위해 필요한 모든 조치를 취해야 할 의무가 있다는 것을 의미한다. 따라서 각 자신의 영토에 대한 검역 실시는 당해 지침에 기초한 회원국들의 상호 신뢰에 의해 이행되어야 할 것이다.[73]

EU회원국은 다른 회원국의 EU법위반의 상황을 제거하기 위하여 일방적으로 위반행위에 대한 교정조치(corrective measures) 또는 보호조치(protective measures)를 채택할 수 없다.[74] 즉 EC조약 제30조(TFEU 제36조)에 의거한 수출제한에 대한 정당화 사유는 이 사건에서는 한쪽 당사자(여기서는 영국 정부)의 일방적인 행위에 해당하는 것이고, 따라서 살아 있는 가축의 스페인으로의 수출을 금지한 영국의 수출제한조치는 '수출'에 대한 '수량제

---

72) *Ibid.*, para.18.

73) *Ibid.*, para.19.

74) *Ibid.*, para.20.

한과 동등한 효과'를 갖는 조치로서 EC조약 제29조(TFEU 제35조) 위반에 해당하는 것이다.

결론적으로 이 사례는 상품의 수출입에 있어서의 수량제한 및 이와 동등한 효과를 갖는 조치를 규율하기 위한 조화지침의 효과를 잘 보여 주고 있다. EU의 역내시장 질서를 규율하기 위해 채택된 '조화지침의 효과'를 인정하여 EC조약 제30조(TFEU 제36조)에 근거한 일개 회원국의 일방적 국내조치의 정당성을 부정하였다. 동물복지수준이 높은 영국의 입장에서 보면 이에 불만을 가질 수도 있다. 만약 관련 EU지침이 없었더라면, 영국의 살아 있는 가축에 대한 스페인으로의 수출제한조치가 EC조약 제30조(TFEU 제36조)에 의하여 공공윤리, 공공정책, 동물의 생명과 보건을 이유로 정당화되었을 가능성도 배제할 수는 없을 것이다.

4. 수량제한의 금지에 대한 예외: 정당화 사유

EC조약 제30조(구 제36조, TFEU 제36조)는 공중도덕, 공공정책, 공공안보, 인간·동식물의 생명과 건강의 보호,[75] 예술적·역사적·고고학적 가치가 있는 국보의 보호, 산업적·상업적 재산권[76]의 보호를 위하여 필요한 경우 회원국들의 수량제한조치를 허용하고 있다.[77]

---

75) 이와 관련하여 영국에서의 광우병위기라든가 또는 벨기에에서의 다이옥신오염위기는 1997년 이후 EU식품법의 발전에 중요한 기여를 하였으나, 이로 인하여 EU역내시장에서의 '식료품의 자유이동'은 그만큼 제한을 받게 되었다고 할 수 있다. Raymond O'Rourke, *European Food Law*(London: Sweet & Maxwell, 2005), p.30.

76) 이와 같은 특허권 또는 상표권과 같은 지적 재산권의 분야는 아직까지 각 회원국들의 독자적 권한이 지배적인 영역이라고 할 수 있다.

77) Koen Lenaerts and Piet van Nuffel, *Constitutional Law of the European Union*(London: Sweet & Maxwell, 2005), pp.162~163 참조.

그러나 이러한 목적을 달성하려는 회원국들의 국내조치는 첫째, 제30조
(TFEU 제36조)의 단서규정('임의적 또는 자의적 차별조치'와 '위장된 제한
조치')에 해당되어서는 아니 된다. 국내조치가 무역거래에서 임의적 차별이
나 위장된 제한조치로서 행사된 경우, 이는 EC조약 제30조(TFEU 제36조)
에 의하여 정당화될 수 없다.[78]

둘째, ECJ는 보다 제한적인 조치수단에 의해서도 공익적 차원의 '동일한
결과'를 달성할 수 있는 경우, 과도한 국내조치는 EC조약 제30조(TFEU
제36조)에 의하여 정당화될 수 없다고 판시하였고,[79] 이는 EU법의 일반원
칙인 '비례의 원칙'(principle of proportionality)의 적용이라고 할 수 있다.
따라서 회원국 정부는 공중보건이나 소비자보호가 상품의 자유이동상 '보다
가벼운 제한적 효과'를 갖는 조치에 의해 '동등한 결과'가 충분히 보호될 수
있는 경우, 해당 국내조치는 공중보건을 이유로 정당화될 수 없다. 따라서
만약 보호법익이 역내자유무역체제하에서 '약한 정도의 제한적 수단 또는
방법'에 의하여 보호될 수 있다면, 회원국은 이에 따라야 할 것이다.[80]

---

78) 따라서 전염병으로부터 가축을 보호한다는 이유로 취해진 영국 정부의 닭고기 및 계란에 대한 수입금지
조치는 ECJ가 법률심 이전에 사실을 조사한 결과 실제로는 국내산업의 보호(프랑스로부터의 크리스마스
용 칠면조(turkeys) 수입을 방해하려는 목적)를 목적으로 하고 있는 경우 이는 위장된 제한조치에 해당
될 수 있다. Case 40/82, *Commission v. United Kingdom*, [1982] ECR 2793, paras.21~22,
25, 31, 37, 40; 더구나 이 사례에서는 국내생산자가 영국 정부의 금수조치가 취해지기 전에 수입저
지의 압력을 행사했으며, 영국의 금수조치가 즉시 EU위원회 및 다른 회원국들에게 통지되지 않았으
며, 전염병에 대한 충분한 연구나 논의 없이 졸속으로 조치가 취해졌기 때문에 위장된 제한조치로 인
정되게 되었던 것이다. Hartley, *supra* note 10, p.403 참조.

79) Case 155/82, *Commission v. Belgium*, [1983] ECR 531, para.12.

80) Hartley, *supra* note 10, p.403 참조.

5. 역내시장 질서를 위한 조화 지침의 기능

EU는 회원국들의 상이한 법과 원칙에서 비롯되는 상품의 자유이동에 대한 '수량제한' 및 '이와 동등한 효과'를 갖는 조치의 인정 문제를 해결하기 위하여 '조화지침'[81](harmonization directives)을 채택하여 규범의 통일적 적용을 시도하고 있다. 규범의 효력과 이행방법 모두 강제성을 갖는 규칙에 의하여 역내시장 질서를 규율하는 것이 보다 바람직하겠으나, 회원국들의 주권을 존중하여 규범의 효력 발생을 위한 이행방법을 회원국에 위임하는 지침의 형식도 EU법질서의 통일에 기여하는 바가 크다고 할 수 있다. 모든 회원국들이 조화지침에 따라 동일한 제한조치를 적용하는 경우, 모든 무역장벽은 점차 사라지게 될 것이다. 즉 회원국들의 국내 규제의 차이로 인하여 발생하는 통상장벽에 대하여 회원국들의 규제 내용을 조화시킴으로써 사전에 역내의 통상 문제를 적절하게 해결할 수 있을 것이다. 이를 위하여 EC조약 제94조(TFEU 제115조)는 이를 위한 지침의 입법권한을 EU 이사회에 부여하고 있는 것이다.[82]

V. 결언

EU는 EC조약 제23조(TFEU 제28조)에서 제25조(TFEU 제30조)의 규정

---

81) EU는 2차적 법원의 하나인 '지침'을 통하여 회원국들 간의 상이한 법질서를 조화시키고 있고, 이를 소위 EU '법률의 조화'라고 한다. 지침은 EU공동시장의 확립과 발전을 위하여 회원국들의 주권을 존중하는 가장 적절한 방법으로 사용되어 왔다. 김두수, 『EU법론』(파주: 한국학술정보, 2007), p.145.

82) 수량제한 및 이와 동등한 효과를 갖는 조치를 규율하기 위한 조화지침의 효과는 이 글 Ⅳ-3에서 분석하고 검토한 *The Queen v. MAFF(Ministry of Agriculture, Fisheries and Food), ex parte Hedley Lomas (Ireland) Ltd* 사례에 잘 나타나 있다고 할 수 있다.

에 의거하여 어느 한 회원국을 통하여 EU 외부로부터 수입된 상품에 대하여 특별한 이익이 없다는 것을 보장하기 위하여 관세동맹을 통해 대외공동 관세를 적용하고 있으며, 회원국들 간의 수출·수입에 관하여 모든 관세부과를 금지하고 있다. 사람·서비스의 자유이동, 회사 설립의 자유 그리고 상품의 자유이동 중 수량제한 금지 영역에서는 공익적 관점에서 회원국에게 일정한 예외적 조치를 허용하고 있으나, 관세의 금지에 있어서는 예외를 허용하고 있지 않아 매우 엄격하게 적용된다고 할 수 있다.

그리고 EU의 역내관세 폐지는 EC조약 제90조(TFEU 제110조)를 통해 다른 회원국들로부터의 수입품에 대한 '차별적' 내국세, 국산품에 대한 '보호적' 내국세를 함께 금지함으로써 보다 충분하게 달성될 수 있다고 볼 수 있다. 이러한 차별적·보호적 내국세의 금지는 EC조약(TFEU)의 '상품의 자유이동' 부분에는 포함되어 있지 않지만, 동 조항은 '상품의 자유이동'과 매우 밀접하게 관련되어 국산품과 수입품의 경쟁과 관련하여 내국세가 중립적 견지를 취할 것을 보증하고 있으며, 또한 관세 및 이와 동등한 효과를 갖는 과세의 금지에 관한 공동시장의 규율체계를 보완하고 있다고 할 수 있다.

그런데 단순히 관세부과 금지 및 이와 동등한 효과를 갖는 과세 금지를 통해서는 EU가 목표로 하고 있는 공동시장의 완성이 불가능하다고 할 수 있다. 왜냐하면 회원국들은 다른 회원국들로부터의 특정 상품의 수입 시 수량을 제한할 수도 있기 때문이다. 따라서 EC조약은 제28조와 제29조(TFEU 제34조와 제35조)를 통하여 '수입품' 및 '수출품'에 대한 '수량제한' 및 '이와 동등한 효과'를 갖는 조치의 금지를 규율하고 있다. 수입과 수출상의 수량제한은 국제통상에 있어서 비관세장벽으로 사용되는 전통적인 방식으로, EU는 이러한 수량제한을 폐지하기 위하여 수입과 수출의 경우를 모두 규율하고 있으며, 오늘날 주요 관심이 되고 있는 것은 단순한 수량제한이 아닌 '이와 동등한 효과'를 갖는 조치의 금지라고 할 수 있다.

한편 EC조약(TFEU)은 EC조약 제28조와 제29조(TFEU 제34조와 제35조)를 적용함에 있어서 그 예외적 사항을 EC조약 제30조(TFEU 제36조)에 규정하여 일정한 경우에는 국내규제를 허용하고 있다. 이러한 허용의 조건에는 공중도덕, 공공정책, 공공안보, 인간ㆍ동식물의 생명과 건강의 보호, 예술적ㆍ역사적ㆍ고고학적 가치가 있는 국보의 보호, 산업적ㆍ상업적 재산권의 보호를 들 수 있다. 그러나 이러한 목적을 달성하려는 회원국의 국내조치는 제30조(TFEU 제36조)의 단서규정에 따라 임의적 또는 자의적 차별조치, 위장된 제한조치에 해당되어서는 아니 된다. 또한 보다 가벼운 국내조치에 의해서도 공익적 차원의 동일한 결과를 달성할 수 있는 경우, 과도한 국내조치는 EC조약 제30조(TFEU 제36조)에 의하여 정당화될 수 없다고 보아야 할 것이다.

한ㆍEU FTA는 세계경제위기의 돌파구로 인식될 수도 있으나, 본문에서 살펴본 EU공동시장 법제와 주요 판례들을 볼 때 그리 단순하게 생각할 사안은 아니라고 할 수 있다. 우리나라는 이미 FTA수준 이상의 단일시장인 공동시장 질서를 경험한 EU의 경제정책을 조심스럽게 접근하여 분석해야 할 것이다. EU는 이미 상품의 자유이동에 관한 관세철폐와 수량제한 및 이와 동등한 효과를 갖는 조치의 금지를 통하여 역내의 시장 질서를 확립하여 운영하고 있다. 따라서 EU가 원하는 개방 수준은 생각보다 수준이 높다고 할 수 있다. 특히 EU는 우리나라와의 완전한 관세철폐 이후의 시장경제질서를 염두에 두고 있을 것이며, 가능한 한 모든 종류의 비관세장벽 요소인 우리나라의 국내조치를 제거하고자 할 것이다. 따라서 '대한민국과 유럽공동체(리스본조약 발효에 의해 현재는 유럽연합) 및 그 회원국 간의 자유무역협정' 국문본에 있는 제1장(목적 및 일반정의), 제2장(상품에 대한 내국민대우 및 시장접근), 제3장(무역구제), 제4장(무역에 대한 기술장벽), 제5장(위생 및 식품위생조치), 제6장(관세 및 무역원활화), 제13장(무역과 지속가능발전) 등을 EU공동시장법과 비교하여 검토하는 것이 의미 있다고 할 수 있다.

　결론적으로 한·EU FTA협정이 발효되는 경우 우리나라는 직접적 차별뿐만 아니라 간접적 차별에 의한 내국세 또는 보호적 내국세의 금지에 위배되지 않도록 유념해야 할 것이고, 무엇보다도 수량제한과 동등한 효과를 갖는 조치의 금지에 유의해야 할 것이다. EU는 WTO체제하에서 유럽이라고 하는 지역적 이점을 극대화하여 통합된 단일시장체제를 운영해 오고 있으므로, 우리나라로서는 향후 동일 시장권역에서 발생하는 법적 분쟁으로 인해 발생되는 손해를 예방하기 위해서 보다 숙고해야 할 것이다. ECJ가 *Keck and Mithouard* 사건에서 판매방식이라는 유형화를 통하여 국내조치를 허용하기도 하였으나, 이 판결의 영향력은 그 이후 최근의 2006년 *Alfa Vita Vassilopoulos AE* 사건 등에서와 같이 기존의 *Dassonville* 사례나 *Cassis de Dijon* 사례의 견해를 취하고 있는 것을 볼 때 그리 크지 않다고 할 수 있다. 나아가 EC조약 제30조(TFEU 제36조)와 같은 국내조치의 예외적 허용도 극히 제한적이라고 예상할 수 있다. 따라서 한·EU FTA가 실현되어도 상품무역에 있어서 우리나라는 국내규제조치에 신중을 기하여야 하며, 국내산업의 경쟁력 강화를 위한 경제정책을 집행해야 할 것이고, 제한적이긴 하지만 공익적 차원에서의 예외적 정당화 요건도 세심하게 살펴 국익을 적극적으로 보호해야 할 것이다.

제7장 사람의 자유이동*

I. 서언

유럽연합(European Union: EU)은 2009년 10월 2일 아일랜드 국민투표에서 리스본조약[1])(Treaty of Lisbon)이 찬성 67.1%, 반대 32.9%로 통과됨으로써 '하나의 유럽'으로 가는 최대 난관을 극복하였다. 이로써 역내 단일생활권을 형성하고 있는 EU는 이제 명실상부한 국제사회의 구성원으로서 대내외적으로 그 지위가 확고해지고 영향력도 증대되었다.[2]) 이러한 EU와 자유무역협정(Free Trade Agreement: FTA)을 체결하고 2009년 10월 15일 브뤼셀에서 가서명한 우리나라는 EU와 더욱 긴밀한 관계를 구축하게 되었고, EU법에 대한 이해가 더욱 절실하게 되었다.

그런데 EU법의 영역들 중 가장 중요한 내용은 일상생활의 기초가 되는

---

* 이 내용은 김두수, "EU시민 및 제3국 국민에 대한 EU의 사람의 자유이동과 제한", 『법학연구』, 제18권 제1호(2010.4.30)를 참고하였음.

1) 2007년 12월 13일 채택된 리스본조약은 EU조약(Treaty on European Union)과 EC설립조약(Treaty establishing the European Community)을 개정하는 EU의 헌법적 성질을 갖는 것으로 2008년 6월 13일 실시된 아일랜드 국민투표에서 반대 53.4%, 찬성 46.6%로 부결된 바가 있었다.

2) 이를 가장 잘 보여 주는 것은 이제 EU가 소위 대통령이라고 할 수 있는 유럽이사회(European Council) '상임의장'을 선출하고, EU의 대외정책을 조율하는 '외교안보정책고위대표'를 선출하게 되었다는 점이다.

'공동시장'(common market, 즉 역내시장(internal market)을 의미함)에 관한 내용이라고 할 수 있다. 무엇보다 EU는 EC조약 제3조(TFEU 제3조~제6조) 1항 (c)에서 '상품·사람·서비스의 자유이동 및 회사설립(개업)의 자유'에 방해가 되는 모든 요소들에 대한 회원국의 '철폐의무'를 규정하는 한편, EC조약 제14조(TFEU 제26조) 제2항을 통해 이러한 자유이동이 보장되도록 '역내시장'(internal market)이라는 역내 국경이 사라진 시장개념을 설정하고 있다.3) 그리고 EC조약 제3조 제1항 (h)는 공동시장의 기능화를 위하여 '지침'(directive)과 '상호 인준'(mutual recognition)을 통한 회원국들 간의 '법률 조화'를 추구하도록 하고 있다. 이러한 EU는 현재 27개 회원국들의 경제적·정치적 통합을 경험한 경쟁력을 갖춘 국제사회의 영향력 있는 구성원으로서 양적·질적 통합4)에 있어서의 선행주자라고 할 수 있기 때문에 이러한 EU를 상대하기란 쉬운 일이 아닐 것이다.

이 글의 목적은 위와 같은 배경하에 '사람의 자유이동'에 관한 EU공동시장 법제와 주요 판례를 분석·검토하여 한·EU FTA시대에 EU로의 진출방안을 모색하기 위함이다. 특히 EU의 'EU시민'과 '제3국 국민'에 대한 '자유이동상의 권리와 제한'을 중심으로 살펴보고자 한다. 이를 통해 지역

---

3) T. C. Hartley, *European Union Law in a Global Context: Text, Cases and Materials*(Cambridge: Cambridge Univ. Press, 2004), p.393 참조; '역내시장'(internal market) 개념은 독일의 'Binnenmarkt'(internal market)에 착안했다고 할 수 있다. Rene Barents, *The Autonomy of Community Law*(The Hague: Kluwer Law International, 2004), pp.196~198 참조.

4) EU는 1951년 4월 18일 파리조약(Treaty of Paris)에 의해 유럽석탄철강공동체설립조약(Treaty Establishing the European Coal and Steel Community: ECSC설립조약)이 채택되면서 독일, 프랑스, 이탈리아, 벨기에, 네덜란드, 룩셈부르크 6개국으로 출범하여, 1973년 1월 1일 영국, 덴마크, 아일랜드, 1981년 1월 1일 그리스, 1986년 1월 1일 스페인, 포르투갈, 1995년 1월 1일 스웨덴, 핀란드, 오스트리아, 2004년 5월 1일 사이프러스, 몰타, 헝가리, 폴란드, 슬로박공화국, 라트비아, 에스토니아, 리투아니아, 체크공화국, 슬로베니아, 2007년 1월 1일 루마니아, 불가리아 등이 가입하여 현재 27개 회원국으로 구성되어 있으며, 관세동맹·공동시장·통화통합 이후 리스본조약까지 발효되어 명실상부한 정치·경제적 통합체로서의 국제사회 구성원이 되었다.

통합의 모델인 EU공동시장의 '인적 이동'을 이해하여 EU진출방안을 마련할 수 있을 것이다. 한·EU FTA를 맞아 서비스·투자 분야가 개방되는 만큼 우리나라와 EU의 기업 지점을 통한 '인적 교류'도 활성화될 수 있을 것이다. 이와 관련해서는 '대한민국과 유럽공동체(리스본조약 발효에 의해 현재는 유럽연합) 및 그 회원국 간의 자유무역협정' 국문본에 있는 제7장(서비스 무역·설립 및 전자상거래) 등을 참고하는 것이 좋을 것이다. 아래에서는 먼저 '사람의 자유이동'에 관한 법제의 이해를 위하여 'EU시민'과 '제3국 국민'에 관한 지침에 관하여 살펴본 후, 그 구체적 실현을 위한 '비차별적 적용'에 대한 실효성에 관해 살펴본다. 그리고 결론에 갈음하여 이러한 EU법제와 사례가 한·EU FTA시대에 우리나라에게 부여하는 의미와 그 대응방안에 관하여 검토하고자 한다.

Ⅱ. EU법상 사람의 자유이동에 관한 개괄적 고찰

EU법상 기본권 중 '사람의 자유이동'에 해당하는 거주이전 자유의 권리에 관한 규정으로는 기본권헌장 제45조, EC조약 제18조(TFEU 제21조), 지침 2004/38이 있다. EU가 이를 규정한 이유는 이것이 EU통합의 과정에 있어서 역내시장 단일화를 위해 필수불가결한 자유권의 하나로 인정했기 때문이다. EU는 '지침 2004/38'을 통하여 EU시민과 그 가족구성원의 거주권과 영주권을, '지침 2003/109'를 통하여 제3국 국민의 EU 내 장기거주를 규율하고 있다.

Principal Community measures on free movement: Legislation under the EC Treaty		
Directive 64/221	restriction on exercise of public policy proviso	OJ (Special Eng. Ed.) Series I, 1963~1964, p.117.
Regulation 1612/68	right to find work	OJ (Special Eng. Ed.) Series I, 1968(II), p.475.
Directive 68/360	employed persons(workers)	OJ (Special Eng. Ed.) Series I, 1968(II), p.485.
Regulation 1251/70	right of employed persons(workers) to remain on retirement	OJ (Special Eng. Ed.) Series I, 1970(II), p.402.
Directive 73/148	self-employed persons and providers/receivers of services	OJ 1973, L172/14.
Directive 75/34	right of self-employed persons to remain on retirement	OJ 1975, L14/10.
Directive 75/35	public policy proviso: right of self-employed persons to remain	OJ 1975, L14/14.
Directive 77/486	schooling for children of employed persons(workers)	OJ 1977, L199/32.
Directive 90/364	persons of independent means	OJ 1990, L180/26.
Directive 90/365	retired persons	OJ 1990, L180/28.
Directive 93/96	students	OJ 1993, L317/59.
Directive 2003/109	status of third-country nationals who are long-term residents	OJ 2004, L16/44.
Directive 2004/38	right of residence of citizens of the EU	OJ 2004, L158/77.

1. 사람의 자유이동의 적용 대상의 광범위한 인정

EU에서 '노동(자)'의 자유이동은 어느 한 회원국의 노동자[5](workers)가

---

5) 1957년 설립된 E(E)C조약은 사람을 경제활동에 있어서의 생산요소의 하나로 이해하였기 때문에, 사람의 자유이동에 있어서 '사람'의 범위에는 경제활동에 종사하는 노동자, 자영업자를 포함시켰다. 따라서 비경제적 활동자의 자유이동은 제한되었다. 그러나 EU법의 개정에 따라 점차 '사람'의 범위가 노동자, 자영업자의 가족, 학생 등에까지 확대되었다. 과거에는 사람의 자유이동을 논함에 있어서 적용 대상인 '노동자'의 범위인정이 문제가 되었으나, '사람'의 범위가 EU시민에게까지 확대된 현재는 문제의 소지가 적다고 할 수 있다. EC조약 제39조와(TFEU 제45조) 기본권 관련 규정을 포함한 내용에 관해서는 John Fairhurst and Christopher Vincenzi, *Law of the European Community*(London: Longman, 2003), pp.238~239.

일을 하기 위하여 다른 회원국으로 자유롭게 이동할 수 있는 권리를 말한다. 이 경우 노동력 부족현상이나 높은 급여문제를 해결할 수 있어 역내 경제 활성화에 기여할 수 있다. 이러한 '노동(자)'의 자유이동은 역내 급여 수준을 평등화시킬 수 있으며, 역내 회사들은 더욱더 경쟁력을 증대시킬 수 있게 된다.6) 처음에 EU는 노동자 및 자영업자의 자유이동을 주로 허가하였으나, 현재는 일정한 요건을 충족하는 경우에는 거주이전 자유 대상 범주를 광범위하게 인정하고 있다.

여기서 EC조약 제39조(TFEU 제45조)의 '취업이 완료'된 이후에만 입국이 허용된다는 규정과 관련하여 구 '지침 68/360'과 구 '규칙 1612/68'의 초안이 1968년 EC 이사회에서 작성될 당시 회원국들에 의해 채택되어 이사회 회의록(Council Minutes)7)에 기록된 하나의 '선언'(declaration)을 살펴볼 필요가 있다. 이 선언의 내용은 "구직을 위하여 다른 회원국으로 이주하는 회원국의 국민들은 당해 지침 제1조에 따라 구직을 위하여 최소한 '3개월'의 기간이 허용되며, 만약 이 기간이 만료될 때까지 직업을 구하지 못하는 경우에는 이주한 국가에서의 거주는 더 이상 허용되지 아니하고 본국으로 돌아가야 할 것이다(첫째 단락). 그리고 만약 위의 사람이 위에 명시된 기간 동안 이주한 국가에서 사회복지의 혜택을 요구한다면 이주한 국가에서 추방의 통지를 받게 될 수도 있다(둘째 단락)."라는 것이었다.8)

---

6) 그러나 이는 이론에 불과한 측면이 없지 않다. 예를 들면, 몇몇 노동자들은 모국에서 더 낮은 임금을 받을지라도, 의사소통에 문제가 있거나 또는 기후가 너무 춥고 습하거나 또는 친절하지 않은 사람들이 있는 타 국가보다 모국에 남아 있는 것을 더 선호할 수도 있다. 이로써 다음과 같은 결과가 나타나게 된다. 즉 쉬운 예를 들면, 이탈리아에서 독일로의 이주가 계속하여 있어 왔지만, 아직도 EU의 남·북 지역 간에는 상당한 급여 차이가 존재한다. 더구나 대부분의 회원국에서는 EU 외부에서 오는 이민자의 수가 EU 회원국 내에서 오는 이민자의 수에 비해 훨씬 더 많은 상황이다. Hartley, *supra* note 3, p.407.

7) 이사회는 비공식적으로 개최되었고, 이사회 회의록은 출간되지 않았기 때문에, 이사회의 동 '선언'의 존재는 공개적으로 알려지지 않았으며, 유출되지도 않았고 인쇄기관에 의하여 출간되지도 않았다.

그런데 구 '지침 68/360'이 그 자체로서 '구직을 위해' 다른 회원국으로 입국하는 권리를 부여한 것은 아니고, 개별국가의 국내입법에 따라 입국의 권리가 부여되었다.9) 따라서 이 '이사회 선언'은 국내입법상의 권리로서 일종의 동의 형식으로 기록되었고, 권리의 직접적인 근원을 형성할 의도도 없었으며, 이행조치에 대한 정확한 해석을 지적할 의도도 없었던 것으로 보인다. 유럽사법법원(ECJ)은 이와 관련된 효력문제에 대하여 *Antonissen*[10) 사례에서 아래와 같이 숙고하였다.

1) 사실관계

안토니센(Mr. Antonissen)은 영국에 입국한 벨기에 국적자로, 마약유통의 유죄판결로 수감되었다. 영국은 석방과 함께 그를 추방하기 원하였으나, 그는 '구직 중'임을 이유로 EC법에 의해 보호되는 '노동자'로서의 권리를 주장하였다. 이에 영국법원은 ECJ에 선결적 결정을 부탁하였다. 선결적 결정의 내용은 공동체 이주자가 6개월 내에 직업을 갖지 못하는 경우 그를 추방할 수 있는가 하는 문제였다. 여기서 6개월의 기간은 기존에 '이사회 선언'에서 명시한 3개월의 기간보다 영국입법에 의하여 6개월로 연장된 것이었다.

2) ECJ의 결정: '구직 중'이라는 의미와 관련하여

EC조약 제39조(구 제48조, TFEU 제45조)를 엄격하게 적용하면, EU회

---

8) Koen Lenaerts and Piet Van Nuffel, *Constitutional Law of the European Union*(London: Sweet & Maxwell, 2005), pp.545~546, 548 참조.

9) 영국의 경우는 The Immigration Rules for Control on Entry(EEC and Other Non-Commonwealth Nationals), HC Paper 81 of 1972/73, para.52.

10) Case C-292/89, *Antonissen*, [1991] ECR Ⅰ-745.

원국의 국적 보유자는 이미 실질적으로 결정된(only accepting offers of employment actually made) 고용청탁에 대한 승인을 위한 목적의 범위 내에서 회원국 영토를 자유롭게 이동할 수 있는 권리를 갖는다고 보아야 한다(제39조 제3항(a), (b), TFEU 제45조). 그리고 이러한 고용목적을 위해서 회원국의 영토에 체류할 수 있는 권리가 주어진다고 보아야 한다(제39조 제3항(c), TFEU 제45조).[11] 그런데 이렇게 해석할 경우 회원국의 국민이 '구직을 위하여' 다른 회원국의 영토에 자유롭게 이동하거나 체류하는 권리는 제한되며 이는 부당하다고 할 수 있다.[12] 실제로 ECJ가 지속적으로 견지해 왔듯이 노동자를 위한 자유이동은 EU공동시장법의 기초 내용 중의 하나이고, 따라서 그러한 규정들은 '폭넓게(광의로) 해석'되어야 할 것이다.[13] 더욱이 EC조약 제39조(TFEU 제45조) 제3항을 엄격하게 해석하게 되는 경우에 '구직 중'인 회원국 국민은 다른 회원국에서 직업을 구할 수 있는 실질적인 기회가 줄어들 위험성이 있고 노동력의 이동은 증가하지 않을 것이다. 이렇게 되는 경우 동 조항(제39조 제3항)은 비효과적인 조문에 불과하게 된다.[14] 이러한 관점에서 먼저 EC조약 제39조(TFEU 제45조)의 효력이 EU의 입법상 보장되어야 한다는 점을 지적해 두어야 하고 또는 그렇지 않은 경우 회원국의 입법상 관련자에게 관련 회원국의 영토 내에서 업무 능력에 상응하는 직업을 제공하며, 이를 위해 적절하고도 필요한 과정을 거쳐 고용되도록 합리적인 기간(reasonable time)을 부여해야 할 것이다.[15]

---

11) *Ibid.*, para.9.
12) *Ibid.*, para.10.
13) *Ibid.*, para.11.
14) *Ibid.*, para.12.

이에 ECJ는 앞서 언급된 '이사회 선언'의 효과에 대하여 숙고한바, 구 '지침 68/360'과 구 '규칙 1612/68' 모두 '이사회 선언'에 의거하지 않았기 때문에, '이사회 선언'이 두 법령을 해석하는 데 이용될 수 없다고 결정하여 '이사회 선언'은 '법적인 중요성(의미)'(no legal significance)이 없다고 하였고, 여타 주장들을 기각한 후 "EU회원국 국적을 갖는 사람이 다른 회원국에서 구직을 위하여 체류할 수 있는 기간이 EU법상 명시되지 않은 경우, 회원국의 국내법률에 의거하여 규정된 '6개월의 기간'(본 사건의 재판부에서 중요 문제로 다루고 있는 사안)과 같이 규정될 수 있다. 이러한 기간은 노동자를 수용하는 국가가 관련자에게 업무 능력(자질)에 상응하는 직업을 제공하고, 이를 위하여 적합한 직업에 종사할 수 있도록 필요한 조치를 취할 수 있을 만큼의 충분한 시간을 제공한 것이다. 따라서 이러한 국내입법상의 조치는 자유이동의 원칙에 위배되지 아니한다. 그러나 기간이 만료된 이후에 관련자가 구직을 위하여 계속해서 노력하고 있고, 직업을 구할 수 있는 결정적 기회(genuine chances)가 있다는 증거를 제시하는 경우에 이러한 사람은 해당 국가로부터 출국의 권고에 응하지 않아도 된다."16)라고 판시하였다.

결론적으로 EU회원국 국적을 갖는 사람이 '구직을 위하여' 계속 노력하고 있으나 직업을 구할 수 있는 결정적 기회가 있다는 증거를 제시하지 않는 한, 영국에 입국한 후 6개월 동안 직업을 구하지 못한 EU회원국 국적을 갖는 사람을 영국이 추방하는 것은 EU법을 위반하는 것이 아니라고 할 수 있다.

---

15) *Ibid.*, para.16.

16) *Ibid.*, para.21.

3) 평가

이 사건에서 ECJ는 유럽공동체 이주자에게 EC조약(TFEU)의 입안자들이 의도했던 것보다도 더 많은 권리를 인정하였다. ECJ는 '이사회 선언'을 고려하지 않으려 하였지만 3개월의 엄격한 기간제한을 보다 유연하게 변경한 것만을 제외하면 '이사회 선언'의 영향을 받은 것이 분명해 보인다.

이 사건에서 가장 중요한 ECJ 해석 측면은 아마도 유럽공동체법 규정들이 이주자에게 우호적으로(유리하게) 해석될 수 있다는 본 사건 판결의 제11번째 단락일 것이다. 이것은 유럽공동체법 규정들은 단지 '최소한의 권리'(minimum rights)를 의미한다는 제13번째 단락의 진술과 함께 이후 사건들의 향방을 결정하게 된다.[17] 이러한 이유로 인하여, EU규정들은 반드시 유럽공동체 권리의 '최대한도'(full extent of Community rights)를 의미하는 것은 아니라고 정리할 수 있다. 이 사건에서의 논점인 '구직 중인 자'에 대한 거주이전의 자유는 이후에 통합 지침인 지침 2004/38 제14조에 의하여 규율하고 있으며, 해당 회원국에 사회복지혜택으로 인한 부담을 주는 경우에는 제7조에 의하여 자유이동을 제한할 수 있도록 하고 있다. '구직 중인 자'를 노동자로 인정할 수는 있으나, 이는 당사자에게 해당 회원국 국민과 동일한 사회보장 및 세제상의 이익까지 보장하는 것을 의미하는 것은 아니다.

---

17) EC조약(TFEU)과 최소한의 기준 또는 EC조약 제95조(TFEU 제114조)와 최소한의 조화에 관해서는 Jan H. Jans and Hans H. Vedder, *European Environmental Law*(Groningen: Europa Law Publishing, 2007), pp.98~103 참조.

2. 회사설립(개업)의 자유와 사람의 자유이동

EC조약 제43조~ 제48조(TFEU 제49조~ 제54조)에 따라 다른 회원국에서의 '회사설립(개업)' 자유는 회사 또는 자영업자가 지사 또는 본점을 설치하기 위하여 해당 회원국으로 자유롭게 이동할 수 있는 권리를 포함한다. 이것이 실현되기 위해서는 '사업가'가 이주할 수 있는 권리와 적어도 사업가의 '핵심 직원들'(key staffs)이 사업가와 함께 이주할 수 있는 권리가 부여되어야 한다. 후자의 경우 해당 '고용인(종업원)'은 통상 이주권이 보장되는데, 이는 '급여'나 '지위'를 불문하고 어떠한 '고용인'이든지 EC법상 '노동자'(worker)로 간주되어 '노동자의 자유이동'에 관한 권리규정의 범주에 포함되기 때문이다. 마찬가지로 자영업자(self-employed persons)도 EC조약에 의하여 보호될 수 있다.

3. 서비스의 자유이동과 사람의 자유이동

EC조약 제49조~ 제55조(TFEU 제56조~ 제62조)상의 '서비스의 자유이동'은 개인이나 회사가 어느 회원국에 기반을 두는가와 관계없이 EU 전역을 통하여 고객, 구매자 또는 환자들에게 법률, 회계, 증권, 의료, 컴퓨터 프로그램, 광고, 은행, 항공, 물류, 보험 등의 서비스를 제공할 수 있는 권리를 의미한다.[18] 이것도 앞서 언급한 회사설립의 자유와 같이 서비스의

---

18) '회사설립의 권리'와 '서비스 공급의 권리'의 구별(차이점)은 다음과 같은 예로서 설명될 수 있다. 잉글랜드에 기반을 둔 한 회계회사가 프랑스에서 사업하기를 원하는 경우가 있다고 가정하자. 만약 단순히 프랑스에서 광고하고 사람을 보내어 '일시적으로' 특별한 고객을 위하는 경우, 이는 프랑스에서의 '서비스 공급' 권리를 주장하게 되는 것이다. 반면에 만약 프랑스에 '한 사무소를 개장하고' 프랑스식 운영에 따르는 경우, 이는 프랑스에서의 '회사설립'의 권리를 주장하게 되는 것이다.

'공급자'(providers)와 '수요자'(receivers)가 서비스 수행을 위하여 자유롭게 이동할 수 있는 권리를 포함하고 있다. 서비스의 공급자와 수요자는 임시 이주권(temporary immigration rights)을 가지며, 이러한 임시 이주권은 서비스를 제공하고 수령하는 데 필요한 기간 동안에만 지속된다.[19]

4. 경제적 목적뿐만이 아닌 사회적 목적을 위한 사람의 자유이동: 시민권의 부여

위와 같이 EU는 공동시장의 완성을 위해 '노동자'나 '자영업자' 또는 서비스의 '공급자'나 '수요자'와 같은 다양한 분야의 다양한 사람들이 자유롭게 이동할 수 있는 '사람의 자유이동' 권리를 보장해야 했다. 나아가 공동시장이 설립된 이후 이주권에 관한 정책은 '경제적 목적'뿐만 아니라, '사회적 목적'도 지니고 있었기 때문에, 기존의 이주자에 의한 이점은 그 자체로서는 한계가 있다고 볼 수 있어 '사람'의 범위를 보다 확장하여 은퇴한 사람, 학생 그리고 자산가 부류에까지 자유이동의 권리를 부여하게 되었다.[20]

'사회적 목적'을 위한 EU의 노력은 일반인들에게 점점 관심을 주었고, 이는 유럽연합조약(Treaty on European Union: TEU)에서 '시민권'(citizenship)이란 개념으로 도입되었다. TEU는 EC조약을 개정하여 하나의 새로운 파트(EC조약의 'Part Two: 제17조~제22조')인 'EU의 시민권'(Citizenship of the Union)을 신설하였다. 이 파트의 첫 번째 규정인 EC조약 제17조(구

---

19) EC조약 제49조(구 제59조, TFEU 제56조) 이하의 규정; 구 '지침 73/148' 참조; 김두수, "EU에서의 사람(노동자)·서비스의 자유이동에 관한 공동시장법제", 한국법제연구원, 『최신외국법제』 2009-3, (2009.6), pp.66~68 참조.

20) Paul Craig and Grainne de Burca, *EU Law: Text, Cases, and Materials*(Oxford: Oxford Univ. Press, 2008), p.870 참조.

제8조, TFEU 제20조)는 제1절에서 "EU의 시민권은 여기에서 설정된다. 회원국의 국적을 갖는 모든 사람은 EU의 시민이 될 수 있다. EU의 시민권은 보완적 성격을 가지나 각국의 시민권으로 대체될 수는 없다."라고 규정하고 있다. EU의 시민권이라는 새로운 개념을 창출해 낸 TEU의 초안자들은 일정한 내용을 첨가하기를 원했었고, 그 첫 번째 내용은 '이주의 권리'를 '시민권'과 연결시키는 것이었다. 이는 EC조약 제18조(구 제8a조, TFEU 제21조)에 명시되었고, 제1절에서 "EU의 시민권자는 회원국들의 영토 내에서 '자유롭게 이동하며 거주할 수 있는 권리'를 가진다. 이에 대한 모든 제한과 조건은 본 조약 규정에 의하고, 채택된 2차 법령에 의하여 그러한 제한과 조건은 효력을 갖는다."라고 규정하고 있다. 즉 EU의 2차 법령에 따른 제한과 조건의 범위 내에서 '자유롭게 이동하며 거주할 수 있는 권리'가 EU의 시민에게 부여된 것이다.[21]

이에 대하여 ECJ는 이주권을 적용해 왔으나,[22] '보편적인 자유이동'의 권리에 관한 '입법의 부족'으로 인하여[23] ECJ는 한계를 갖고 있었다. 따라서 이때까지는 EU법의 '특정' 규정에 의하여 '특정' 범주의 사람에게 부여된 '특정'한 권리에 관하여 검토할 필요가 있었다. 그러나 현재는 지침 2004/38에 의거하여 역내에서 '사람의 자유이동'이 보편적으로 인정되게 되었다. 이러한 사람의 자유이동은 공동시장의 창설을 위한 경제활동 생산요소의 자유이동 측면에서뿐만 아니라, EU통합에도 막대한 영향을 미쳐

---

21) Hartley, *supra* note 3, p.409.

22) 예를 들면 Case C-85/96, *Martinez Sala*, [1998] ECR Ⅰ-2691; Case C-184/99, *Grzelczyk*, [2001] ECR Ⅰ-6193이 있다.

23) 국경에서의 이민통제에 관한 EC조약 제18조(구 제8a조, TFEU 제21조)의 효력에 관해서는 Case C-378/97, *Wijsenbeek*, [1999] ECR Ⅰ-6207을 참조.

왔다. 즉 이는 사람의 자유이동이 단순한 '노동력' 차원에서뿐만 아니라, 사람의 '존재' 차원에서도 중요한 영향을 미쳤다고 할 수 있다.[24]

5. 이주통제(입국통제)의 폐지와 예외

1) 국경통제 폐지 의의

EU 대부분의 회원국들은 쉥겐조약(Schengen Agreements)을 체결하여 회원국들 간의 국경통제(border controls)를 폐지하였다.[25] 통상 대륙에 국경을 갖는 국가들은 무단으로 국경을 넘어 들어오는 사람들을 방지하기가 항상 어려웠다. 따라서 많은 대륙 국가들은 '입국 후에 불법입국자들을 추방하는 정책'을 주로 이용해 왔다. 예를 들면, '의무적인 신분증(identity cards)의 소지'를 정책화하고, 모든 사람들이 '경찰에 자신의 주소를 등록'하도록 의무화하였다. 이로써 대륙 국가들은 국경을 폐지하는 일에 있어서 그리 큰 어려움이 없었다. 그러나 섬나라인 영국은 입국 후 이를 통제하는 것보다는 영국 영토에 '입국하는 것 자체를 통제'(사전통제)하는 것을 선호해 왔고, 전통적으로 국경통제 제도에 의존해 왔다. 섬나라인 영국으로서는 이러한 국경통제 제도가 보다 수월했던 것이다. 신분증은 영국에서 잘 알려지지 않은 생소한 것이었고, 시민들은 자신의 주소를 경찰에 등록해야 할 의무도 없었다. 이러한 이유 때문에 영국은 쉥겐조약의 당사국이 되지 않았다.[26]

---

24) 채형복, 『유럽연합법』(파주: 한국학술정보, 2009), p.233; 과거 단지 경제적 이유로 인한 이주의 문제에 관해서는 채형복, "외국인노동자의 자유이동에 관한 EU의 규제", 『국제지역연구』, 제11권 제2호, 2007, pp.440~441 참조.

25) Friedl Weiss, *Free Movement of Persons within the European Community*(Rijn: Kluwer Law International, 2007), pp.15~16.

현재 쉔겐조약은 암스테르담조약(Treaty of Amsterdam)을 통하여 EC조약 내로 통합되었다.[27] EC조약 제14조 제2항(구 제7a조 제2항, TFEU 제26조)에 의하면, EC가 설립해야 하는 '역내시장'(internal market)은 '역내 국경들이 없는 하나의 지역'(an area without internal frontiers)으로 설정되어야 하고, 이 지역에서는 본 조약의 규정에 따라 상품·사람·서비스·자본의 자유이동이 보장된다.[28] 그리고 '역내국경'(internal borders)[29] 통과 시 EU시민 또는 제3국인으로 분류되어 문제가 발생될 소지가 있기 때문에 이들에 대한 어떠한 통제도 있을 수 없다는 EC조약 제14조(구 제7a조, TFEU 제26조)에 의거하여 EC조약 제62조(구 제73j조, TFEU 제77조)는 이사회로 하여금 이를 보다 철저히 보장하는 조치를 채택할 것을 요구하고 있다.

2) 공공정책의 경우는 예외

이주의 권리는 '공익적 차원'에서 필요한 경우에는 제한될 수 있다. 따라서 회원국들은 자국의 '공공정책(public polity), 공공안전(public security) 또는 공중보건(public health)'[30]을 위하여 이주 권리를 제한할 수 있다. 그

---

26) Hartley, *supra* note 3, p.414; 국경통제의 폐지에 관한 조항들(EC조약 제14조, 제62조(TFEU 제26조, 제77조))은 영국을 구속하지 않는다. 왜냐하면 암스테르담조약의 한 의정서(Protocol on the application of certain aspects of Article 14[7a] EC to the United Kingdom)는 EC조약 제14조(TFEU 제26조)나 국경폐지에 관한 일련의 어떠한 EC법 규정도 EU시민의 권리보장을 위해 영국에 필요하지 않은 경우 그 적용이 배제될 수 있다고 규정하였기 때문이다.

27) Protocol integrating the Schengen *acquis* into the framework of the European Union; Weiss, *supra* note 25, pp.39~40.

28) 국경철폐에 관한 이들의 효과에 관해서는 Case C-378/97, *Wijsenbeek*, [1999] ECR Ⅰ-6207 참조.

29) 여기서 '역내국경'이란 한 EU회원국과 다른 회원국 간의 국경을 말한다.

30) Art 39(3) EC (workers); Art. 46 EC (right of establishment); Art. 55 EC (services); Fairhurst and Vincenzi, *supra* note 5, pp.320~328.

런데 이는 회원국에게 일정한 재량권을 부여한 것이나, 이는 '일반 대중'을 제한하는 데는 사용될 수 없기 때문에 범죄자가 도주 중인 경우 다른 회원국으로 도망갈 위험성을 완전히 제거할 수 없다. 구 '지침 64/221'의 제3조 제1항에 의하면 공익적 조건은 '개인'과 관련된 '개인적 행위'에 기초할 때에만 효력이 발생한다.[31] 따라서 이주자가 입국거부 또는 추방을 당할지는 그가 한 행동의 '심각성'에 의하여 결정되어야 한다.[32]

Ⅲ. EU시민과 회원국의 국적을 갖지 않는 가족구성원의 자유이동

1993년 11월 1일 EU의 출범은 현재 27개 회원국으로 확대된 회원국들 간의 국경을 초월한 생활권을 형성하여 역내 경제교류를 활발하게 하였다. 더욱이 2009년 12월 1일에는 리스본조약에 의해 개정된 EU조약(TEU)과 EU기능조약(TFEU)이 발효되어 역내 교류활성화는 더욱 속도를 내게 되었다. 아래에서 살펴볼 유럽의회/이사회 '지침 2004/38'은 EU 기본권의 하나인 '거주이전의 자유'에 관한 내용으로 EU의 역내 인적 교류를 통한 사회

---

31) 그러나 당해 지침의 이 규정은 '공중보건'(public health)을 목적으로 채택된 조치에 대해서는 적용되지 아니한다. 상품(Goods)에 있어서 유전자변형식품(Genetically Modified Foods)의 안전성에 관한 EU와 미국과의 분쟁에 관해서는 Mark A. Pollack and Gregory C. Shaffer, *When Cooperation Fails: The International Law and Politics of Genetically Modified Foods*(Oxford: Oxford Univ. Press, 2009) 참조; 상품에 있어서의 EU의 식품안전에 대해서는 Bernd van der Meulen and Menno van der Velde, *European Food Law*(Wageningen: Wageningen Academic Publishers, 2009), pp.275~280 참조.

32) 이것은 심지어 그가 유죄판결을 받았을 경우에도 적용된다. 특정 범죄에 의한 유죄판결이 자동적으로 추방을 결정짓는다는 법은 없다. 어떤 문제에 대한 '개인'의 특정한 행위가 그가 계속해서 해당 국가 내에 체류하는 경우 해당 국가의 '공공정책'에 '심각하게' 위배되는지를 평가한 후 결정해야 한다. Directive 2004/38, Art. 27(1), (2); 구 Directive 64/221, Art. 3(1), (2); 김두수, 앞의 글(각주 19), pp.73~74 참조.

경제질서 활성화의 기초를 제공하고 있다.

1. 통합법규로서의 지침 2004/38의 의미

EU는 회원국 시민이 역내에서 자유롭게 이동하여 거주할 수 있는 권리에 관한 '지침 2004/38'을 채택하여, 복잡하고 산발적이던 기존의 여러 법령들의 중요내용을 하나의 문서로 통합하여 적용하고 있다.[33] 이 지침은 관련 행정절차를 간소화하여 EU시민이 자유이동에 의거한 거주권을 EU회원국에서 행사하는 것을 장려 및 원조하고, 시민의 가족구성원 자유이동에 관한 법적 지위를 명확히 하며, 입국제한의 범위나 거주권의 제한범위를 한정하기 위하여 채택되었다. 따라서 ECJ는 목적론적 해석에 의거하여 사람의 자유이동에 있어서 대상자의 범위를 가능한 한 넓게 해석하고, 공익적 차원의 예외적 적용을 가능한 한 제한적으로 해석할 필요가 있다. 이 통합되어 채택된 단일화 지침은 일반적인 회원국 국민들뿐만 아니라, 행정업무를 담당하는 국가기관에게는 부여된 권리행사를 신속하고 효율적으로 실현할 수 있도록 정책이행을 보다 용이하게 해 준다.

---

[33] 2004년 4월 29일 채택된 지침 2004/38/EC은 기존의 EU역내 사람의 자유이동에 관한 2개 규칙(규칙 1612/68/EEC, 규칙 1251/70/EEC)과 9개 지침(지침 64/221/EEC, 지침 68/360/EEC, 지침 72/194/EEC, 지침 73/148/EEC, 지침 75/34/EEC, 지침 75/35/EEC, 지침 90/364/EEC, 지침 90/365/EEC, 지침 93/96/EEC)을 개정·폐지하여 채택되었다. 동 지침은 제1장에서는 일반규정의 내용을, 제2장에서는 출·입국과 관련된 내용을, 제3장에서는 거주권의 내용을, 제4장에서는 영주권의 내용을, 제5장에서는 거주권과 영주권에 공통되는 내용을, 제6장에서는 공익적 차원에서의 거주권과 영주권의 제한을, 제7장에서는 최종규정을 다루고 있다. Weiss, *supra* note 25, p.174; Nigel Foster, *EU Law*(Oxford: Oxford Univ. Press, 2009), pp.340, 342.

2. 동 지침의 일반적 규정

동 지침을 적용하는 적용대상은 EU 회원국의 시민과 회원국의 국적을 갖지 않는 그의 가족이며, 이들은 출·입국의 자유와 거주의 자유에 대한 권리가 있다. 단, 회원국은 공공정책·공공안보·공중보건 등 공익적 차원에서 그 권리를 제한할 수 있다.[34]

동 지침에서 사용하는 용어의 정의는 다음과 같다. '시민'이란 회원국의 국적을 갖는 개인을 의미한다. '가족'이란 시민의 배우자이거나 사실혼 관계, 21세 미만이거나 건강상의 문제 등으로 인하여 보호받아야 하는 회원국의 국적을 갖지 않은 피부양자를 의미한다. '해당 회원국'이란 시민과 그 가족이 동 지침에 규정된 권리를 자유롭게 행사할 수 있는 회원국을 의미한다.[35]

동 지침의 수혜인은 시민과 그 가족이며, 회원국의 국적을 갖지 않은 개인은 이를 증명할 수 있어야 한다. 아울러 해당 회원국은 개인에 대해 세세하게 조사하지 않고서는 출·입국의 권리를 제한할 수 없다.[36]

3. 출·입국의 권리

시민과 그의 가족은 비자가 없어도 유효한 신분증이나 여권을 소지할 경우 회원국에서 자유롭게 출·입국할 권리를 갖기 때문에 비자발급의 행정절차가 필요하지 않다.[37] 그 외에 시민의 가족은 특별한 경우 입국 비자가 필요할 수

---

34) 지침 2004/38, 제1조
35) 지침 2004/38, 제2조
36) 지침 2004/38, 제3조(2).

도 있고, 이 경우 '규칙 539/2001'에 의거하여 단기거주비자(short‒stay visa)의 요건을 갖추어야 한다. 단, 유효한 거주증이 있는 경우에는 제외하여 거주허가증과 단기거주비자를 동일한 것으로 간주한다. 회원국은 비자가 필요한 개인에게 신속하게 발권해 줘야 할 의무가 있으며, 이 경우 발권비용은 무료이다. 시민 가족의 경우 거주증을 제시할 경우 여권에 출·입국을 증명하는 도장을 찍을 필요가 없다. 아울러 여행증명서나 비자가 없는 경우 일정기간 내에 관련 서류나 비자를 제출하거나 시민과 그 가족임을 증명할 수 있으면 된다. 여행관련 서류를 소지하고 있지 않은 경우에 해당 회원국, 즉 체류국은 그들이 필요한 서류를 제공받을 수 있는 모든 편의를 제공하여야 한다. 이 외에 해당 회원국은 자국 영토 내의 개인에게 필요한 경우 출석을 요구할 수 있고, 이를 거부할 시 책임은 해당 개인이 부담하게 된다.[38]

4. 거주권

1) 3개월 미만 거주할 경우

시민과 그 가족은 다른 회원국에서 유효한 신분증이나 여권을 소지하는 경우 최고 3개월까지 자유롭게 거주할 수 있다.[39]

2) 3개월 이상 거주할 경우

(1) 거주권 부여 요건

3개월 이상 거주할 경우에 '시민'은 고용인 혹은 자영업자로서 경제활동

---

37) 지침 2004/38, 제4조.

38) 지침 2004/38, 제5조.

39) 지침 2004/38, 제6조(1).

에 종사하는 자이거나, 자신과 가족을 부양할 만큼의 충분한 자산을 소유하고 있어 해당 회원국의 사회복지제도의 재정적 부담이 되지 않으며 의료보험에 가입한 자이거나, 연수나 학업을 위해 왔으며 해당하는 사적·공적 기관에 등록되어 있는 자이거나 하여 이 중 하나에 해당되는 요건을 충족해야 한다.40) 한편 회원국의 국적을 갖지 않은 '시민의 가족'은 시민의 세 가지 요건 중 하나를 만족시킬 경우 시민과 마찬가지로 3개월 이상 거주할 권리가 있다. 만약 시민이 고용인이나 자영업자였으나 질병이나 사고로 인하여 일시적으로 노동이 불가능한 경우 또는 1년 이상 근무경력이 있지만 현재는 비자발적으로 실업자가 되었고 현재 관련 해당 노동기관에 등록되어 있는 경우, 1년 미만의 계약직이었으나 첫 12개월 중 반 이상 근무하고 비자발적으로 해고되었고 현재 고용기관에 구직자로 등록되어 있는 경우, 직업훈련 차 연수 중인 경우 등 경우에는 다시 고용인이나 자영업자의 상태로 돌아갈 것으로 예상하여 그 지위를 보호해야 한다.41)

(2) 행정절차상의 구비서류 등

거주권은 시민과 그 배우자, 사실혼 관계에 있는 자 그리고 직계자손에까지 사실상 보편적으로 인정되고 있기 때문에 거주허가제도는 폐지되었다고 볼 수 있다.

그러나 동 지침에서 규정하고 있는 '시민'의 거주허가증(거주카드)과 관련된 행정상의 절차에 의하면 만약 3개월 이상 거주하는 경우 해당 회원국은 관련기관에 당사자의 등록을 요구할 수 있고, 등록마감일은 여권상의

---

40) 지침 2004/38, 제7조(1).
41) 지침 2004/38, 제7조(3).

입국한 날짜로부터 최소 3개월 이상이어야 한다. 등록 후에는 즉시 등록확인증이 발급되어야 하고, 등록확인증에는 등록한 사람의 이름, 주소 그리고 등록날짜가 기록되어 있어야 한다.42) 이 부분에서 모든 개인은 차별을 받지 아니한다. 그 외에 해당 회원국은 당사자에게 유효한 신분증이나 여권, 고용계약서나 고용증명서, 자영업자의 사업증명서(사업자등록증), 거주에 필요한 요건을 충족시키는 증거, 학교 등 관련 시설에 등록되어 있다는 증거, 의료보험 가입증명서 등을 요구할 수 있다. 해당 회원국은 충분한 재원의 최소액을 일일이 열거하지 않을 수 있으나, 개인의 개별적인 환경과 여건에 관하여 심의를 해야 한다.43) 그리고 해당 회원국은 시민에게 시민의 가족에 대한 유효한 신분증이나 여권, 가족관계나 사실혼 관계 증명서류, 시민의 등록확인증, 피부양자라는 것을 증명할 만한 증명서류 등을 요구할 수 있다.44)

회원국 국적을 갖지 않은 '시민의 가족'이 3개월 이상 거주하기를 원하는 경우 거주허가증 발급을 신청해야 한다. 접수서류 마감일은 여권상의 입국일자로부터 최소 3개월 이상이어야 하며, 미접수에 대한 책임은 해당 개인이 진다.45) 시민의 가족은 '시민 가족의 거주허가증'이라는 문서를 증거로 삼되, 이 문서는 거주허가증 신청서류를 접수한 후 최고 6개월 이내에 발급되어야 한다. 한편 거주허가증 발급가능 확인증은 곧바로 발급받을 수 있다.46) 해당 회원국이 거주허가증 발급을 위해 시민의 가족에게 요구

---

42) 지침 2004/38, 제8조(1), (2).
43) 지침 2004/38, 제8조(3), (4).
44) 지침 2004/38, 제8조(5).
45) 지침 2004/38, 제9조.
46) 지침 2004/38, 제10조.

할 수 있는 서류는 위에서 언급한 제8조상의 서류와 동일하다.[47)

(3) 거주허가증의 효력

'거주허가증'은 발급일로부터 최고 5년까지 유효하며, 만약 시민이 5년 이내에 자국으로 돌아갈 경우 돌아가는 날까지 유효하다. 그 외에 1년 중 6개월 미만의 부재, 군 입대 혹은 임신 및 출산, 심각한 질병, 유학 혹은 연수, 다른 회원국이나 제3국에서 일하는 경우에는 최장 12개월까지 유효한 것으로 인정하여 계산한다.[48)

(4) 시민의 사망이나 체류국 이탈의 경우에 '회원국 국적을 갖지 않은 시민 가족'의 법적 지위

시민의 '사망'이나 '체류국 이탈'의 경우에도 시민의 가족은 거주권에 영향을 받지 않는다. 단, 시민의 사망시기부터 최소 1년 이상 해당 회원국에 거주하고 있어야 한다. 그 외에 시민의 직계자손이거나 해당 아동의 법정대리인인 경우 거주권을 잃지 않으며, 해당 아동의 경우 학업을 위해 학교 등의 시설에 등록되어 있어야 모든 교육과정을 마칠 때까지 해당 회원국에 거주할 수 있다. 상기의 대전제조건으로 해당 시민은 사망 전 3개월 이상 거주에 관한 요건을 충족하고 있어야 한다.[49)

(5) 시민의 이혼 등의 경우 '회원국 국적을 갖지 않은 시민 가족'의 법적 지위

시민의 '이혼', 혼인무효 혹은 동거종료의 경우에도 회원국의 국적을 갖

---

47) 지침 2004/38, 제8조(5)와 제10조(2)를 비교.
48) 지침 2004/38, 제11조.
49) 지침 2004/38, 제12조.

지 않은 시민 가족의 거주권은 소멸되지 않는다. 이 경우 최소 3년 이상 함께 살았고, 이 중 1년 이상을 해당 회원국에서 거주했어야 한다. 그 외에 직계자손의 법정대리인에 해당되거나 또는 가정폭력 등 이혼·혼인무효 혹은 결별에 정당한 이유가 있을 경우에 법적으로 전 배우자나 동거인의 아이를 대면할 권리가 있으며, 반드시 해당 회원국에서 대면해야 할 경우에도 거주권은 인정된다.[50]

5. 영주권

1) 영주권 부여 요건

동 지침 제4장에서는 영주권에 관하여 규정하고 있다. 먼저 '영주권을 갖는 EU시민'이란 자국이 아닌 다른 회원국에서 5년 이상을 거주하여 영주의 권리를 취득한 'EU시민'을 의미한다. 영주권을 취득할 수 있는 자격으로 첫째, 영주권은 다른 회원국에서 합법적으로 5년 이상을 연속으로 거주한 EU시민이 취득할 수 있다. 둘째, 영주권을 소유한 EU시민과 함께 5년 이상을 거주한 가족 구성원들도 영주권을 취득할 수 있다.[51] 이때 그 가족은 회원국의 시민이 아니어도 무관하다. 한편 영주권은 이를 소유한 상태에서 회원국이 아닌 다른 국가에서 2년 이상 거주한 경우에는 박탈될 수 있다. 물론 의무적 군복무이거나, 임신과 출산, 질병, 학업, 직업훈련과 같은 중요한 사유로 인하여 불가피하게 12개월 연속 부재한 경우에는 예외가 인정된다.[52]

---

50) 지침 2004/38, 제13조(2).

51) 지침 2004/38, 제16조(1), (2).

52) 지침 2004/38, 제16조(3), (4).

2) 행정절차상의 구비서류 등

영주권을 취득하기 위해서는 행정절차상 확실한 증거를 제시해야 하는바, '시민'은 자신이 해당 회원국에서 5년 이상 '연속적으로' 거주했다는 증명서류를 반드시 제출해야 한다.[53] 당사자는 해당 회원국에서 연속적 거주를 증명할 수 있는 일반적인 증명 방식으로도 충분하다.[54] 이를 증명할 수 있는 서류를 구비하지 못하는 경우에는 아무리 자신이 5년 이상을 거주했더라도 영주권을 취득할 수 없다. 한편 이렇게 입증한 사실이 허위임이 밝혀지거나 의심스러운 부분이 발견되는 경우 해당 회원국은 그의 영주권을 정식적으로 박탈시킬 수 있다. 여기서 '5년'이란 총 거주기간을 말하는 것이 아니라 반드시 '연속적으로' 거주한 5년을 의미한다. 시민이 아닌 '가족' 역시 5년 이상 거주했다는 증명서류를 제출하여 영주허가증(영주카드)을 신청해야 한다. 영주허가증 신청서를 제출받은 해당 회원국은 행정적으로 6개월 이내에 반드시 신청자에게 영주허가증을 발급해야 한다. 그리고 이 영주허가증은 10년마다 자동적으로 갱신된다. 해당 가족은 '거주허가증(거주카드)' 만기 전에 반드시 '영주허가증(영주카드)' 발급을 신청해야 하며, 특별한 불가피한 상황이 발생하여 영주허가증의 승인이 불가능한 경우에 해당 회원국은 반드시 비합리적이거나 차별적인 대우를 받지 않도록 적절한 조치를 취해야 한다.[55]

---

53) 지침 2004/38, 제18조, 제19조.
54) 지침 2004/38, 제21조.
55) 지침 2004/38, 제20조.

6. 공공정책 · 공공안보 · 공중보건상의 출입 및 거주의 제한

EU회원국은 공공정책 · 공공안보 · 공중보건에 해가 될 경우 영주권을 박탈하고 추방할 수 있다. 이때 해당 회원국은 추방자의 여권이나 신분증의 EU 내 사용을 금지하는 조치를 취해야 한다. 한편 EU는 추방자의 인권이나 권리를 보호해야 하고, 어떠한 경우에도 경제적 이유에 의해서는 추방할 수 없다.[56] 당사자를 추방하기 전에는 반드시 그의 거주기간 · 나이 · 개인건강 · 가정환경 · 사회적 위치 · 본국과의 관계 등 요소를 고려해야 한다. 이때 당사자가 해당 회원국에서 10년 이상 거주한 사람이거나 미성년자인 경우에는 각별히 신경을 써야 하며, 공공정책 · 공공안보 · 공중보건에 해가 되는 특별한 경우를 제외하고는 가급적 추방하지 아니한다.[57] 그리고 자유이동과 거주권을 제한할 경우에는 비례의 원칙에 따라야 하고, 당사자 개인의 행위에 근거해야만 한다. 유죄판결의 전과는 이러한 제한을 자동적으로 정당화하지 아니한다.[58] 개인추방을 결정하기 위해서는 개인행위가 국익을 침해할 정도로 중대해야 하고, 그러한 위험은 현존해야 한다. 단순히 당사자의 입국서류가 만기되었다는 사실만으로는 추방의 이유가 되지 아니한다.

특히 '공중보건'에 있어서 EU 각 회원국은 철저하게 통제를 해야 한다. 발병지역으로부터 입국하는 자는 반드시 진료를 받아야 하며, 질병을 보유한 자는 즉시 입국을 거절당할 수 있다. 또한 입국 후 3개월 이내에 질병이 발생한다면 보균자 당사자를 추방시킬 수 있다. 반면에 입국 후 3개월 이후의 발병자에 대해서는 그를 추방시킬 수 없는데, 이는 3개월 후의 발

---

56) 지침 2004/38, 제27조(1), (2), (4).
57) 지침 2004/38, 제28조(1), (2), (3).
58) 지침 2004/38, 제27조(2).

병은 해당 회원국 내에서 발생한 것으로 본다는 것을 의미한다.[59]

한편 영주권의 박탈이나 추방을 결정한 해당 회원국은 사전에 당사자에게 그 결정된 내용을 통지해야 한다. 이때 통보된 결정은 반드시 해당 회원국의 공공정책 · 공공안보 · 공중보상의 제한이어야 한다. 그리고 추방명령이나 입국거부판결을 받은 자는 항소할 수 있는 법적 절차가 존재함을 통지받아야 하며, 항소가 진행되는 동안에는 해당 회원국에 입국할 수 없다. 또한 추방결정이 내려지는 경우 긴급한 경우를 제외하고는 1개월 내에 해당 회원국에서 출국하면 된다.[60] 어떠한 경우에도 평생추방의 결정은 있을 수 없으며, 최대 3년 후에는 재심을 청구하여 자유이동과 거주권을 복원시킬 수 있다. 이때 당사자는 재판상 재심과 행정상 재심의 방법을 이용할 수 있다.[61]

7. 위장결혼 방지를 위한 국내조치의 인정

EU회원국의 시민은 그들의 권리와 의무에 대해서 해당 회원국으로부터 각종 매체나 수단을 통해 정확하고 신속히 통보받아야 한다.[62] 또한 EU회원국은 위장결혼과 같은 방식으로 권리가 남용되는 사례를 방지하기 위해 추방이나 영주권박탈 등의 조치를 채택할 수 있다.[63]

---

59) 지침 2004/38, 제29조.
60) 지침 2004/38, 제30조.
61) 지침 2004/38, 제32조, 제33조.
62) 지침 2004/38, 제34조.
63) 지침 2004/38, 제35조.

8. 지침 2004/38의 EU 내 이행 현황

　지침 2004/38의 제39조에 의하여 EU위원회는 2008년 4월 30일까지 동 지침의 이행과 새로운 제안에 대한 보고서를 유럽의회/이사회에 제출해야 한다. 그런데 다소 늦게 제출된 2008년 12월 10일의 위원회의 보고서[64]에 의하면 역내 회원국들의 사람의 자유이동에 대한 동 지침의 이행 정도는 매우 실망스러운 수준이라고 하였다. 현재 EU시민들은 2004년 기존 법규들을 통합하여 제정한 동 지침에 따라 특정 자격이나 조건을 충족하는 경우에는 EU역내 어느 회원국에서든지 은퇴 후 거주, 학업을 위한 거주, 노동을 위한 거주, 주거를 목적으로 한 거주의 자유가 보장되어야 하지만, 대부분의 회원국들은 동 지침의 완전이행에 실패하였다고 하였다. 대부분의 회원국들이 지침의 상당한 부분 또는 중요한 결정적인 규정에 대한 국내이행을 외면하고 있다고 할 수 있다.[65]

　결론적으로 말하자면 EU위원회는 단 하나의 회원국도 EU시민의 역내 거주·이전의 자유에 관한 동 지침을 제대로 완전하게 이행하지 않았다고 보고하였다. 사이프러스, 핀란드, 룩셈부르크, 그리스, 포르투갈, 스페인, 몰타 등만이 동 지침 규정의 85% 이상을 국내적으로 도입하였고, 반면 오스트리아, 슬로베니아, 에스토니아, 슬로바키아 등은 60%에도 미치지 못하였다고 보고하였다. 심지어 EU시민의 자유이동을 저해하는 새로운 규정이

---

64) The Directive on the right of EU citizens to move and reside freely in the European Union / The Commission issues report on the application of the Directive(Memo/08/778, Brussels, 10 December 2008).

65) 예를 들면, 직계존속이나 배우자와 같은 가족 구성원의 거주권이 존중되지 않고 있다든가 또는 제3국 국적을 갖는 가족구성원의 입국비자발급과 거주에 있어 문제가 있다는 것이다. 즉 비자발급 등의 서류 준비와 제출에 관한 편의를 충실하게 제공하지 않는다든가 또는 비자발급 등 필요한 서류가 신속하게 발급되지 않는 등 문제가 있다고 하였다. *Ibid.*

추가 도입되는 현상도 발견되었다고 하였다.[66] 이에 EU위원회는 이러한 추가적인 요건들은 EU법에 위반되는 조치이며, 나아가 이를 사법절차에 따라 제소할 수 있다고 하여 회원국들의 동 지침의 완전이행을 촉구하였다. EU위원회는 이러한 위반회원국에 대한 제소가능성과 함께 EU시민들에게 사람의 자유이동에 대한 법적 정보를 보다 적극적으로 제공하고자 방향을 설정하였다.

Ⅳ. 제3국 국민의 EU 내 장기거주

EU는 역내로의 이주자와 관련하여 이사회 지침 2003/109를 채택하여 규율하고 있다.[67] EC조약 제17조(TFEU 제20조)가 회원국의 국적을 갖는 'EU시민'에게만 자유이동의 권리를 부여하고 있기 때문에 제3국의 국민은 EU역내에서 회원국 국민과는 다르게 규율된다.[68]

1. 동 지침의 일반적 규정

동 지침 제2조는 동 지침에 사용된 제3국 국민(EU시민이 아닌 자), 장

---

66) 예를 들면, EU시민이 다른 회원국에서 3개월 이상 거주를 원하는 경우 동 지침에서는 부여되고 있지 않은 조건을 추가적으로 제공하는 경우가 있는데, 체코는 가족구성원이 만족스럽게 적응하였을 때만 거주권을 인정하고 있었고, 몰타는 노동자로서 거주하고자 할 경우에는 노동허가증의 취득을 요건으로 하고 있었다. *Ibid.*

67) 동 지침의 제1장에서는 일반적인 내용을, 제2장에서는 제3국 국민의 제1회원국 내에서의 장기거주에 관한 내용을, 제3장에서는 회원국 내에서 또 다른 회원국(제2회원국)으로 이동하여 체류할 경우의 제3국 국민의 제2회원국 내에서의 장기거주에 관한 내용을, 제4장에서는 최종규정을 다루고 있다. Foster, *supra* note 33, pp.336~340.

68) 지침 2003/109, 제1조, 제2조.

기거주자(장기거주하고 있는 제3국 국민), 제1회원국(처음으로 장기거주를 허가한 회원국), 제2회원국(제1회원국 외에 장기거주 지위를 허용한 회원국), 가족(EU회원국에 살고 있는 제3국 국민), 난민(난민의 지위를 갖는 제3국 국민), 장기거주자의 EU거주허가(EU회원국이 발행한 거주허가)에 대한 개념을 정의하고 있다.

2. 제1회원국에서 장기거주자의 지위

EU회원국은 역내에서 5년 동안 합법적으로 거주한 제3국 국민에게 장기거주권을 부여할 수 있다. 이 경우 계절적 노동자, 국경서비스 제공을 목적으로 파견된 자, 무역을 위한 서비스제공자의 거주허가가 공식적으로 제한된 경우와 같이 임시적 이유로 거주하는 자의 경우에는 거주기간 계산에 산입되지 않는다. 학업, 직업훈련 목적으로 거주하는 경우에는 그 기간의 반만이 산입된다.[69] 한편 회원국은 장기거주 지위를 취득하기 위해 요구되는 제3국 국민의 임금이나 연금 등을 고려한 재산상태, 의료보험가입, 국내법 준수의 증명 등의 제출을 요구할 수 있다.[70] 나아가 EU회원국은 공공정책과 공공안보상의 위중함을 이유로 장기거주권 부여를 거절할 수 있다. 이 경우 개인의 경제적 이유가 아닌 당사자로부터 초래되는 위험, 거주 기간, 체류국과의 유대관계를 적절히 고려하여 결정해야 한다.[71] 그런데 장기거주 자격부여의 제한 결정에 대한 판단은 해당 회원국의 구체적 상황 속에서 판단되어야 하므로 '회원국에 따라' 그리고 '판단의 시기에 따라' 해

---

69) 지침 2003/109, 제4조.
70) 지침 2003/109, 제5조.
71) 지침 2003/109, 제6조.

당 회원국의 재량이 작용할 여지가 있다고 할 수 있다.

1) 장기거주권의 취득과 그 성질

제3국 국민의 장기거주권 취득을 위한 신청사항 및 증거제출서류에 관한 동 지침 제7조에 의하면 제4조, 제5조에 규정된 거주기간, 충분한 재산, 모국에 의해 보장된 의료보험의 조건을 충족하고, 당사자가 공공정책·공공안보를 해하지 않는다는 전제하에 장기거주 신청서를 제출할 수 있으며, 제출 후 6개월 내에 장기거주허가 결정이 당사자에게 통지된다.[72] 이에 반해 회원국 국민의 거주권 그 자체는 EC조약에 의해서 부여되기 때문에 거주허가증에 따라 그 권리가 부여되는 것은 아니다. 따라서 회원국 국민의 거주에 대한 서면상의 요건은 '선언적 효과'를 가지는 것에 불과할 뿐이기 때문에, 거주허가에 대해 회원국이 '재량권'을 행사하여 제3국 국민에게 발행하는 동 지침상의 거주허가와는 그 성질이 엄연히 다르다고 할 수 있다.

2) 장기거주자의 거주허가 연장

EU회원국은 최소 5년간 유효한 거주허가증을 장기거주자에게 발급하며, 또한 '추가 신청'이 있는 경우에 거주허가 기간 만료일에 갱신된다.[73] 이에 반해 회원국 국민에게 부여된 거주허가는 발행일로부터 최소 5년간 유효하며, 이는 자동적으로 갱신된다. 즉 제3국 국민의 경우에는 EU거주허가의 경우 만료일에 '추가로' 거주허가 연장을 신청해야 갱신되지만, 회원국 국민의 경우에는 계속 거주하는 경우에는 자동적으로 갱신된다는 점에서 차이가 있다고 할 수 있다.[74]

---

72) 지침 2003/109, 제7조(1), (2).
73) 지침 2003/109, 제8조(2).

3) 장기거주권의 철회 또는 상실

장기거주자의 장기거주권 부정취득이 발견되거나, 제12조에 의한 추방조치가 결정되거나, 12개월간 EU 내에 부재한 경우에는 장기거주권을 유지할 수 없다.[75] 그런데 회원국 국민은 공공정책·공공안보·공중보건을 이유로 한 예외를 제외하고는 원칙적으로 장기거주가 인정되나, 제3국 국민에게는 회원국 국민의 공익적 차원에 의한 거주권 제한뿐만 아니라, 장기거주 지위의 부정취득, 제12조에 의한 추방조치, 12개월간의 EU 내 부재의 경우에도 거주권이 상실된다. 그러나 회원국 국내법에 따라 12개월 부재의 경우에도 예외적으로 거주권이 인정될 수는 있다.

한편 제1회원국에서 장기거주권을 부여받은 제3국 국민이 제2회원국에서 장기거주권을 부여받는 경우, 제1회원국에서의 장기거주권은 상실하게 된다.[76] 그런데 회원국 국민의 경우에는 EC조약(TFEU)에 의해 역내의 자유이동이 인정되므로 거주권을 부여받은 제1회원국으로부터 다른 회원국(제2회원국)으로 이동해도 제1회원국에서의 거주권이 상실되지는 않는다.[77]

그리고 EU시민의 거주허가는 발행일로부터 최소 5년간은 유효하며 자동적으로 갱신되는 데 반해, 제3국 국민의 경우에는 EU거주 허가기간 만료일에 자동으로 갱신되지 않는다. 그렇다고 하여 기간의 만료만으로 장기거

---

74) '장기거주자의 EU거주허가'는 서류나 스티커의 형태로 발행되며, 허가는 2002년 6월 13일 제정된 이사회규칙 1030/2002¹⁾에 명시된 규칙과 표준에 따라 발행된다. 지침 2003/109, 제8조(3).

75) 지침 2003/109, 제9조(1).

76) 지침 2003/109, 제9조(4).

77) 한편 일단 장기거주권을 취득했으나 12개월 이상 부재하는 경우, 제2회원국에서 장기거주권을 취득하여 제1회원국의 장기거주권을 상실한 경우, 학업수행 목적으로 제2회원국에 거주해 온 제3국 국민의 경우에는 해당 회원국이 장기거주권의 재취득을 위한 용이한 절차를 국내적으로 규정해야 한다. 지침 2003/109, 제9조(5).

주권을 상실하는 것은 아니다. 장기거주권을 상실한 제3국 국민이 회원국 국내법 규정과 요건에 위배됨이 없이 공공정책·공공안보상 해가 되지 않는 경우에 해당 회원국은 제3국 국민을 회원국 영역 내에 머무르게 허가할 수 있다.[78]

4) 구제절차의 보장과 통지

해당 회원국이 장기거주권 신청 거부 또는 장기거주 지위상실 결정을 하는 경우에는 구체적인 이유, 관련 당사자가 취할 수 있는 구제절차와 그 기간을 해당 회원국 국내법에 따라 당사자에게 통지하여야 한다. 제3국 국민은 통지된 결정에 대해 해당 회원국에 법적 청구를 할 수 있다.[79] 이를 통해 제3국 국민은 회원국 국민에 준하여 권리구제절차를 부여받는다고 할 수 있다.

5) 동등대우의 보장과 제한

제3국 국민에 대한 장기거주상의 고용이나 자영업의 범위 내에서, 학업 또는 직업훈련의 목적 범위 내에서, 국내법상의 사회보장과 세금혜택 등 자국민에 대한 서비스 범위 내에서 그리고 공공안보에 반하지 아니하는 범위 내에서 제3국 국민인 장기거주자도 자국민과 동등하게 취급되어야 한다.[80] 이 외에도 회원국의 재량으로 위의 범위 외에 동등한 대우를 부여할 수 있다. 그러나 장기거주자의 거주 장소나 그 가족이 주장하는 이익에 관해 거짓이 있는 경우에 자영업 활동, 노동의 권리, 교육훈련에 대한 장기거

---

78) 지침 2003/109, 제9조(6), (7).
79) 지침 2003/109, 제10조.
80) 지침 2003/109, 제11조(1).

주자의 동등대우를 제한할 수 있다.[81]

6) 추방으로부터의 보호

동 지침 제12조는 해당 회원국의 제3국 국민의 추방 전 고려요소로서 공공정책·공공안보상의 심각한 위협을 들고 있다.[82] EU시민에게 있어 공공정책상의 제한 요건이 충족되기 위해서는 문제가 된 개인의 존재 내지 행위로부터 사회의 존속 자체에 대한 위기상황이 현실적으로 나타날 위험이 존재해야만 한다. 그런데 EU시민에게도 추방결정을 내릴 수 있으나, 재심청구 규정에 의해 일정한 경우 재입국이 허용되는 등 제3국 국민에 비해 더 유리한 권리가 인정된다고 할 수 있다. 한편 제12조(4)는 추방결정의 회원국 내 장기거주자의 사법구제절차를 인정하고 있다.[83]

3. 제2회원국에서 장기거주자의 지위

1) 장기거주권의 취득

제1회원국의 장기거주자는 제2회원국에서 '3개월 이상' 거주할 수 있으며,[84] 자신은 고용인이나 자영업자로서 경제활동에 종사하거나 또는 학업이나 연수를 목적으로 거주해야 한다. 회원국들은 국내 거주허가 총 인원수를 제한할 수 있으나, 혼란이나 부정적 효과를 방지하기 위하여 동 지침 발효 시의 국내법규만 인정된다.[85]

---

81) 지침 2003/109, 제11조(2), (3), (4), (5).

82) 지침 2003/109, 제12조(1), (2), (3).

83) 그리고 동 지침 제13조는 각 회원국이 이 지침에 규정된 것보다 더 유리한 영구 거주허가 또는 무제한의 유효기간이 부여된 거주허가를 부여할 수 있는 재량이 있다고 규정하고 있다.

84) 지침 2003/109, 제14조(1), (2).

2) 장기거주권 취득의 요건

당사자는 제2회원국 입국일로부터 3개월을 초과하지 않는 기간 내에 거주허가신청을 해야 하며, 아울러 이는 장기거주자 당사자뿐만 아니라 그 가족에게도 해당된다.[86] 제2회원국에서의 장기거주 자격 요건과 증명 서류의 제출은 제1회원국에서와 동일하다.[87]

3) 장기거주권 취득의 제한

공공정책·공공안보·공중보건을 위협하는 장기거주자와 그 가족구성원의 거주허가신청은 그 위험의 형태와 심각성을 고려하여 거절될 수 있다.[88] 해당 회원국의 국가기관은 허가신청서를 접수받은 날로부터 4개월 내에 행정절차를 진행하며, 만약 신청서에 앞서 열거한 필요한 증거서류가 첨부되지 않았거나 예외적 상황에 해당하는 경우에는 3개월 내에서 연장될 수 있고, 해당 회원국의 국가기관은 신청자에게 이러한 사실을 통지해야 한다.[89]

4) 장기거주허가증의 발급과 연장

만약 동 지침 제14조, 제15조, 제16조에서 규정된 요건이 충족되는 경우 제17조, 제18조에 해당하지 않는 이상 제2회원국은 장기거주허가증을 발급하며, 이 거주허가는 신청서에 요청하는 경우 만기에 갱신이 가능하다. 이 경우 제2회원국은 이 결정을 제1회원국에 통지하고, 제2회원국은 이와 같

---

85) 지침 2003/109, 제14조(4).

86) 지침 2003/109, 제15조.

87) 지침 2003/109, 제15조(2), (4).

88) 지침 2003/109, 제17조, 제18조.

89) 지침 2003/109, 제19조(1).

은 거주허가증을 장기거주자의 가족구성원에게도 발급해야 한다.[90) 만약 제2회원국이 거주허가신청을 거절하는 경우에는 그 이유를 해당 회원국 국내법의 통지절차에 따라 제3국 국민에게 통지해야 한다. 이러한 통지의 경우 이의제기 기한과 구제절차를 상세히 설명해야 한다. 거주허가신청이 거절되거나 비갱신 또는 철회된 경우, 당사자는 해당 회원국에 법적 소송을 제기할 권리가 있다.[91) 제2회원국에서 거주허가를 부여받은 경우 장기거주자는 동 지침 제11조에 규정된 조건하에서 해당 회원국에서 자국민과 같은 동등한 대우를 받을 수 있고,[92) 또한 노동시장에서 활동을 할 수 있다.[93)

5) 회원국 간 정보교환책임 및 협력의무

제2회원국은 장기거주신청 시 동 지침 제7조에 따라 심사를 진행하고, 제8조에 따라 장기거주허가증을 발행한다. 제3조, 제4조, 제5조, 제6조에 따라 제2회원국은 이러한 결정을 제1회원국에게 통지해야 한다. 장기거주신청이 불허되는 경우에는 제10조가 적용된다.[94)

회원국들은 제19조 제2항, 제22조 제2항, 제23조 제1항에 언급된 바와 같이 정보를 교환하는 책임을 지며, 관련 정보와 문서의 교환에 대하여 적절한 협력을 제공할 의무가 있다.[95) 2003년 11월 25일 채택된 이 지침은 2006년 1월 23일까지 각 회원국들이 이행하도록 규정하고 있다.[96)

---

90) 지침 2003/109, 제19조(2), (3).
91) 지침 2003/109, 제20조(1), (2).
92) 지침 2003/109, 제21조(1).
93) 지침 2003/109, 제21조(2).
94) 지침 2003/109, 제23조.
95) 지침 2003/109, 제25조.
96) 지침 2003/109, 제26조.

Ⅴ. 사람의 자유이동에 있어서 비차별적 대우의 예외

사람의 자유이동을 달성하기 위해서는 EC조약 제39조(TFEU 제45조) 제2항에 따라 '국적'에 의한 차별이 금지되어야 한다. 그리고 금지되는 차별의 종류에는 국적을 이유로 한 '직접적 차별'(direct discrimination)과 국적 이외의 기준에 따라 적용하였으나 이와 동등한 효과를 갖는 '간접적 차별'(indirect discrimination)이 포함된다. 간접적 차별은 국적에 의한 차별은 아니지만, 무차별적 적용으로 자유이동을 제한하여 차별적 효과를 발생케 하는 회원국의 조치를 말한다.97) 그리고 금지되는 차별의 대상에는 가족 구성원들의 긴밀하고도 불가결한 관계를 고려하여 EU시민과 그 가족이 포함된다.98)

1. 역내 공동시장에서 비차별적 대우의 의의

만약 EU역내에서 회원국 국민과 동일한 '비차별적 노동권'이 인정되지

---

97) 1992년 1월 24일 독일 슈투트가르트행정법원(Verwaltungsgericht, Stuttgart)에 접수되어 ECJ에 선결적 결정이 부탁된 사건에서, 독일 국내법(German Law of 7 June 1939 relating to the use of academic titles(Reichsgesetzblatt 1939 Ⅰ, p.985))은 외국에서 취득한 학위의 국내사용을 위한 관할 행정청의 허가 요건을 규율하고 있었으나, ECJ는 이는 EC조약 제39조(TFEU 제45조)에 반하는 조치라고 판시하였다. Case C-19/92, *Kraus v. Land-Baden-Wünttemberg*, [1993] ECR Ⅰ-1663, paras.1, 4, 11, 32, 42; 프로축구선수의 소속팀 이적 시 이적료를 지불하는 것을 규율하는 규정은 회원국의 국적을 갖는 모든 사람에 대하여 동등하게 취급하여 적용하고 있으나, 이는 무차별적 규제의 형태로 프로축구선수의 역내 자유이동을 제한하는 것으로 EC조약 제39조(TFEU 45조)에 반하는 조치이다. 그러나 이 사건에서 ECJ는 이적료지불조건은 소속구단탈퇴를 방해하는 것으로 사람의 자유이동에 위배되는 것이지만, 다만 구단 간 부의 불균형을 해소하고, 젊고 능력 있는 선수의 채용과 훈련의 촉진을 위한 목적으로서의 규정은 적법한 것으로 정당화될 수 있다고 판시하였다. Case C-415/93, *Union Royale Belge des Sociétés de Football Association and Others* 사 [1995] ECR Ⅰ-4921, paras.25~27, 114~120, 121~137.

98) 채형복, 앞의 책(각주 24), p.248.

않는다면, '사람의 자유이동의 권리'는 EU공동시장의 창설과 운영에 기여하는 바가 매우 미미했을 것이다. 따라서 EU법은 고용영역 등에서 국적에 관계없이 '동등한 대우를 받을 권리'(right to equal treatment)를 확립해 왔다.99) 이와 관련된 규정은 EC조약 제39조 제2항(구 제48조 제2항, TFEU 제45조 제2항)과 지침 2004/38 제24조이다. 또한 이러한 권리는 '자영업자'(EC조약 제43조, TFEU 제49조)와 '서비스 공급자'(EC조약 제49조, TFEU 제56조)에게도 인정되어 왔다. 현재는 EU가 양적·질적으로 확대되고 있어 '고용' 외 '사회적 또는 조세상의 이익'에 있어서도 EU시민의 비차별적 대우가 일반적으로 보장되어야 한다고 해석될 여지가 충분하다고 볼 수 있다.

2. 비차별적 대우의 적용 예외 문제

EC조약 제12조(구 제6조, TFEU 제18조)는 '국적'을 근거로 한 '차별'의 '전면적 금지'를 규정하고 있다. 이는 고용영역 외에도 적용되나, 그럼에도 불구하고 EC조약(TFEU)상 규정된 범위 내에서만 효력이 있다. 예를 들면, 국내선거에서 EU시민에게는 투표권이 보류될 수 있다. 또한 EC조약 제12조(TFEU 제18조)는 EC조약규정상 특별한 예외를 인정하고 있다. 이 예외 중 하나가 EC조약 제39조(TFEU 제45조) 제4항으로, 이 규정에 의하면 EC조약 제39조(TFEU 제45조)에 의해 인정된 권리들은 '공공서비스에서의 고용'(employment in the public service)에는 적용될 수 없다. EC조약 제45조(구 제55조, TFEU 제51조)는 '자영업자'와 '서비스 공급자'에 대하여

---

99) 이러한 권리는 '공공정책조건'(public policy proviso)의 경우에는 적용되지 아니한다. Case C−224/98, *D'Hoop*, [2002] ECR Ⅰ−6191, paras.27~40.

도 이와 유사한 예외(국가가 관여하거나 또는 공공기관이 실행하는 활동)를 규정하고 있다.[100] 그러나 ECJ는 일련의 판결에서 어느 정도의 국가의 자유재량이나 정책입안을 함의하는 공공서비스직에 대한 이러한 예외의 인정을 제한하기도 하였다.[101]

그런데 '직접적 차별'이 관련 조항의 범위 내에 해당될 경우에 항상 불법인 반면, '간접적 차별'은 차별이 EU법에 불일치하지 않은 '진정한 목적'(genuine purpose)을 가졌을 경우에만 적법한 것으로 인정된다. 이는 아래에서 *Groener v. Minister for Education*[102] 사례를 검토해 봄으로써 보다 명확하게 이해할 수 있다.

1) 사실관계

흐루너 부인(Mrs. Groener)은 아일랜드 더블린(Dublin)에 살고 있는 네덜란드 국민으로, 더블린에 있는 한 마케팅-디자인 대학(college of marketing and design)에서 시간제 미술교사로 임시직에 종사하고 있었다. 그녀는 해당 대학에 영구적인 전임교원을 신청하였다. 그런데 아일랜드 법에 의하면 특별한 경우를 제외하고는 아일랜드 '공교육기관'의 영구적 전임교원은 아일랜드어에 대한 지식이 있어야 한다. 이에 그녀는 아일랜드어학시험에 응시해야만 하였다. 그런데 그 기본요구수준이 높아 보이지 않았음에도 불구

---

100) 이러한 공공서비스분야에서 고용상의 평등권 인정 예외는 EC조약 제39조(TFEU 제45조) 제4항(Workers), 제45조(TFEU 제51조)(Right to Establishment)에 이어 제55조(TFEU 제62조)(Services)에까지 규정되어 있다. Craig and de Burca, *supra* note 20, pp.764~765 참조.

101) Case 149/79, *Commission* v. *Belgium*, [1980] ECR 3881; 기존 사례의 요약에 관해서는 Handoll, "Article 48(4) EEC and Non-National Access to Public Employment"(1988) 13 *ELRev.* 223; Castro Oliveira, "Workers and Other Persons: Step-by-Step from Movement to Citizenship -Case Law 1995~2001"(2002) 39 *CMLRev.* 77 at 97~98을 참조.

102) Case C-379/87, *Groener* v. *Minister for Education*, [1989] ECR I-3967.

하고 그녀는 시험에 실패하였고, 영구적 전임교원에 임명될 수 없게 되었다. 그녀는 이러한 언어요구가 타 회원국 국적을 갖는 EU시민들에게 대한 차별이기 때문에 EU법에 위반된다고 주장하여 아일랜드법원에 소송을 제기하였다. 특히 그녀는 과거 당시의 '규칙 1612/68'의 제3조 제1항에 따라 자신은 언어요구조건의 적용에서 제외된다고 주장하였다. 이에 아일랜드법원은 ECJ에 선결적 결정을 부탁하였다.

2) ECJ의 결정: 국내조치의 '공적 목적'과의 균형과 관련하여

비록 아일랜드어가 모든 아일랜드인에 의해 사용되지 않는다 해도 수년간 아일랜드 정부정책은 자국의 정체성과 문화를 표현하는 수단으로 아일랜드어의 사용·유지뿐만 아니라 촉진을 장려해 왔다. 아일랜드어 교육과정은 초등교육에서는 '의무적'이고, 중등교육에서는 '선택적'이다. 즉 공공직업교육학교의 강사들에게 부과된 의무인 아일랜드어에 관한 일정한 지식은 이러한 아일랜드의 정체성과 문화를 유지·촉진하는 국가정책의 일환으로 아일랜드 정부가 채택한 조치들 중의 하나이다.[103]

그런데 EC조약(TFEU)은 회원국이 '모국어'와 '제1공용어'의 보호와 촉진을 위하여 정책을 채택하는 것을 금지하고 있지 않다. 그러나 이러한 모국어와 제1공용어의 보호와 촉진 정책의 이행은 노동자의 자유이동과 같은 EU공동시장의 기초인 '사람의 자유이동'을 침해해서는 아니 된다. 따라서 이러한 공공정책의 이행을 위한 조치들은 그 요건에 있어서 어떠한 상황에서든지 그 추구하는 '목적'과 균형을 이루어야 하며, 국가의 공익적 목적상 필요한 범위 내로 제한되어야 한다. 또한 그러한 공공정책의 이행을 위하

---

103) *Ibid.*, para.18.

여 취해진 조치의 '적용방법'도 다른 회원국들의 국민들에 대한 차별을 야기해서도 아니 된다.104) 그리고 그러한 정책이행을 위한 교육의 중요성이 충분히 인정되어야 한다. 교사들에게는 자신이 제공하는 교육을 통해서뿐만 아니라, 학교의 일상생활에 참여함으로써 학생들과 특별한 관계를 맺으며 담당해야 할 중요한 역할이 있다. 이러한 정황에 비추어 볼 때, ECJ는 모국어(아일랜드어)에 대한 '어느 정도의 지식'을 갖추도록 요구하는 것은 부당하지 않다고 보았다.105) ECJ는 요구되는 언어에 대한 지식의 수준이 '추구하는 목적'과 관련하여 불균형한 정도가 아닌 한, 교원들에게 그 정도의 언어지식을 갖추도록 요구하는 것은 '규칙 1612/68'의 제3조 제1항의 마지막 단락의 의미 내에서 특정 직업을 이유로 하여 요구되는 언어지식에 해당하는 것으로 간주되어야 한다고 보았다.106)

3) 평가

결국 이 사건에서 '아일랜드어 지식에 관한 요구조건'은 '규칙 1612/68'의 제3조 제1항의 마지막 단락에 해당하는 것으로, 비차별적 방법으로 적용된 것이고(공교육정책상 허용되는 정책이행), 또한 비례의 원칙을 고려하여 적용된 것으로(추구하는 목적에 부합하는 일정한 정도의 언어지식을 요구함), 결국 EU법에 위반되지 아니한다고 할 수 있다.

이 사건은 공동체에서 '합리적인 국가적 정책목적'과 '사람의 자유이동' 간에 분쟁이 발생할 수 있음을 보여 준다. 분명 미술교사에게 능숙한 아일랜드어를 요구하는 것은 이 직업에서 외국인을 배제시키는 효과가 있다.

---

104) *Ibid.*, para.19.

105) *Ibid.*, para.20.

106) *Ibid.*, para.21.

더구나 당해 대학의 교수(강의) 언어는 영어였기 때문에 아일랜드어의 실질적 필요는 적었다. 그럼에도 불구하고 언어요구조건을 배제시키는 것은 공교육정책에 적합하지 않은 것으로, 이는 오히려 외국인을 고려한 아일랜드 국민에 대한 역차별로서 인식될 수도 있는 것이다.

Ⅵ. 결언

역내 단일생활권을 형성하고 있는 EU는 리스본조약의 발효로서 대내외적으로 그 지위가 강화되고 영향력도 증대되었다. 이에 한·EU FTA시대를 맞는 우리나라는 EU법을 이해함으로써 합리적인 대응방안을 마련할 수 있을 것이다. 특히 EU시장 접근을 위한 인적 교류가 활발해질 경우에 대비해 EU의 대내외적 인적 교류에 관한 기본 법규에 대한 이해가 필요하다. 그런데 본문에서 살펴본 바와 같이 EU는 EU시민과 제3국 국민의 역내 인적 이동에 관하여 달리 규율하고 있다. 이에 우리나라는 한·EU FTA의 파트너로서의 지위를 이유로 하여 전략적으로 EU시장에 대한 접근정책을 추진할 수도 있을 것이다. 따라서 EU의 제3국 국민에 대한 인적 이동에 관한 지침인 2003/109상의 취약한 보장내용을 EU시민에 대한 인적 이동에 관한 지침인 2004/38의 수준으로 보장받을 수 있도록 적극적인 태도를 보일 필요가 있다. 인적 이동이 보다 자유로울 경우에 EU시장으로의 적극적 진출이 가능하여 기업 활동이나 서비스제공 사업이 수월해지고, 이는 국내경제 활성화와 실업문제 해결에도 일조하게 될 것이다.

'대한민국과 유럽공동체(리스본조약 발효에 의해 현재는 유럽연합) 및 그 회원국 간의 자유무역협정'은 제7장 제4절에서 '자연인의 상용 일시 주재'에 관하여 규정하고 있다. 동 협정 제7.17조는 EU로의 '입국과 일시적 체류'가 적용되는 범위를 핵심인력,[107] 대졸연수생,[108] 상용서비스판매자,[109] 계약서비스 공급자[110] 및 독립전문가[111]로 한정하고 있으며, 각각에 대하

---

107) '핵심인력'이란 당사자의 비영리조직 이외의 법인 내에 고용된 자연인으로서, 설립체의 설치 또는 적절한 통제, 관리 및 운영을 담당하는 자연인을 말한다. 핵심인력은 설립체의 설치를 담당하는 상용방문자와 기업 내 전근자로 구성된다. ① '상용방문자'란 설립체의 설치를 담당하는 고위직에 근무하는 자연인을 말한다. 그들은 일반 공중과의 직접적인 거래에 종사하지 아니하며, 방문국 내에 위치한 소득원으로부터 보수를 받지 아니한다. ② 그리고 '기업 내 전근자'란 최소 1년간 당사자의 법인에 의해 고용되어 있거나 그 법인의 공동경영자(과반수 지분보유자는 제외한다)인 자로서, 다른 쪽 당사자의 영역에 있는 설립체(자회사, 계열사 또는 지점을 포함한다)에 일시적으로 파견된 자연인을 말한다. 이에 해당하는 자연인은 다음의 범주 중 하나에 속한다. ⓐ 관리자: 법인 내에서 고위직에 근무하는 자로서 주로 그 사업체의 이사회나 주주 또는 그에 상응하는 자들로부터 일반적인 감독 또는 지휘를 받아 다음을 포함하여 주로 설립체의 경영을 지휘하는 자연인: 가) 설립체 또는 설립체의 부서 또는 그 하부 조직을 지휘하는 것, 나) 그 밖의 감독직, 전문직 또는 관리직 피고용인의 업무를 감독하거나 통제하는 것, 다) 채용 및 해고를 직접 하거나 채용, 해고 또는 그 밖의 인사 조치를 권고하는 권한을 보유하는 것. ⓑ 전문가: 법인에 근무하는 자로서, 설립체의 생산, 연구 기기, 기술 또는 경영에 필수적인 전문적 지식을 보유하는 자연인. 그러한 지식을 평가함에 있어, 설립체에 특정한 지식뿐 아니라, 해당 인이 공인된 직업단체의 회원인지를 포함하여, 특정한 기술적 지식을 요하는 업무 또는 직업의 유형과 관련된 높은 수준의 자격을 지니고 있는지가 고려될 것이다. "대한민국과 유럽공동체(리스본조약 발효에 의해 현재는 유럽연합) 및 그 회원국 간의 자유무역협정", 제7.17조 제2항 가.

108) '대졸연수생'이란 당사자의 법인에 의해 최소 1년간 고용되어 있는 자로서, 학사학위를 보유하고 경력개발 목적을 위해서나 사업 기술 또는 방법에 대한 연수를 받기 위해 다른 쪽 당사자의 영역에 있는 설립체에 일시적으로 파견된 자연인을 말한다. "대한민국과 유럽공동체(리스본조약 발효에 의해 현재는 유럽연합) 및 그 회원국 간의 자유무역협정", 제7.17조 제2항 나.

109) '상용서비스판매자'란 당사자의 서비스 공급자를 위해 서비스 판매를 협상할 목적으로 또는 서비스를 판매하기 위한 계약을 체결할 목적으로 다른 쪽 당사자의 영역으로 일시 입국을 하려는 서비스 공급자의 대표인 자연인을 말한다. 이들은 일반 공중에 대한 직접 판매에 종사하지 아니하며 방문국 내에 위치한 소득원으로부터 보수를 받지 아니한다. "대한민국과 유럽공동체(리스본조약 발효에 의해 현재는 유럽연합) 및 그 회원국 간의 자유무역협정", 제7.17조 제2항 다.

110) '계약서비스 공급자'란 당사자의 법인이 다른 쪽 당사자의 영역에 설립체를 두지 아니하고 다른 쪽 당사자 내의 최종 소비자와 서비스를 공급하기 위한 선의의 계약을 체결하여 그 계약이 서비스 공급 이행을 위해 그 다른 쪽 당사자 내에 피고용인을 일시 주재시킬 것이 요구되는 경우에 있어 그 법인에 의하여 고용된 자연인을 말한다. "대한민국과 유럽공동체(리스본조약 발효에 의해 현재는 유럽연합) 및 그 회원국 간의 자유무역협정", 제7.17조 제2항 라.

111) '독립전문가'란 당사자 영역에서 서비스 공급에 종사하는 자영업자로서, 다른 쪽 당사자의 영역에 설립체를 두지 아니하고 다른 쪽 당사자 내의 최종 소비자와 서비스를 공급하는 선의의 계약을 체결하여 그 계약이 서비스 공급 이행을 위해 그 다른 쪽 당사자 내에 일시 주재할 것이 요구되는 경우에 있어

여 정의하고 있다. 그리고 동 협정 제7.18조는 핵심인력과 대졸연수생의 일시 입국 및 체류와 관련하여 기업 내 전근자에 대해서는 3년, 상용방문자에 대해서는 12개월 기간 내 90일, 대졸연수생에 대해서는 1년까지의 기간 동안을 허용하고 있다.112) 즉 상업적 주재가 허용되는 분야의 핵심인력, 대졸연수생, 상용서비스판매자에 대해서는 일정한 체류요건(기한 준수)을 전제로 자유이동을 허용하고 있다. 특히 대졸연수생을 인적 이동의 대상에 신규로 포함시킴으로써 양측이 청년층의 상호 인적 교류를 촉진시키고자 한 점은 미래지향적 측면에서 매우 의미 있는 내용이다. 다만, 편법 취업의 가능성을 차단하기 위해 법률, 회계, 유통 등 45개 서비스 분야에 대해서는 양허를 하지 않았다. 이러한 대졸연수생은 상대국 기업 소속으로 단순한 경력개발 훈련을 목적으로 파견된 직원이므로 국내 고용시장에는 영향을 미치지 않는다고 할 수 있다. 이러한 대졸연수생은 상대국에서 1년까지 체류가 가능하므로 현지 출입국 관련 절차가 대폭 간소해지는 효과를 기대할 수 있다. 단, 계약서비스 공급자 및 독립전문가의 인적 이동에 대해서는 추후 WTO DDA(Doha Development Agenda) 협상 결과를 반영하여 포함시키기로 합의하였다. 그러나 위와 같은 매우 제한된 범위에서의 인적 교류만으로는 양측 사회질서의 근간을 형성하는 사람의 자유이동 활성화는 한계적일 수밖에 없다.

그러나 향후 인적 이동에 있어서의 사람의 범위가 광범위하게 인정되는

그 자연인을 말한다. "대한민국과 유럽공동체(리스본조약 발효에 의해 현재는 유럽연합) 및 그 회원국 간의 자유무역협정", 제7.17조 제2항 마.

112) 상용서비스판매자의 경우에는 동 협정 부속서 7 - 가에 기재된 유보를 조건으로, 각 당사자는 12개월 기간 내 90일까지 일시 입국 및 체류가 허용된다. 계약서비스 공급자 및 독립전문가의 경우에는 '서비스무역에 관한 일반협정(General Agreement on Trade in Services: GATS)'에 따르도록 하고 있다. "대한민국과 유럽공동체(리스본조약 발효에 의해 현재는 유럽연합) 및 그 회원국 간의 자유무역협정", 제7.19조, 제7.20조.

경우에는 단순한 경제적 목적뿐만이 아니라 사회적 차원에서 삶의 질을 향상시킬 수도 있다. 그리고 장기거주허가의 요건과 절차가 보다 간소화됨으로써 경제적 이익을 볼 수 있다. 또한 공익적 차원에서의 인적 이동 제한을 적절하게 활용하는 경우에는 오히려 국익에 도움이 될 수 있으므로 신중하게 살펴야 한다. 그러나 한 가지 주의할 점은 EU회원국들도 인적 이동에 대한 지침을 완전하게 이행하는 것만은 아니라는 현황이다.

그런데 우리가 국제사회에서 EU를 바라볼 때 두 가지 특징에 유념할 필요가 있다. 하나는 EU회원국들은 독립국가로서의 지위와 회원국으로서의 이중적 지위를 갖는다는 점이고, 다른 하나는 EU시민들은 일개 국가의 국민으로서의 지위와 EU시민으로서의 이중적 지위를 갖는다는 점이다. 따라서 제3국으로 분류되는 우리나라는 EU와의 관계를 돈독히 하여 소위 준회원국 같은 지위를 확보함으로써 EU시민과 동등 또는 유사한 권리를 누릴 수도 있을 것이다. 특히 EU에서 임시적 체류가 아닌 사업 활동 등을 목적으로 장기거주를 원하는 경우 해당 제3국 국민의 임금이나 연금 등의 재산상태, 의료보험가입, 국내법 준수 등을 고려하여 장기거주허가증을 발급받기 때문에 EU에서 장기체류를 통해 소정의 목적을 달성하고자 하는 사람은 이에 유념해야 한다. 또한 EU회원국이 공익적 차원에서 제3국 국민을 개별적으로 제한할 수 있으므로 EU에서 장기거주 가능성이 있는 개인은 자기관리에도 힘써야 한다. 한편 EU시민의 거주허가는 5년 유효기간 후에 자동으로 갱신됨에 비해, 제3국 국민의 거주허가는 추가 신청을 해야 연장되기 때문에 일정한 목적으로 거주의 연장이 필요한 경우에 제3국 국민은 추가신청을 별도로 해야 한다는 점에 유념해야 한다. 그리고 EU시민에게 부여된 권리와 달리, 제3국 국민은 제2회원국에서 장기거주권이 부여된 경우 제1회원국에서의 권리가 소멸되는 점을 유의해야 한다.

　그런데 무엇보다 주지해야 할 점은 제3국 국민에 대한 장기거주상의 고용이나 자영업의 범위 내에서, 학업 또는 직업훈련의 목적 범위 내에서, 국내법상의 사회보장과 세금혜택 등 자국민에 대한 서비스 범위 내에서 그리고 공공안보에 반하지 아니하는 범위 내에서 제3국 국민인 장기거주자도 자국민과 동등하게 취급된다는 점이다. 물론 이외에도 회원국이 재량으로 위의 범위 외에 자국민과 같은 동등한 대우를 부여할 수 있으므로 선진법제를 도입하고 있는 EU회원국일수록 제3국 국민으로서는 이득이 많다. 그러나 장기거주자의 거주 장소나 그 가족이 주장하는 이익에 관해 거짓이 있는 경우에 자영업 활동, 노동 권리, 교육훈련에 대한 장기거주자의 동등 대우가 제한될 수 있다는 점에 유의해야 한다. 한편 제3국 국민은 자신이 고용인이나 자영업자로서 경제활동에 종사하거나 또는 학업이나 연수를 목적으로 하는 경우에 제1회원국이 아닌 제2회원국에서 3개월 이상 거주할 수 있으므로 특히 영리목적으로 활동하는 제3국 국민은 보다 폭넓은 활동을 보장받을 수 있다. 끝으로 *Groener* 사건에서 보는 바와 같이 공익적 차원에서 인적 이동의 제한이 인정되는 점은 EU의 비차별적 대우에 대한 제한된 범위에서의 예외적 허용으로 보아야 한다. 따라서 한·EU FTA에서도 가능한 한 개방의 폭을 넓히되 제한된 범위 내에서 보호조치가 인정될 것이므로, 필요한 경우에는 공익적 견지에서 면밀한 준비를 하여 보호조항을 활용해야 할 것이다.

제8장 회사설립의 자유*

I. 서언

　　유럽연합(European Union: EU)은 주요 중앙기관이라고 할 수 있는 유럽이사회, 이사회, 집행위원회, 유럽의회(EP), 유럽사법법원, 감사원 등의 상호 견제 속에서 그리고 주요 설립조약들인 1차 법원과 이에 근거한 규칙, 지침, 결정, 권고 및 의견 등의 2차 법원, EU법의 직접효력과 우위의 원칙이라고 할 수 있는 법적 성질에 의하여 복잡하면서도 잘 정비된 역내 사법질서를 확립하고 있다. 이러한 기초하에 EU는 일반 국제사회에서 실현하는 데는 한계가 있는 문제점들을 극복하여 EU라고 하는 지역 국제사회의 복지를 추구하고 있는 것이다. 이와 같은 목적의 복지와 복지를 달성하려는 방법은 EC조약 제3조(TFEU 제3조~제6조)에 규정되어 있다.[1]

---

* 이 내용은 김두수, "EU법상 변호사의 개업의 자유와 예외", 『외법논집』, 제32집(2008.11.30)을 참고하였음.

1) EC조약 제3조(TFEU 제3조~제6조 참조)에 의하면 EU는 광범위한 정책영역에 걸쳐 각 영역별 목적에 따라 매우 다양한 역할을 수행하는데, 이에는 상품의 자유이동(free movement of goods), 사람의 자유이동(free movement of persons), 다른 회원국으로부터의 서비스 용역 제공의 자유(free movement of services), 다른 회원국 내에서의 회사설립(개업)의 자유(freedom of establishment), 공동농업정책(common agricultural policy), 경쟁법(독과점금지법)(competition (antitrust) law), 산업에의 공동의 국

그런데 EU법의 여러 영역 중 가장 중요한 내용은 EU의 본질적인 목적에 해당되는 '공동시장'(common market, 즉 역내시장(internal market)을 의미함)과 관련된 내용이라고 할 수 있고, 상품·사람(노동자)·서비스의 자유이동과 회사설립(개업)의 자유 등 네 가지 자유들이 그 주요 내용이다. EU는 역내 평화와 경제적 안정의 달성을 최우선의 목적으로 하여, 이러한 의도와 정신이 성취되도록 다양한 목표들을 설정해 놓았다. 이를 위해 EU는 통합의 최우선 목표였던 '공동시장의 설립'을 EC조약 제2조에서 규정하였었고, 제3조 1항 (a)에서는 이러한 목표달성을 보장하기 위해 EU가 취해야 할 관세(customs duties), 수량제한(quantitative restrictions) 그리고 이와 동등한 효과를 갖는 기타 모든 조치(all other measures having equivalent effect)의 금지 등 일련의 행동들을 나열함으로써 '공동시장의 설립' 목표를 구체적으로 규명하고 있었다. 특히 제3조 1항 (c)에서는 '상품·사람(노동자)·서비스·자본의 자유이동 및 회사설립(개업)의 자유'에 방해가 되는 모든 요소들의 '철폐 의무'를 규정하는 한편,[2] 제14조(TFEU 제26조) 제2항을 통해 이러한 자유이동이 보장되도록 역내시장(internal market)이라는 모든 역내국경이 사라진 시장개념을 설정하여 위와 같은 목표를 강조하였다.[3] 그리고 제3조 제1항 (h)에서 공동시장의 기능화를 위해서 '지침'과 '상호 인준'을 통한 회원국들 간의 '법률의 조화'를 추구하도록 규정하였다.

<hr>

가보조(State aid), 공동 경제금융정책(common economic and monetary policy), 회원국들의 공동통화(common currency(euro))정책, 비회원국에 대한 공동통상정책(common commercial policy), 사회정책(social policy), 교육(education)정책, 문화(culture)정책, 공중보건(public health)정책, 소비자보호(consumer protection)정책, 환경(environment)정책 등이 있다.

2) René Barents, *The Autonomy of Community Law*(The Hague: Kluwer Law International, 2004), pp.199~200.

3) T. C. Hartley, *European Union Law in a Global Context: Text, Cases and Materials*(Cambridge: Cambridge Univ. Press, 2004), p.393 참조.

그런데 여기에서 한 가지 유념할 것은 '공동시장'은 '관세동맹'(customs union)보다 상위의 개념이라는 것이다. 공동시장은 다른 회원국들 내에서의 '상품의 자유이동'뿐만 아니라, '노동의 자유이동', '자본 및 소비(지불, payments)의 자유이동',4) '서비스의 자유이동' 그리고 이 글에서 '변호사의 개업'을 통해 살펴보고자 하는 범주인 '회사설립(개업)의 자유'를 포함한다는 점이다. 특히 이 글에서는 회사설립(개업)의 자유 중에서도 한·EU FTA시대를 맞아 장차 예상되는 시장 개방 영역 가운데 '변호사의 개업'의 자유에 관하여 살펴보고자 한다.

현재 세계무역기구(World Trade Organization: 이하 WTO) 다자간체제와 함께 자유무역협정(Free Trade Agreement: 이하 FTA)은 보편적인 세계적 현상이며, 이러한 흐름 속에서 한·EU FTA가 2009년 10월 15일 가서명되어 곧 발효될 전망이다. 지역적 차원의 경제협력은 다자조약체제와 상충되는 것이 아니며, WTO는 관세 및 무역에 관한 일반협정(General Agreement on Tariffs and Trade, 1994: 이하 1994년의 GATT) 제24조에 근거하여 FTA 등 지역경제협력이 세계경제의 시장 질서 자유화에 기여한다고 판단하고 있다.

그런데 오늘날에는 FTA가 단순한 '관세철폐'에 그치지 아니하고, '역내시장'의 경제활동에 중요한 영향을 미치는 '노동, 서비스, 투자, 환경' 등 다양한 분야에 이르기까지 협상이 진행되고 있다. 이처럼 한·EU FTA 체결은 '역내시장'에서 '무역 및 투자의 증가, 고용창출 및 산업경쟁력 강화를 통한 경제성장' 등 다양한 측면에서 경제적 파급효과를 기대할 수 있다.5)

---

4) 자본과 소비(지불 또는 납부)의 자유이동에 관한 제한의 폐지에 관해서는 EC조약 제56조~제60조(구 제73b조~제73g조, TFEU 제63조~제66조와 제75조)에 규정되어 있다. 이들 규정들은 euro화의 도입으로 그 중요성을 상실하였다.

5) 그러나 한편으로, 한·칠레 FTA, 한·싱가포르 FTA, 한·EFTA FTA, 한·ASEAN FTA의 체결 및

그런데 EU의 FTA정책은 EC조약규정(제131조～제134조, TFEU 제206조～제207조) 등에 기초한 '공동통상정책'을 기반으로 추진되고 있다.[6) EC조약 131조(TFEU 제206조)에 따라 EU는 세계경제질서의 기조 아래 대내적으로는 EU회원국들이 무역정책 및 법률의 조화를 통하여 원활한 단일시장의 운영을 제도적으로 구비하고, 대외적으로는 역외국가와 효과적인 경제관계를 유지·발전시킴으로써 EU회원국들의 협상력 제고와 경제적 이익을 도모하고 있는 것이라 하겠다.[7) EU는 공동통상정책의 틀을 기초로 반덤핑, 반보조금, 세이프가드 및 무역장벽 등의 이사회 규칙에 근거하여 EU의 대외무역관계에 적용되는 무역정책의 법제도적 근거를 제공하여 EU회원국들의 이해관계를 보조하고 있다. 회원국마다 상이하게 적용되었던 무역정책을 EU 차원에서 단일화해 통일적으로 적용하고, 그 적용 영역도 확대되고 있다. 그러므로 한·EU FTA의 내용에도 이러한 내용이 반영되어 한국 정부에 EU역내시장 수준의 개방을 요구할 것은 예상할 수 있는 일이었고, 앞으로 한국으로서는 EU공동시장 법제와 주요 판례에 관한 분석과 검토가 더욱 절실히 필요한 상황이라고 할 수 있다. 이러한 다양한 분야에서의 시장 개방 내용은 한·EU FTA의 초기에서든지 아니면 차후연도의 협상내용에서든지 요구되어 적용될 수 있는 것이다.

발효 이후, 최근 한·미 FTA에 이르기까지 시장개방과 자유경쟁의 원리가 가져오는 영향력과 그에 대한 우려는 1994년 WTO가 출범할 당시 가졌던 것과 유사하다고 할 정도로 국내적 반발을 야기한다고 할 수 있다. 특히 EU와 같은 대규모 경제 주체와의 FTA를 통한 교역이 예외일 수는 없다. 이정, "유럽연합(EU)과의 자유무역협정(FTA)체결에 따른 노동서비스개방에 대한 연구", 『외법논집』, 제29집(2008), p.32 참조.

6) 처음에는 유럽경제공동체(EEC)의 설립을 기초로 시작하였고, 1968년에 대외무역에 대하여 '공동대외관세'를 부과하여 '관세동맹'을 성립하였다.

7) 이강용, "유럽연합의 공동통상정책: EC 133조를 중심으로", 『유럽연구』, 제26권 제2호(2008), p.137 참조.

따라서 이 글에서는 위와 같은 배경하에 '변호사의 개업 자유'를 중심으로 한 EU공동시장 법제와 주요 판례에 관한 분석과 검토를 통해 향후 한·EU FTA에 대한 한국의 대응을 모색하고자 한다. 한·EU FTA시대에 EU가 변호사의 개업과 관련하여 자신의 공동시장 법제 수준 정도로 한국에 대하여 개방을 요구할 경우, EU공동시장 법제와 판례에 대한 분석과 이해를 기초로 이에 대한 적절한 대응 방안을 마련하기 위함이다. 본 연구를 통하여 EU가 어느 정도의 개방을 요구할 것인지 그리고 한·EU FTA 체결 이후에도 지속적으로 어느 정도의 수준으로 한국에 대하여 개방을 요구해 올 것인지를 예상하고 대비할 수 있을 것이다. 한·EU FTA시대를 맞아 법률서비스 시장의 개방도 단계적으로 이루어질 전망인 만큼, 이와 관련해서는 '대한민국과 유럽공동체(리스본조약 발효에 의해 현재는 유럽연합) 및 그 회원국 간의 자유무역협정' 국문본에 있는 제7장(서비스 무역·설립 및 전자상거래) 등을 참고하는 것이 좋을 것이다.

Ⅱ. 회사설립의 자유의 법제에 관한 일반적 고찰

여기에서는 EC조약(TFEU)상 회사설립(개업) 자유의 개념, 개업 자유(개업권)의 법적 근거와 타 규정과의 관계 그리고 개업 자유의 적용 예외 규정에 관하여 살펴봄으로써 EU법상의 개업 자유에 관한 법제를 검토하고자 한다.

1. EC조약(TFEU)상 회사설립의 자유

EU에서 다른 회원국에 자신의 회사를 설립할 수 있는 권리, 즉 '회사설립의 자유'는 회사(companies) 또는 개인 사업가(businessmen)가 '지점' 또는 '본점'을 설치하기 위하여 해당 회원국으로 자유롭게 이동할 수 있는 권리를 말한다. 이러한 회사설립(개업)의 권리는 변호사, 의사, 건축가 등 전문직이 포함된 회원국 국민인 자영업자를 포함하며,[8] 경제활동에 종사할 목적으로 다른 회원국으로 이동하여 '고정시설'을 설치하고 개업한 후, 특정한 기간의 정함이 없이 경제활동을 실제적으로 수행하는 것을 말한다.[9] 이것이 실현되기 위해서는 무엇보다 사업가가 이주할 수 있는 권리와 적어도 사업가의 핵심 직원(key staff)이 사업가와 함께 이주할 수 있는 권리가 부여되어야 한다. 이 점에 있어서는 '사람의 자유이동'이 전제되어야 한다는 의미를 내포하고 있다고 할 수 있다. 후자의 경우, 해당되는 직원, 즉 고용인(종업원)은 그 권리를 보장받을 것으로 기대할 수 있다. 왜냐하면 급여나 지위를 불문하고 어떠한 고용인이든지 EU법상으로는 '노동자'(worker)로 간주되어 EC조약 제39조(구 제48조, TFEU 제45조) 이하 규정의 '노동자의 자유이동'에 관한 권리의 범주에 포함되기 때문이다. 또한 자영업자[10] (self-employed persons)도 EC조약(TFEU)상 이와 유사한 권리에 의해 보호된다고 할 수 있다.[11] 회사설립(개업)의 권리와 서비스의 자유이동이라

---

8) Ralph H. Folsom, *European Union Law* (St. Paul, MN: Thomson/West, 2005), p.134.

9) 채형복, 『유럽연합법』(파주: 한국학술정보, 2005), p.307 참조.

10) 고용계약에 의하지 않고 경제활동에 종사하는 자영업자의 이동의 자유는 EC조약 제43조(TFEU 제49조)의 개업의 권리와 제49조(TFEU 제56조)의 서비스 자유이동에 의해 보장되고 있다. 채형복, 앞의 책(각주 9), p.306.

11) Hartley, *supra* note 3, p.408 참조.

는 양자의 대상이 되는 자연인12)은 '자영업자'에 한정되며, '노동자'의 이동에 관해서는 EC조약 제39조(구 제48조, TFEU 제45조) 이하의 규정이 적용된다.13) 제39조(TFEU 제45조) 이하의 '노동자의 자유이동'과 제49조(구 제59조, TFEU 제56조) 이하의 '서비스의 자유이동'이 그 대상으로 하는 활동 성질 자체는 동일하나, 그 활동이 '고용계약하'에 어느 노동자에 의해 행해지고 있는 경우에 이는 제39조(TFEU 제45조) 이하의 규정이 적용되고, 그 활동이 '고용계약 없는' 자영업자에 의해 실현되는 경우에 이는 제49조(TFEU 제56조) 이하의 규정이 적용된다는 점에 있어서는 차이를 보인다.14)

한편 '서비스의 자유이동'은 개인이나 회사가 어느 회원국에 기반을 두는가와 관계없이 EU 전역을 통하여 고객, 구매자 또는 환자들에게 법률,

---

12) 회원국 국민이 자국에서의 자격, 경험을 기초로 자국에서 개업하는 것과 같이 한 회원국의 영역을 넘는 요소가 존재하지 않는 순수한 국내사항(purely internal situations)에 대해서는 개업의 권리에 관한 규정이 적용될 여지가 없다. Joined Cases C-54/88, C-91/88 and C-14/89, *Nino and Others*, [1990] ECR Ⅰ-3537, para.12; 그러나 회원국 국민이 자국에서 개업할 때에도 한 회원국을 넘는 요소가 존재하는 경우에는 다르다. 즉 회원국 국민이 다른 회원국에서 취득한 자격에 따라 자국에서 개업하고자 하는 경우, 이러한 자격이 인정되지 않으면 그는 다른 회원국 국민과 동일한 곤란에 처하게 된다. 따라서 회원국 국민이 다른 회원국에 합법적으로 거주하는 자격을 취득하여 그 범위 내에서 다른 회원국 국민과 동일시될 수 있는 경우에는 자국에 대하여도 개업의 자유에 대한 권리를 주장할 수 있다고 보아야 한다. Case 115/78, *Knoors* v. *Secretary of State for Economic Affairs*, [1979] ECR 399, paras.24, 28 참조; 이러한 의미에서 다른 회원국에서 개업의 권리를 주장할 수 있는 자는 제43조(TFEU 제49조)의 문구에도 불구하고 다른 회원국의 국민에게만 한정되지 않는다. 즉 독일인이 영국에서 취득한 학위의 사용이 독일에서 인정되지 않는다면 이는 국적에 의한 차별로서 제39조(구 제48조, TFEU 제45조)와 제43조(구 제52조, TFEU 제49조)의 개업의 자유에 대한 위반으로 주장될 수 있다. Case 19/92, *Kraus* v. *Land Banden-Württemberg*, [1993] ECR Ⅰ-1663, paras.32, 42 참조; 이는 개업의 자유에 대한 권리뿐만 아니라 노동자의 자유이동, 서비스의 자유이동에 대해서도 동일하다. Paul Craig and Grainne De Burca, *EU Law: Text, Cases and Materials*(Oxford: Oxford Univ. Press, 2008), pp.803~804 참조; 채형복, 앞의 책(각주 9), p.314 참조.

13) Mike Cuthbert, *European Union Law*(London: Thomson/Sweet &Maxwell, 2006), p.92.

14) Case 36/74, *Walrave and Koch* v. *Association Union Cycliste Internationale*, [1974] ECR 1405; Craig and De Burca, *supra* note 12, p.744 참조.

회계, 증권, 의료, 컴퓨터 프로그램, 광고, 은행, 항공, 물류, 보험 등의 서비스를 제공하는 권리를 말한다.[15] 이는 EC조약 제49조(TFEU 제56조)에 규정된 바와 같이 서비스 공급자(providers)가 서비스 제공을 위하여 타국에 이동하여 일시적으로 체재하는 자유와 수령자(receivers)가 서비스 제공을 받기 위하여 타국으로 이동하는 자유 등 사람의 자유이동에 관한 내용을 포함한다. 이처럼 '사람의 자유이동'이 전제되고 있다는 점에 있어서는 회사설립(개업)의 자유나 서비스의 자유이동이 동일하다고 할 수 있다.[16] 따라서 EU공동시장의 설립을 위해서는 우선적으로 '노동자'나 '자영업자' 또는 '서비스의 공급자나 수요자'와 같은 다양한 분야의 다양한 사람들이 자유롭게 이동할 수 있는 권리('사람의 자유이동')가 보장되어야 했던 것이다. 나아가 공동시장이 설립된 이후 수년 만에 이러한 이주권(immigration rights)은 경제문제에만 국한되지 않고 보다 큰 문제로 이해되고 있기 때문에, EU의 궁극적인 목적은 공동시장을 단지 경제기구가 아닌 보다 포괄적인 기구로 재정립하고 있다고 보아야 한다. EU의 사회정책은 각 영역별로 고유 목적을 갖고 있고, 이주권에 관한 정책은 '경제적 목적'뿐만 아니라, '사회적 목적'도 지니고 있다고 할 수 있다. 또한 EU 내에서 개인 이주자에 의한 이점은 그 자체로서는 한계가 있다고 볼 수 있고, 따라서 '사람'의

---

15) '회사설립의 권리'와 '서비스제공의 권리'의 구별(차이점)은 다음과 같은 예로써 설명될 수 있다. 잉글랜드에 기반을 둔 한 회계회사가 프랑스에서 사업하기를 원하는 경우가 있다고 가정하자. 만약 단순히 프랑스에서 광고하고 사람을 보내어 '일시적으로' 특별한 고객을 위하는 경우, 이는 프랑스에서의 서비스 이행의 권리를 주장하게 되는 것이다. 반면에 만약 프랑스에 한 '사무소'를 개장하고 프랑스식 운영에 따르는 경우, 이는 프랑스에서의 회사설립의 권리를 주장하게 되는 것이다.

16) 회사설립의 권리와 서비스제공의 자유 양자는 상호 배타적 관계이다. 회사설립의 자유는 타국에 이동하여 '고정시설'을 설치하고 개업한 후 '기한의 정함이 없이' 경제활동을 수행하는 것을 말하고, 서비스제공의 자유는 타국에 이동하여 '일시적으로' 체재하는 자유라고 할 수 있다. Case C-55/94, *Gebhard*, [1995] ECR Ⅰ-4165; 채형복, 앞의 책(각주 9), p.307 참조; Nicholas Moussis, *Access to European Union*(Rixensart: European Study Service, 2006), p.101.

범위를 보다 확장하여 은퇴한 사람, 학생 그리고 자산가 부류에까지 자유 이동의 권리를 부여하고 있다.[17)

또한 EC조약 제48조(구 제58조, TFEU 제54조)와 제55조(구 제66조, TFEU 제62조)에 의해 EU공동시장에 있어서 회사 설립(개업)의 자유와 서비스의 자유이동은 그 적용 대상을 확대하고 있는데, 다른 회원국 국적의 '자연인'뿐만 아니라 다른 회원국의 국내법에 의해 설립되어 등기상의 주소, 경영본부, 주된 영업소를 역내에 두고 있는 '회사'도 회원국 국민인 자연인과 동일한 권리를 가진다. 그런데 '회사설립(개업)의 자유'와 '서비스의 자유이동'은 개념상으로는 명확하게 구별할 수 있으나 실제로는 개별 사안에 따라 그 구별이 모호한 점이 없지 않다. 일반적으로 양자의 구별은 다른 회원국에서의 해당 자영업자의 경제활동이 '고정적이고도 계속적'으로 행해지고 있는가 또는 '임시적 기반'으로 행해지고 있는가에 의해 판별될 수 있다.[18)

이에 관하여 EC조약(TFEU)은 회사설립(개업)의 자유와 서비스의 자유이동에 관하여 기본적으로는 법제의 구조를 같이하고 있다. 이는 아마도 양자에 대한 구별의 실익이 적다는 것 그리고 가능한 한 양자를 동일하게 규제할 필요가 있다는 입법상의 취지일 것이다. 먼저, 양자는 제43조(구 제52조, TFEU 제49조)와 제49조(구 제59조, TFEU 제56조)에 의거하여 '국적에 의한 회원국들의 차별 금지'를 핵심사항으로 하고 있다.[19) 이로써 자영업

---

17) Hartley, *supra* note 3, p.408 참조.

18) Case C-55/94, *Gebhard*, [1995] ECR Ⅰ-4165, para.26; Anthony Arnull, *The European Union and its Court of Justice*(Oxford: Oxford Univ. Press, 2007), p.467; Josephine Steiner, Lorna Woods and Christian Twigg-Flesner, *EU Law*(Oxford: Oxford Univ. Press, 2006), pp.448~449.

19) 경제활동을 목적으로 선박을 영국선박으로 등록하기 위해서는 선박의 소유자가 수입국(다른 회원국)의

자는 개업하는 다른 회원국에서 그 국민과 동일한 조건으로 활동할 수 있다. 나아가 제44조(구 제54조, TFEU 제50조)와 제52조(구 제63조, TFEU 제59조)에 의거하여 이사회는 필요한 경우에 '지침'의 형태로 입법권(2차 입법)을 행사할 수 있다. 즉 기존의 '제한의 폐지'라고 하는 소극적인 방법뿐만 아니라, 양자의 권리실현을 위한 적극적인 입법조치를 취할 수 있다. 제44조(구 제54조, TFEU 제50조)에 의거하여 개업의 자유와 관련된 지침 채택에 있어서, 이사회와 위원회는 특히 다음의 사항을 유념하여야 한다. 첫째, 일반적 원칙으로서 그러한 회사설립(개업)의 자유는 생산과 무역의 발전에 특히 기여할 수 있는 것으로 우선 취급받을 수 있는 것일 것, 둘째, EU 내에서의 다양한 활동과 관련하여 특정한 지위를 갖는 회원국들의 권한 있는 기관들 간의 긴밀한 협력을 보장할 것, 셋째, 회사설립(개업) 자유를 제한하는 회원국들 간의 기존의 협정 또는 회원국의 국내입법으로부터 발생하는 행정절차나 관행을 폐지할 것, 넷째, 다른 회원국에 고용되어 있는 노동자가 자영업자로서 계속 활동하기 원하는 경우에는 필요한 조건을 충족하는 것을 조건으로 계속하여 거주하는 권리를 보장할 것, 다섯째, 어느 회원국 국민이 다른 회원국에서 토지나 건물을 취득하여 사용하고자 하는 경우 이를 보장할 것, 여섯째, 다른 회원국에서의 대리점, 지점, 자회사의 설립조건과 관련하여 그리고 그러한 대리점, 지점, 자회사의 본업을 위하여 입국하는 개인의 입국조건과 관련하여 회사설립(개업)의 자유에 관한 제한을 점진적으로 폐지할 것, 일곱째, EU 내에서의 동등한 보호조치를 위하여 회원국들이 요구하는 회사 구성원과 제3자의 이익을 위한 보호조치의 범위를

거주요건과 국적요건을 충족해야 한다는 영국 측의 요구는 개업 자유에 있어서 국적에 의한 차별에 해당한다. Case C-221/89, *Factortame and Others*, [1991] ECR Ⅰ-3905, paras.39, 43.

필요한 경우 조정할 것, 회사설립(개업)의 조건이 회원국들의 국가보조에 의해 왜곡되지 않도록 이사회와 위원회가 개업권 보장을 위해 지침을 채택하는 경우에 이를 유의할 것 등이다.

또한 회사설립(개업)의 자유를 실현하기 위하여 EC조약 제47조(구 제57조, TFEU 제53조)와 제55조(구 제66조, TFEU 제62조)에 의거하여 이사회는 다른 회원국에서의 회사설립(개업)권 및 서비스의 자유이동을 적극적으로 촉진할 목적으로 학위, 직업자격 등의 상호 승인 및 자영업자의 영업에 대한 각 회원국의 상이한 규제를 조정하는 지침을 채택할 수 있다.

2. EC조약(TFEU)상 회사설립의 자유의 적용 예외

한편, 개업의 자유에 관한 제한의 폐지는 다음과 같은 경우에 예외가 인정된다. 첫째, EC조약 제45조(구 제55조, TFEU 제51조)에 의거하여 극히 예외적인 경우로서 회원국의 공권력의 행사(exercise of official authority)와 관련된 경우에는 회사설립(개업)의 자유가 적용되지 아니한다. 둘째, EC조약 제46조(구 제56조, TFEU 제52조)에 의거하여 외국인을 특별히 취급하는 공공정책(public policy), 공공안전(public security), 공공보건(public health)의 경우에는 회사설립(개업)의 자유가 적용되지 아니한다. 이러한 예외가 인정되는 경우에 회원국들은 회사설립(개업)의 자유를 제한할 수 있다.[20]

아래에서는 다른 회원국에서의 사업상 또는 직업상 스스로 회사설립(개업)의 자유(freedom of establishment)를 원하는 자영업자로서의 '개인' 권

---

20) Moussis, *supra* note 16, p.102; Steiner, Woods and Twigg-Flesner, *supra* note 18, pp.447~448.

리, 특히 '변호사'의 개업 권리와 관련된 의미 있는 주요 판례를 중심으로 분석하고 검토하여 살펴보고자 한다.[21]

Ⅲ. 변호사의 회사설립의 자유에 관한 주요 사례의 분석 및 평가

앞에서 EC조약(TFEU)상의 회사설립(개업) 자유와 예외에 관한 이론적 근거를 검토하였다면, 여기에서는 이러한 회사설립(개업) 권리에 관한 이론적 분석과 이해를 기초로 하여 개인, 특히 자영업자 중에서도 '변호사'라고 하는 직종에 초점을 맞추어 개업의 자유에 관한 의미 있는 주요 사례를 분석하고 검토하고자 한다. 이를 통하여 EU의 공동시장 질서를 보다 잘 이해할 수 있고, 향후 한·EU FTA에 있어서의 법률시장 개방정책에 보다 더 적절하게 대응할 수 있도록 일조할 수 있을 것이다.

1. *Reyners* 사건:[22] 변호사의 개업권과 직종의 공무집행성의 문제와 관련하여

1) 사실관계

이 사건의 원고(Jean Reyners)는 네덜란드 국적의 부모로부터 벨기에 Brussels에서 태어났고, 벨기에에서 법학박사학위 취득을 포함한 일체의 교육을 받았다. 그럼에도 불구하고 그는 항상 네덜란드 시민권을 보유해 왔

---

21) '개인의 자유이동권'은 — 가족 구성원의 경우를 제외하고는 — 국적에 따른 차별금지에 관한 이사회 규칙 1612/68에 의거하여 EU회원국의 '국적'을 갖는 국민에 한정하여 인정된다. Case 267/83, *Diatta* v. *Land Berlin*, [1985] ECR 567; Craig and De Burca, *supra* note 12, p.781 참조.

22) Case 2/74, *Reyners*, [1974] ECR 631.

다. 벨기에는 법학박사학위의 취득에 의하여 변호사 활동을 할 수 있었기 때문에 그는 변호사 활동에 지원하였다. 그러나 그가 벨기에 변호사협회에 지원하였을 때, 동 변호사협회의 회원은 벨기에 '국적'을 보유해야 한다는 이유로 인하여 거부되었다. 그런데 이러한 '국적' 요건의 법적 적용 면제는 해당 외국인의 국적 국가가 상호주의에 의하는 경우에만 가능하였다. 그러나 이러한 면제의 적용은 네덜란드도 또한 자국 변호사협회의 회원으로 활동하기 위해서는 자국 국적을 보유할 것을 요건으로 하고 있었기 때문에 Reyners 씨에게는 아무런 소용이 없었다.

이에 원고 Reyners 씨는 이는 회사설립(개업) 자유에 관한 EC조약 제43조(구 제52조, TFEU 제49조), 제44조(구 제54조, TFEU 제50조), 제45조(구 제55조, TFEU 제51조), 제47조(구 제57조, TFEU 제53조)에 위배된다고 주장하며 벨기에 국사원(Belgian Conseil d'Etat)에 벨기에 국내법상의 국적 요건을 취소할 것을 요청하였다. 반면 벨기에 정부는 회사설립의 자유에 관한 EC조약(TFEU)상의 규정들은 본질적으로 EC조약 제44조(TFEU 제50조)에서 예견된 '지침의 채택'을 요건으로 하고 있다고 주장하였다. 즉 EC조약 제44조(TFEU 제50조)에서 예견하고 있는 과도기간이 만료된다고 할지라도, 이사회가 이러한 지침을 채택하지 않는 한, 이러한 EC조약(TFEU)상의 회사설립 자유는 직접적으로 적용될 수 없다고 주장하였다.

2) ECJ의 결정

(1) EC조약 제43조(구 제52조, TFEU 제49조)의 해석과 관련하여

벨기에 국사원은 EC조약 제43조(구 제52조, TFEU 제49조)가 제44조(2)(TFEU 제50조(2))와 제47조(1)(TFEU 제53조(1))에 규정된 '지침의 부

재'에도 불구하고 과도기간 종료 이후에도 '직접적으로 적용가능한 규정'이 되는지에 대한 선결적 결정을 ECJ에 요청하였다. 벨기에와 아일랜드(소송참가) 정부는 제43조(TFEU 제49조)는 그러한 직접효력은 갖지 않는다고 주장해 왔다.23) 제43조(TFEU 제49조)의 '아래에 나오는 규정의 범위 내에서'(within the framework of the provisions set out below)라는 표현으로 구성된 '회사설립의 권리(개업권)'에 관한 장(chapter)의 문맥상, 본 주제의 복잡성에 비추어 이 조항은 오직 간단한 '기본원칙'만을 구성하고 있는 것이고, 그것의 이행은 유럽공동체와 회원국 국민 모두에게 있어서 제44조(TFEU 제50조)와 제47조(TFEU 제53조)에 규정된 보충규정에 의해 충족될 수 있다는 것이다.24) 이러한 이행활동을 위한 EC조약(TFEU)의 입법형식 — 지침에 의해 점진적으로 이행되는 '일반적 계획'(general programme)의 설립 — 은 제43조(TFEU 제49조)가 직접적 효력이 없다는 것을 확증하는 것이라고 주장하였다.25) 유럽공동체와 회원국의 입법기관들이 보유하고 있는 재량권의 실행은 법원의 몫이 아니라는 것이다.26) 이것은 본안소송의

---

23) *Ibid.*, paras.3~4.

24) *Ibid.*, para.5.

25) *Ibid.*, para.6.

26) *Ibid.*, para.7. EU의 민주주의와 법치주의와의 관계에 있어서 주의해야 할 점이 있다. 왜냐하면 EU의 민주주의적 결함에 대하여 이를 유럽형 민주주의 왜곡현상이라고 볼 수 있기 때문이다. 그리고 이러한 왜곡현상은 민주적인 책임을 지는 국내 메커니즘을 쇠퇴시켜, 국내 행정기관과 입법기관 간의 조직적인 균형을 매우 저해하는 결과를 초래하게 되기 때문이다. 마찬가지로 EU 내에서 소수의 국가정부에 의해 이용되어 비민주적이라고 평가받을 수 있는 EU사법부로의 권력의 재배치는 국내 차원의 힘의 균형을 간접적으로 변동시킴으로써 국내 민주주의를 훼손시킬 수 있다. 의회에서 사법부로의 이러한 실질적이고도 수평적인 권력의 재배치는 이미 발생하였고, 이러한 사법부를 향한 권력의 이동은 회원국과 유럽공동체 양자 모두에게서 나타나는 현상이다. 또한 실제로 이러한 권력의 이동은 일반적으로 수긍되고 있으며, 이는 많은 법률가들에게 있어서는 유익한 일이라고 할 수 있다. 그러나 이러한 발전과 전개는 의회 내에서 이루어져야만 하는 민주적 토론을 무용지물로 만들거나 과소평가할 수 있는 위험성을 내포하고 있다는 점에 주의해야 한다. 왜냐하면 비록 이러한 사법부 중심의 권력 재배치 과정이 EU 통합에는 기여할 수 있으나, 민주적인 토론 기회를 상당히 제한할 수 있기 때문이다. Carol Harlow,

소송참가 당사자(intervening party)인 영국 정부, 룩셈부르크 정부 그리고 벨기에변호사협회(Ordre national des avocats de Belgique)가 대체적으로 주장한 내용이다.

반면 원고 Reyners 씨는 이 사건에 있어서의 모든 문제는 벨기에 국민에게는 적용할 수 없는 변호사업(professon of avocat)에 관한 허가를 받아야 하는 사실에 기초하여 이루어지고 있는 '국적에 의한 차별'에 근거하고 있다고 주장하였다.27) 따라서 제43조(TFEU 제49조)는 '직접효력'을 발생시키는 명백하고 완전한 조항(a clear and complete provision)이라는 것이다.28) 네덜란드 정부가 지지하였고, ECJ가 내린 판결문29)을 보아 알 수 있듯이, 독일 정부는 회원국에게 특정 기간 내에(within a particular period) 이행해야 하는 어떠한 의무를 부과하는 EC조약(TFEU)의 조항은 그 기간이 만료되면 그러한 의무가 아직 이행되지 않았더라도 '직접적으로 적용가능'하게 된다고 간주하였다. 과도기간이 종료하면 회원국은 더 이상 개업의 자유에 관한 제한을 유지할 수 있는 가능성이 희박해진다. 왜냐하면 제43조(TFEU 제49조)는 규정의 성질상 본질적으로(in itself) 완성되는 자기 완성적인 것이고, 법적으로도 완벽한 형태를 갖추기 때문이다.30) 이러한 상황하에서 제44조(TFEU 제50조)에 의해 발생되는 '기본강령'(general programme)

"Voices of Difference in a Plural Community", in Paul Beaumont, Carole Lyons and Neil Walker, *Convergence and Divergence in European Public Law*(London: Oxford Univ. Press, 2002), p.204 참조; Mark A. Pollack, *The Engines of European Integration*(Oxford: Oxford Univ. Press, 2005), pp.169~179 참조.

27) Case 2/74, *Reyners*, [1974] ECR 631, para.9.

28) *Ibid.*, para.10.

29) Case 57/65, *Lütticke*, [1966] ECR 293, p.210.

30) Case 2/74, *Reyners*, [1974] ECR 631, para.12.

과 '지침'(directives)은 과도기간이 만료되면 개업의 자유권이 완전히 성취되므로 오직 과도기간 내에서만 중요성을 지닌다는 것이다.31) 제43조(TFEU 제49조) 규정의 직접효력이 '기본강령'과 '이행지침'과의 관련성의 견지에서 그리고 모든 면에서 완전히 평등한 대우를 받지 못하고 취해진 특정한 제약을 해결하는 지침의 취지에 의해서 해석되어야 하지 않느냐는 의구심에도 불구하고, 위원회는 그것이 명확하게 '국적'에 근거한 차별을 금지하고 있는 한, 제43조(TFEU 제49조)는 적어도 일부는 직접효력을 가진다고 간주하였다.32)

EU의 '원칙' 부분을 형성하는 EC조약 제12조(구 제6조, TFEU 제18조)는 EC조약(TFEU)의 적용 범위 내에서 그리고 EC조약(TFEU)에 포함된 어느 특별한 규정을 해함이 없이 "국적에 의한 어떠한 차별도 금지되어야 한다."라고 규정하고 있다. 제43조(TFEU 제49조)는 '개업의 권리'라고 하는 특별한 영역에 있어서 이러한 일반적인 원칙 조항의 이행을 구체적으로 규정하고 있다. 위원회의 견해에 의하면, 제43조(TFEU 제49조)의 '아래에 나오는 규정의 범위 내에서'라는 말은 개업의 권리와 관련된 장(chapter) 전체를 의미하며, 따라서 이는 총칙적 규정으로 해석되어야 한다는 것이다.33) 제43조(TFEU 제49조)는 "다른 회원국의 영토에 있는 회원국의 국민에 대한 개업의 자유의 제한은 과도기의 진행에 따라 점진적 단계를 거쳐 폐지되어야 한다."라고 규정하면서, 개업의 자유는 "그러한 개업이 효과를 갖는 자국민에 대한 국내법에서 규정하고 있는 동일한 조건하에서 타

---

31) *Ibid.*, para.13.

32) *Ibid.*, para.14.

33) *Ibid.*, para.17.

회원국의 자영업자 활동이 보호되고 적절히 수행되어야 한다.”라는 권리를 포함하는 가이드라인을 제시하고 있다는 것이다.34) 과도기간 내에 단계적으로 이 목표를 달성하기 위한 목적으로, 제44조(TFEU 제50조)는 이사회가 '기본강령' 그리고 이 원칙의 이행을 위해 다양한 활동의 측면에서 개업 자유를 위한 '지침'을 제정할 것을 규정하고 있다.35) 이러한 완화된 조치에도 불구하고 제47조(TFEU 제53조)는 공문서(diplomas), 증명서(certificates) 그리고 기타 공적 자료(other evidence of formal qualifications)의 상호 인준(mutual recognition)을 요건으로 하는 '지침'을 규정하고 있고, 자영업자의 개업과 영업행위에 관해서는 일반적으로 '법률의 조화'를 규정하고 있다고 하였다.36)

개업의 권리에 관한 장(chapter)의 체계를 통해서 보면, EC조약(TFEU)에 의해 규정되는 '기본강령'과 '지침'은 두 가지 기능을 완수하기 위한 것으로 보인다. 첫째, 과도기간 내에 개업의 자유권을 획득하는 데에 있어서의 장애물을 제거하는 것, 둘째, 자영업자의 활동이라는 측면에서 EU 내부의 경제적·사회적 상호 관통을 도울 필요가 있고, 이를 위해 개업의 자유권을 효과적으로 행사할 수 있도록 촉진시키기 위한 규정들을 2차 입법을 통하여 회원국의 국내법에 도입하도록 하는 것이다.

따라서 제43조(TFEU 제49조) 규정의 효력은 이러한 체제의 범위 내에서 결정되어야 한다. '국적에 관한 동등취급의 원칙'(equal treatment with nationals)은 EU의 가장 기초적인 법 규정 중 하나이다. 이 원칙은 개업할

---

34) *Ibid.*, para.18.

35) *Ibid.*, para.19.

36) *Ibid.*, para.20.

국가의 국민들에게 유효하게 적용되는 입법 규정과 관련되는 것으로서, 본질적으로 다른 모든 회원국의 국민들에게도 직접적으로 적용될 수 있다. 그리고 개업 자유의 규정이 과도기간이 끝날 때에는 성취되어야 하므로, 제43조(TFEU 제49조)는 점진적인 법안계획의 이행에 의해서 좌우되는 것은 아니지만 그것에 의해 좀 더 쉽게 이루어질 수 있어야 한다는 것과 정확한 결과를 얻어야 한다는 의무를 부과하고 있는 것이다. 이러한 진행으로써 과도기간의 종료에도 의무 자체가 손대지 않은 채로 방치되지 않는다는 사실이 그 의무의 수행상 의미를 가진다고 할 수 있다.[37] 이러한 해석은 EC조약 구 제8조(7)에 따른 것으로 과도기간의 만료로 인해 기존에 제정된 모든 규칙들은 효력이 발생하고, 이러한 기간만료의 시점을 기준으로 공동시장의 설립과 관련해서 요구되는 모든 법안들이 이행되어야 한다는 것이다.[38]

한편 이사회가 EC조약 제44조와 제47조(TFEU 제50조와 제53조)에 규정된 지침을 제정하는 것에 실패하거나 또는 실제로 제정된 지침이 제43조(TFEU 제49조)가 요구하는 비차별의 목적을 충분히 달성하지 못하는 경우에 이를 이유로 항의하는 것은 불가능하다 할 것이다. 그리고 과도기간 만료 후에 개업의 권리에 관한 장에 의해서 규정된 지침은 '국적'에 관한 원칙의 이행에 대해서는 무용지물이 된다. 왜냐하면 이러한 지침은 그때부터는 논란이었던 직접효력과 무관하게 이제는 EC조약(TFEU)에 의해서 강제력 있는 것이 되기 때문이다.[39] 그러나 이러한 과도적 장치로서의 지침들

---

37) *Ibid.*, para.27.

38) *Ibid.*, para.28.

39) *Ibid.*, paras.29~30.

은 개업 자유권의 효과적 수행을 수월하게 하려는 법안 측면에서는 중요한 여지를 지니고 있으므로 모든 권리를 잃는 것은 아니라는 것이다.[40] 결론적으로 EC조약 제43조(TFEU 제49조)는 제44조(2)(TFEU 제50조(2))와 제47조(1)(TFEU 제53조(1))에 규정된 지침의 부재에도 불구하고 과도기간 만료로 인해 직접적으로 적용가능한 규정이 된다고 보는 것이 타당하다 할 것이다.[41] 따라서 제43조(구 제52조, TFEU 제49조)에서 제48조(구 제58조, TFEU 제54조)에 규정된 지침의 제정은 과도기간 경과 이후에는 국적에 따른 차별의 폐지에 관한 한 필요하지 않게 되었다고 할 수 있다.

(2) EC조약 제45조(구 제55조, TFEU 제51조)의 해석과 관련하여

벨기에 국사원은 제45조(TFEU 제51조)의 첫 단락에서 언급된 개업의 자유에 대한 예외의 '활동들'에 대한 의미의 해석에 의문을 갖고, 이를 ECJ에 선결적 결정을 요청하였다. 문제는 제45조(TFEU 제51조)에서의 예외 조항이 '변호사'의 활동들 중 '공권력의 집행'(exercise of official authority)과 관련된 활동에 대해서만 적용이 되는 것인지 아니면 '변호사라는 직업 전체'에 적용되는 것인지였다.[42]

이에 대하여 원고와 위원회, 회원국 정부들 사이에는 견해의 대립이 있었다.

원고 Reyners 씨는 변호사라는 직업은 기껏해야(at most) 오직 약간의 활동들만이 공권력 집행과 관련되기 때문에, 개업 자유의 원칙에 대한 제45조(TFEU 제51조) 규정상의 예외의 범위와 관련하여 약간의 활동들만이

---

40) *Ibid.*, para.31.

41) *Ibid.*, para.32.

42) *Ibid.*, paras.33~34.

이에 해당된다고 주장하였다.43) 반면 위원회와 벨기에, 네덜란드, 독일, 영국, 아일랜드 정부는 제45조(TFEU 제51조)에 규정된 예외는 다양한 직업들 중에서 단지 '실제적으로'(actually) 공권력 집행과 연관된 활동들에만 제한되는 것이라고 간주하였다.44) 반면에 룩셈부르크 정부는 변호사라는 직업 전체가 사법행정의 공공부문과 유기적으로 관련이 있으므로 개업의 자유에서 제외되어야 한다고 주장하였다.45)

이 사건에서 ECJ는 대부분의 변호사의 전형적인 활동들 특히, 법정에서의 자문, 법적 보조, 대표, 변호 등을 하는 활동은 그것이 의무적이라거나 법적 독점일지라도 공권력의 집행과 연관해서 고려할 것은 아니라고 판결하였다.46) 즉 제45조(TFEU 제51조)의 첫 단락에 규정된 개업 자유의 예외는 공권력의 집행과 '직접적이고도 특별한 관련성'(a direct and specific connection)이 있는 제43조(TFEU 제49조)에 규정된 활동들에 한정되어야 한다는 것이 원칙이라는 것이다.47) 그러므로 변호사라는 직업의 맥락에서 볼 때 자문, 법적 보조, 대표, 변호 등의 활동을 하는 것은 개업 자유의 예외에 해당하는 '활동들'에 포함되지 않는다고 판결하였다.48)

3) 평가

이 사례는 다음과 같은 법적 쟁점을 통하여 해답을 찾을 수 있다.

첫째, 개업 자유의 범위에 관한 것으로, EC조약 제43조(TFEU 제49조)

---

43) *Ibid.*, para.38.
44) *Ibid.*, para.39.
45) *Ibid.*, para.35.
46) *Ibid.*, para.52.
47) *Ibid.*, para.54.
48) *Ibid.*, para.55.

는 개업의 권리에 대한 범위를 규정하고 있으며, 제43조(TFEU 제49조)상의 개업 권리는 총칙적인 것으로 전체로서 받아들여지고 일반적인 문맥에서 해석되어야 하는 것이다. 그리고 개업 자유는 자영업자로서의 활동과 특히, 제48조(TFEU 제54조) 두 번째 단락에서의 회사와 같은 기업을 설립하고 관리하는 것을 포함한다는 것이다.

둘째, 제43조(TFEU 제49조)의 '자국민에 대해 규정된 조건하에서'의 의미에 관한 것으로, 이는 상호주의를 의미하는 것으로 보이며, 상호주의란 외국인(여기서는 다른 회원국의 국적자)에게 자국민과 똑같은 권리를 주는 대신에 상대국도 마찬가지로 외국인을 자국민과 똑같이 취급해 주어야 한다는 것을 말한다. 즉 상대편의 개방 정도에 따라서 자신의 개방 정도를 결정하는 것이다. 이 사건에서는 벨기에에서 원고에게 벨기에 국적을 요구하지 않으려면 상대국인 네덜란드도 벨기에 국민이 개업할 때에 네덜란드 국적을 요구하지 말아야 한다는 것을 의미한다.

셋째, 강요될 수 없는 조건으로서 국적에 관한 것으로, 기존의 벨기에 국내법에서는 변호사회에 가입하려면 벨기에 국적을 요건으로 하고 있었으나, 법의 개정을 통하여 그 법은 더 이상 불가능하게 되었다. EU법의 법원 중 '동등하게 대우받을 권리'라는 '법의 일반원칙'에 의할 때, 국적에 의한 차별은 금지된다. 이 사건에서와 같이 회원국의 국내법이 국적을 이유로 한 차별 내용을 규정하고 있는 경우에는 EU법 우위의 원칙에 따라 그 주재국(여기에서는 벨기에 국내법)의 법규는 무효로 될 것이다.

넷째, 개업의 자유에 대한 예외에 관한 것으로, EC조약 제45조(TFEU 제51조)에 의하면 정부와 관련된 활동, 특히 '공권력을 집행하는 활동'에는 개업의 자유에 관한 장의 조항들이 적용되지 않는다. 특정 회원국의 행정

집행업무와 동일하거나 유사한 업을 영위할 목적으로 하는 회사설립이나 그와 같은 서비스제공 활동은 회원국의 공권력을 침해할 수 있으므로 인정될 수 없는 것이다.

다섯째, 회원국이 다른 회원국 국적자의 변호사 활동을 어느 한도까지 제외시킬 수 있는가 하는 것으로, 제45조(TFEU 제51조) 첫 단락은 회원국들로 하여금 외국인들을 제43조(TFEU 제49조)에 규정된 자영업자로서의 활동들 중 일부가 특별히 '직접적이고도 실제적으로' 공권력의 집행과 관련이 있는 작용을 하는 경우에 개업의 자유를 제한하고 있다.

여섯째, 다른 회원국의 국민이 공증인, 판사, 검사 등 다른 법적 직업인이 되기 위한 접근방법에는 어떤 것이 있는가에 관한 것으로, 일단 공공부문에서의 고용과 관련하여 근로자 권리는 제한된다고 할 수 있다. 물론 이 부분에 대해서 입법적으로 명확하게 나타난 바는 없으나, ECJ는 엄격한 판단을 해 왔다. 공증인, 판사, 검사와 같은 직업은 행정법규에 의하여 부여된 권한행사 및 의무이행과 직·간접적인 관련성이 있고, 그 신분관계가 자국에 대한 특정한 충성의무를 요구하는 경우에 해당되므로 공공부문의 직종으로서 다른 회원국 국민에게는 제한된다고 해야 할 것이다.

위에서 살펴본 *Reyners* 사례는 EU의 회원국인 네덜란드 국적을 보유한 원고가 다른 회원국인 벨기에에서 변호사로 개업할 경우, 해당 국가의 법에 규정된 '국적' 요건에 의해 개업이 불가능한 경우, 그러한 개업의 제한은 EC조약 제43조(TFEU 제49조) 이하 규정에 위반하여 무효라고 하는 분쟁을 다루고 있다. 이에 대하여 ECJ는 EC조약 제43조와 제45조(TFEU 제49조와 제51조)를 중심으로 사건을 해결하였다. 먼저, EC조약 제43조(TFEU 제49조)는 국적 차별 조항의 폐지에 관한 것으로서, 비록 상세한 지침이 존재하지 않는다 하더라도 제43조(TFEU 제49조) 그 자체가 자기 완성적인 법률로서 효력을 발생시킨다고 해석하여 벨기에 국내법의 국적 차별 조항은 무효라고 판시하였다. 그 다음으로 제45조(TFEU 제51조)가 문제가 되는 이유는 국적에 의한 차별이 무효라 하더라도 EC조약에서는 그 활동이 회원국의 공무수행과 관련 있는 경우에는 개업 자유권의 예외로서 그 적용을 배제할 수 있다고 하기 때문이다. 이 사건에서 원고는 변호사로서 개업하려고 하기 때문에 변호사 활동이 과연 제45조(TFEU 제51조)의 '공무수행과 관련 있는 활동'에 속하는지가 쟁점이었다. 이에 대해 ECJ는 변호사업 전체를 공무수행과 관련 있다고 보아 개업 자유권의 적용을 배제하는 것은 불합리하며, 그 활동과 공무수행 간에 특별히 '직접적이고도 실제적으로' 얼마나 관련성이 있는지는 개별적으로 검토해야 할 것이며, 일반적인 변호업무는 제45조(TFEU 제51조)에서 언급하는 개업 자유권의 예외에 해당하지 않는다고 보고 있다. 그러므로 원고 **Reyners** 씨는 EC조약(TFEU)에 의거하여 벨기에에서 변호사로 개업하여 활동할 수 있는 것이다.

2. *Klopp* 사건:[49] 다른 회원국에서의 변호사사무소 설치 장소 문제와 관련하여

1) 사실관계

프랑스 국내법(Decree No.72 – 468 of the French Republic) 제83조와 파리변호사협회 내규(Internal Rules of the Paris Bar) 제1조에 의하면, 변호사는 '오직 한 장소'(only in one place)에서만 사무실을 개업할 수 있고,

---

49) Case 107/83, *Klopp*, [1984] ECR 2971.

그 장소는 그가 등록되어 있는 지방법원(tribunal de grande instance)의 영토적 관할권 내에 해당되어야 한다.[50]

이 사건의 원고인 독일인 변호사(Onno Klopp)는 독일의 Düsseldorf에 변호사 사무실을 갖고 있었는데 그의 몇몇 고객들은 프랑스에서 사업하는 독일회사이거나 독일에서 사업을 하는 프랑스회사였다. 그는 1969년 파리대학의 법경제학부에서 법학박사학위를 취득하였고, 1980년 파리변호사 시험에 합격하였다. 그럼에도 불구하고 그가 프랑스 파리에서 변호사 사무실을 설립하려고 하였을 때, 프랑스 정부와 파리변호사협회는 자국법에 따라 관할 지방법원에만 사무실을 설립할 수 있다는 규정을 이유로 Klopp 씨가 프랑스 법학박사학위와 변호사자격증을 취득하였음에도 불구하고 변호사 사무실 설치를 거부하였다. 파리변호사협회 이사회는 Klopp 씨가 모든 다른 요건들을 충족했지만, 그가 Düsseldorf에 위치한 자신의 사무실을 유지하려는 의도에 일단 의문을 제기하였다. 즉 EC조약 제43조(구 제52조, TFEU 제49조)에 의하여 Klopp 씨는 오직 '그러한 개업이 효력을 갖는 국가의 국내법이 자국민을 위해 규정한 조건하에서만 회사의 설립이 가능하다.'는 것이다. 파리변호사협회는 EC조약 제43조(TFEU 제49조)는 단지 '부분적으로' 직접효력(only partial direct effect)이 있을 뿐이고, 따라서 관련 지침이 부재하는 경우 실제로는 '국내법'(여기서는 프랑스 국내법)에 의거하여 회사설립의 자유가 실현되며, 이는 차별이나 불합리한 장애를 발생시키는 것이 아니며 보편적인 이익과 양립하는 것이 아니라고 주장하였다.[51]

이에 독일인 변호사 Klopp 씨는 이는 EC조약 제43조(TFEU 제49조)의

---

50) *Ibid.*, para.12.

51) *Ibid.*, para.7.

회사설립(개업) 자유에 위배된다고 주장하였고, 이 사건은 ECJ에 선결적 결정이 요청되었다.

2) ECJ의 결정

EU가 경제통합을 목표로 상품, 노동 및 서비스 이동 등의 자유화를 위하여 EC조약(TFEU)으로 규율하고 있는데, 상품의 이동은 자유화가 용이하지만 노동이나 서비스의 이동은 '국적'의 문제로 인하여 자유화에 제한이 따르게 된다. 그러나 EU법은 회원국 국내법에 대하여 우위성이 인정되기 때문에 관련 규정이 명확하다면 EU법 규정이 적용되겠지만 관련 사항에 대하여 EU법이 마련되지 않은 경우(특히 2차 입법의 불비)에는 문제가 발생하게 된다.

이 사건의 사안과 같은 경우가 이에 해당하는데, 자신의 국가에서 변호사 사무소를 유지하면서도 다른 회원국에 사무소를 설립할 수 있도록 허용하는 EC조약 제43조(TFEU 제49조)의 실행을 위한 EU법상의 직접적인 규정(여기서는 국내규정들의 조화를 위한 지침의 부재)이 없다는 데 문제가 있는 것이다.52) 즉 EU의 입법기관인 이사회가 EC조약 제44조(TFEU 제50조)에 의거하여 회사설립의 자유를 제한하는 국내법 규정을 폐지하는 목표를 일반적 강령(general programme)으로 설정하였고, EC조약 제44조(TFEU 제50조) 2항은 회사설립의 자유를 위하여 지침을 제정할 것을 규정하였음에도 불구하고 이에 대한 지침을 제정하지 않았고, 또한 EC조약 제47조(TFEU 제53조)에서는 회원국 간 동등한 규정의 적용을 위해 회원국의 자영업자에 대한 구제나 행정행위에 대해서 이사회가 규칙으로 규정하도록 하였으나 이에 대해서

---

52) *Ibid.*, para.6.

도 규정하지 않았다. 비록 1977년 3월 22일 '변호사의 법률서비스제공의 자유의 효과적인 실행의 강화를 위한 이사회 지침 77/249'(Directive 77/249 to facilitate the effective exercise by lawyers of freedom to provide services)가 제정되었지만,[53] 제44조(TFEU 제50조)와 제47조(TFEU 제53조)하에서 '변호사의 회사설립(개업) 자유'를 위한 지침은 제정되지 않았다.[54] 그러나 ECJ는 이미 1974년 6월 21일 Reyners 사건 판결에서 회사설립의 자유는 과도기간 종료 시에 달성되며, 제43조(TFEU 제49조)는 점진적 조치들에 의하여 개업의 자유에 대하여 수월한 이행을 보조하고 있으며, 이러한 이행으로 구체적인 결과를 달성하도록 의무를 부여하고 있는 것으로, 이러한 규정에 의하여 제43조(TFEU 제49조)가 훼손되는 것은 아니라고 하며,[55] 이사회가 제44조(TFEU 제50조)와 제47조(TFEU 제53조)가 규정하고 있는 지침을 제정하지 않았다고 하여 회원국의 의무불이행이 정당화되지는 아니한다고 판시하였다.[56]

그런데 EC조약 제43조(TFEU 제49조)는 회원국 간의 회사설립 자유에 대한 제한의 폐지를 규정하고 있는데, 이 규정을 이 사건과 같은 경우에 '직접 적용'할 수 있는지가 이 사건의 핵심이라고 할 수 있다.

이 사건의 원고인 독일인 변호사 Klopp 씨는 파리변호사협회가 다른 나라에 두 번째 사무소를 설치하는 파리변호사협회 회원에 대해서는 이를 용인하여 관대하게 대하면서도 자신에 대해서는 프랑스 법률을 적용하여 독

---

53) OJ 1992 L209/29; Nigel Foster, *EU Law*(Oxford: Oxford Univ. Press, 2006), pp.368~370 참조; Folsom, *supra* note 8, p.136.

54) Case 107/83, *Klopp*, [1984] ECR 2971, para.9.

55) Case 2/74, *Reyners*, [1974] ECR 631, paras.31, 32.

56) Case 107/83, *Klopp*, [1984] ECR 2971, para.10.

일 Düsseldorf에 변호사 사무소를 두고 있는 한 파리에서의 사무소 설치를 허락하지 않는 것은 차별이라고 주장하였다.[57][58] 그러나 이 사건에서는 ECJ와 국내법원 간의 관할권 배분과 관련하여 일반적으로 인식해야 할 내용인 EC조약 제234조(구 제177조, TFEU 제267조)의 규정에 유념할 필요가 있다. 즉 문제의 국내법규의 적용이 '실제로'(사실관계적 측면) 차별에 해당하는지를 결정하는 것은 국내법원의 배타적 관할이라는 것이다.[59] 따라서 국내법원이 제기한 문제는 국내법에 관한 차별에 대한 ECJ의 어떠한 의견의 제시함이 없이 답변된다.[60]

반면 파리변호사협회는 EU법상 명확한 규정이 없는 한, 변호사 사무소를 설립하고 활동하는 것은 프랑스 국내법의 조건에 따라야 한다고 하고, 따라서 프랑스 법규(Decree No.72－468 제83조와 Internal Rules of the Paris Bar 제1조)에 의하면 '오직 한 장소'에서만 사무소를 설치할 것을 규정하고 있고, 이는 프랑스 국민과 다른 회원국의 국민 모두에게 적용된다고 하였다.[61] 그리고 제43조(TFEU 제49조)의 완전 적용을 부정하고 '부분적인' 직접효력을 인정하고 있는데, 이는 변호사가 한 장소에 사무소를 설치할 수 있다는 국내 규정은 국내법원과 고객 모두의 편의를 위해서도 그리고 변호사의 성실한 업무수행을 위해서도 필요하다고 주장하였다.[62] 그리고 제43조(TFEU 제49조) 2항에 따라 '자국의 국민에게 적용되는 조건하'에

---

57) *Ibid.*, para.13.

58) 사건의 신청자(원고)인 Klopp, 영국, 덴마크 정부, 위원회는 회원국의 법률은 다른 회원국의 국민인 변호사가 자국에 기존에 설치한 사무소를 유지하는 것을 금지할 수 없다고 주장하였다. *Ibid.*, para.15.

59) 김두수, 『EU법론』(파주: 한국학술정보, 2007), pp.264～267 참조.

60) Case 107/83, *Klopp*, [1984] ECR 2971, para.14.

61) *Ibid.*, para.12,

62) *Ibid.*, para.16.

외국 자영업자의 사업을 허가한다는 것을 강조하면서, 특별한 EU법규(2차 입법, 여기서는 관련 지침) 부재의 경우 자국 영토 내에서의 외국인 변호사 개업을 규제하여도 그것은 회원국의 자유라고 주장하였다.[63]

그러나 이에 대해 ECJ는 제43조(TFEU 제49조) 규정은 변호사가 EU 영토 내에 단 하나의 사무소를 소유한다고 규정하는 것은 아니라고 하였다. 즉 이미 설치한 사무소를 포기해야만 다른 회원국에서 사무소를 설치할 수 있는 것은 아니라는 것이다.[64] 또한 제43조(TFEU 제49조)를 문리 해석하여 회사설립의 자유에 대한 제한의 점진적인 폐지는 다른 회원국의 영토 내에 대리점, 지점, 자회사를 설치하여 개업하는 경우에도 적용된다고 하였다. 즉 이 규정은 자영업에서도 일반 원칙으로 간주한다는 것으로, 따라서 직업상 통제 규칙을 준수한다면 EU회원국 내에서 한 곳 이상의 사무소를 개업하고 유지할 수 있는 자유가 있다고 하였다.[65] 또한 프랑스는 변호사 업의 특별한 성질상 변호사들이 고객과 사법당국 등과의 관계에 있어서 '충분한 연락'(sufficient contact)을 유지하기 위해서 한 장소에서만 사무소를 설치할 수 있다고 주장하고 있으나, 이는 현대 교통과 통신수단으로 쉽게 적절히 고객 및 사법당국과 연락을 취할 수 있으므로, 두 번째 사무소의 설치 및 존재가 변호사 '직업의 성질'상 윤리규칙을 해하지 않으며, 이러한 윤리규칙 자체가 EC조약(TFEU)상 보장하고 있는 회사설립의 자유를 제한할 수 없다고 하였다.[66] 따라서 ECJ는 변호사 사무소에 관하여 EU 내에서의 회사설립의 자유에 관한 국내규정과의 조화를 위한 '지침'과 같은

---

63) *Ibid.*, para.17.
64) *Ibid.*, para.18.
65) *Ibid.*, para.19.
66) *Ibid.*, paras.20~21.

형식적 입법에 의한 직접적인 규정이 없더라도, 다른 회원국의 국민이 자국에 이미 설치한 사무소를 계속 유지한다는 이유로 인하여 두 번째 사무소의 설립을 불허하는 것은 EC조약 제43조(TFEU 제49조)에 위반된다고 판시하였다.[67)

3) 평가

이 사건은 프랑스 국내법에 따라 다른 회원국 국민이 프랑스 관할 지방법원 내에서만 변호사 사무소를 설치할 수 있는가 하는 문제를 다루고 있다. 이에 원고(Klopp)는 이것은 EC조약 제43조(TFEU 제49조)에 위배되는 것으로 비록 이사회가 EC조약 제44조(TFEU 제50조)와 제47조(TFEU 제53조)에 따라 2차 입법을 행하지 않았다 할지라도 제43조(TFEU 제49조)는 직접효력을 가진다고 주장하였다. ECJ는 이 사건에서 관련 지침의 부재로 제43조(TFEU 제49조)의 직접효력에 의문을 제기하는 프랑스에 대하여, 비록 지방법원 관할하의 한 장소에서만 변호사 사무소를 설치하고 활동하는 것이 국내법원과 고객의 편의를 도모하고 변호사의 성실한 업무수행을 위해서 필요하다고 할지라도, 이로써 EC조약(TFEU)상의 변호사 개업의 자유에 대한 제한을 정당화할 수 없다고 하였다. 따라서 변호사 사무소를 타 회원국의 지방법원 관할하의 오직 한 장소에서만 설치하도록 한 프랑스 국내법은 EC조약 제43조(TFEU 제49조)의 위반이라고 할 수 있다. 그러므로 다른 회원국 국적자는 이미 설치한 자국 내 사무소를 포기할 필요가 없으며, EU 내에 하나의 변호사 사무소를 설치해야 하는 것도 아니다. EU 내에서는 원하는 곳에 원하는 만큼의 변호사 사무소를 설치하여 활동할 수

---

67) *Ibid.*, para.22.

있는 것이다. 두 번째 사무소의 설치 및 존재가 변호사 직업상 윤리규칙을 해하지도 않는다고 할 수 있다.

3. *Gebhard* 사건:[68] 다른 회원국 변호사협회의 가입의무와 변호사자격의 인정문제와 관련하여

1) 사실관계

이탈리아 국내법상 이탈리아에서 변호사로서 법률서비스를 제공하기 원하는 다른 회원국의 변호사는 자신의 사무소를 설치하는 것이 금지되었다. 이러한 금지는 지점뿐만 아니라 본점의 개업에도 적용되었다.

이 사건에서 원고(Reinhard Gebhard)는 독일 국적을 가지고 있으며 독일에서 법학박사학위를 취득하였고, 1977년에 독일에서 변호사(Rechtsanwalt)로서 활동하였다. 그는 1978년부터 1989년까지 '변호사의 법률서비스제공의 자유의 효과적인 실행의 강화를 위한 지침 77/249'(Directive 77/249 to facilitate the effective exercise by lawyers of freedom to provide services) 규정에 따라 밀라노의 한 법률사무소에서 근무하였다. 이 지침은 본질적으로 그가 국내변호사(여기서는 이탈리아 국내변호사)의 '지휘 및 감독'하에 근무한다는 외국변호사의 요건을 구비해야만 했다. 그런데 실제로는 이탈리아법상 다른 EU회원국으로부터 온 외국인 법률가나 변호사는 이탈리아 국내에서 독자적으로 변호사 사무소를 설치하여 개업할 수 없었다.

그러나 Gebhard 씨는 1989년에 자신의 변호사 사무소를 밀라노에 설립하였고, 'avvocato'라는 명칭을 그대로 사용하였는데, 이 단어는 이탈리아어로

---

68) Case C-55/94, *Gebhard*, [1995] ECR Ⅰ-4165.

변호사라는 뜻이다. 그리고 그는 몇몇의 이탈리아인을 대리인(procuratori)으로 고용하였다. 이를 이유로 해서 Gebhard 씨에 대한 징계절차가 진행되었는데, 그 초점은 그의 'avvocato'라는 이탈리아 변호사 고유의 명칭에 대한 불법사용, 현재의 실정법이 존재함에도 불구하고 이탈리아에서 영구기반으로 스스로 자신의 변호사 사무소를 설치했다는 것이었다. 이에 이탈리아변호사협회는 그에 대하여 정직 및 그의 변호사로서의 전문 활동 중지를 명령하였다.

이에 Gebhard 씨는 소를 제기하였고, 이 사건의 관할법원인 Consiglio Nazionale Forense는 ECJ에 선결적 결정을 요청하였다.

2) ECJ의 결정

(1) 노동자의 자유이동, 회사설립의 자유, 서비스 공급의 자유의 관계

노동자의 자유이동, 개업의 자유, 서비스 공급의 자유는 EU법에 의해 특정 회원국 영토 내로의 입국 및 거주 그리고 국적을 이유로 한 모든 차별의 금지에 관하여 '각각 동등한 지위'를 가진다.[69] 이 사건과 같이 독일인 Gebhard 씨가 경제활동을 위하여 다른 회원국(여기서는 이탈리아)으로 이동한 경우, 노동자의 자유이동이나 개업의 자유 또는 서비스 공급의 자유에 관한 규정이 적용되는데, EC조약(TFEU)상의 이러한 규정들은 '상호 배타적'으로 적용된다.[70] 이 사건에서는 노동자의 자유이동에 대한 규정보다는 '개업의 자유'나 '서비스 공급의 자유'에 관한 규정이 주요 사안이었다.[71]

---

69) Case 48/75, *Jean Noel Royer*, [1976] ECR 497.
70) Case C-55/94, *Gebhard*, [1995] ECR I-4165, para.20.
71) *Ibid.*, para.21.

a. 회사설립의 자유와 서비스 공급의 자유에 관한 규정의 적용

첫째, EC조약 제49조(구 제59조, TFEU 제56조) 1단에 의하면 서비스를 제공하는 사람과 제공받는 사람이 두 개의 다른 회원국에서 회사를 설립(개업)한 경우, 서비스 공급의 자유에 관한 장의 규정들은 회사설립(개업)의 자유에 관한 권리에 보조적으로 적용된다. 둘째, EC조약 제50조(구 제60조, TFEU 제57조) 1단에서는 서비스 공급의 자유에 관한 규정은 회사설립(개업) 자유가 적용되지 않는 경우에만 적용된다고 규정하고 있다.[72)]

b. EC조약(TFEU)에서 의미하는 회사설립의 자유에 관한 규정

EC조약(TFEU)에서 의미하는 '개업 자유'의 개념은 매우 광범위한데, ECJ에서 인정하는 사항을 살펴보면 다음과 같다. 첫째, 개업의 권리는 EC조약 제43조~제48조(TFEU 제49조~제54조)까지 규정되어 있다. 이 권리는 제48조(TFEU 제54조)에서 의미하는 법인(legal persons)과 회원국의 국민인 자연인(natural persons)에게 모두 인정된다. 둘째, 법인과 자연인은 법률에 규정된 예외들과 조건들을 준수하는 경우, 어느 회원국의 영토 내에서도 모든 종류의 자영업 활동을 개시하고 종사할 수 있고, 기업(undertakings)을 결성하여 경영할 수 있으며, 대리점, 지점 및 자회사를 설립할 수도 있다(EC조약 제52조, TFEU 제59조).[73)] 셋째, 자영업자로서 자국에 안정적·지속적 기반(상주 영업장소)을 두고 다른 회원국에서도 경제활동에 참여할 수 있고 주재국으로부터 이익을 얻는 영리활동 또한 가능하다.[74)]

---

72) *Ibid.*, para.22.

73) *Ibid.*, paras.23~24; Case 107/83, *Klopp*, [1984] ECR 2971, para.19 참조.

74) Case C-55/94, *Gebhard*, [1995] ECR Ⅰ-4165, para.25; Case 2/74, *Reyners*, [1974] ECR 631, para.21 참조.

c. 서비스 공급의 자유에 관한 규정

반면 서비스의 제공자가 다른 회원국으로 이동한 때에는 서비스 공급의 자유에 관한 규정인 EC조약 제50조(구 제60조, TFEU 제57조) 2단에 의하여 다른 회원국에서는 영구적 기반이 아닌 '임시적인 기반'으로 경제활동을 해야 한다.[75] 이 사건의 법률고문(Advocate General)이 지적하였듯이 경제활동의 임시적 성질은 서비스 공급의 존속기간뿐만 아니라, 규칙성(regularity), 정기성(periodicity), 계속성(continuity) 견지에서 판단되어야 한다. 하지만 서비스 공급의 자유에 관한 규정이 임시적인 성질을 갖는다고 하여 서비스 제공자가 서비스 제공을 위한 장비(회사, 사무실 또는 상담실 등)를 설치하지 못한다는 것을 의미하는 것은 아니므로 제반 시설을 설치할 수 있다.[76]

d. ECJ의 판결

그런데 ECJ는 Gebhard 씨의 경우에는 서비스 공급의 자유에 관한 규정이 적용되지 않는다고 보았다. Gebhard 씨는 안정적·지속적인 경제 기반(상주 영업장소)을 애초에 자국이 아닌 다른 회원국(여기서는 이탈리아)에 두었기 때문이다. 이러한 경우에는 서비스 공급의 자유에 관한 규정이 적용되는 것이 아니라 '개업의 권리'에 관한 규정이 적용된다는 것이다.[77] 이 사건에서 밀라노변호사협회(Milan Bar Council)는 Gebhard 씨가 밀라노변호사협회의 구성원이 아니며 밀라노변호사협회의 회원과 협력하거나 연합하여 일하지 않는 이상 그가 EC조약(TFEU)에서 의미하는 '회원국(이탈리아)에서 개업'한 것으로 볼 수 없다고 주장하였지만, ECJ는 이러한 주장을

---

75) Case C-55/94, *Gebhard*, [1995] ECR Ⅰ-4165, para.26.

76) *Ibid.*, para.27.

77) *Ibid.*, para.28.

수용하지 않았다.[78] ECJ는 변호사협회와 같은 전문가협회에의 가입은 특정 활동을 하기 위한 일반적 조건은 될 수는 있으나, 이러한 회원 가입이 EC조약(TFEU)상 인정된 '개업의 자유'를 위한 '필수 요건'은 될 수 없다고 보았다.[79]

(2) 회사설립희망 회원국 국민의 주재국 규칙의 준수 정도

EC조약 제43조(TFEU 제49조) 2단에서 개업의 자유는 자국민을 위하여 제정한 국내법률에 규정된 조건하에 행사되어야 한다고 규정하고 있다.[80] 이 사건에서 문제가 된 특정한 활동(specific activities)은 주재국 내의 어떠한 규정에도 위반되지 않으므로, 회원국의 국민은 자신의 활동을 하기 위하여 특정한 자격을 얻을 필요가 없다고 볼 수 있으므로 회원국의 국민은 주재국에서 개업하고 특정 활동을 할 수 있다고 볼 수 있다.[81]

그러나 몇몇 자영업 활동의 개시와 영업은 '조직, 자격증, 직업윤리, 감독 및 책임'[82]과 관련된 규범과 같이 공익(general good)으로 정당화될 수 있는 법률, 규칙, 행정조치가 존재하는 경우에는 이에 따라야 한다. 이러한 규정들

---

78) *Ibid.*, paras.29~30.

79) *Ibid.*, para.31.

80) *Ibid.*, para.33.

81) *Ibid.*, para.34.

82) Case C-71/76, *Thieffry* v *Conseil de l'Ordre des Avocats à la Cour de Paris(The Paris Bar Council)*, [1977] ECR 765, para.12 참조; 이 사건의 원고(Jean Thieffry)는 파리에 거주하는 벨기에 국적을 가진 자로, 벨기에 대학에서 법학박사학위를 취득하였고, 벨기에에서 변호사(advocate)로서 활동을 하고 있었다. 그는 프랑스 대학으로부터 벨기에에서 취득한 법학박사학위가 프랑스법상 인정될 수 있다는 승인을 받았고, 프랑스변호사(*avocat*) 자격에 대한 증명서를 취득한 후, 파리변호사협회에 실무(training stage)를 위하여 신청하였다. 그러나 파리변호사협회는 그의 법학박사학위가 프랑스법상 취득한 것이 아니라는 이유로 그의 신청을 각하하였다. 이에 ECJ는 이것이 EC조약 제43조(구 제52조, TFEU 제49조)가 인정하는 개업의 자유에 위배된다고 판결하였다. Craig and De Burca, *supra* note 12, p.798 참조.

은 특히 다음에 열거된 사람들이 특정 활동에 종사하는 것을 제한할 수 있다. (a) 학위, 자격증이나 다른 형태의 공식 자격증 소지자의 활동, (b) 전문가 협회나 조직에 가입된 사람의 활동, (c) 특정 법규나 감독의 통제하에 있는 사람의 활동83)이 이에 해당된다. 마지막 사항은 이 사건과도 관련된 것으로서, 'avvocato'와 같은 전문직 명칭의 사용을 위한 조건을 규정하는 것을 말한다. 이와 같이 특정 활동의 개시와 영업에 관하여 주재국이 조건을 설정한 경우, 그 직업활동을 하고자 하는 다른 회원국의 국민은 원칙적으로 이를 준수하여야 한다. 이에 따라 제47조(TFEU 제53조)에 의거해 이사회는 하나의 지침을 제정하였고, 이러한 이사회 지침 89/48은 학위, 자격증과 다른 형태의 공식 자격증의 상호 승인, 자영업자 활동의 개시와 영업에 관한 국내법규의 동일한 적용을 내용으로 하고 있다.84)

그러나 ECJ의 판례에 따르면 EC조약(TFEU)에서 보장되고 있는 기본적 자유(fundamental freedoms)의 실현에 장애가 되거나 이를 저해하는 회원국의 조치가 EU법위반에 해당하지 않으려면 다음과 같은 네 가지 요건을 갖추어야 한다고 하였다. (a) 당해 회원국의 조치가 비차별적 방식(non-discriminatory manner)으로 적용되고 있을 것, (b) 당해 회원국의 조치에 공익(general interest)을 위한 법적 구속력이 부여됨으로써 정당성이 인정될 것, (c) 당해 회원국의 조치는 추구하는 목적 달성을 담보하는 데 적합할 것, (d) 목적을 달성하는 데 있어서 필요 이상의 조치를 취하지 않을 것(비례성의 원칙)이 그 내용이다.85)

---

83) Case C-55/94, *Gebhard*, [1995] ECR Ⅰ-4165, para.35.

84) *Ibid.*, para.36.

85) *Ibid.*, para.37; Case C-19/92, *Kraus v Land Baden-Württemberg*, [1993] ECR Ⅰ-1663, para.32 참조.

EU회원국들의 경우 자국 및 EC의 두 가지 법규를 다 적용하여야 하는
데, 여기에서 필연적으로 두 가지 상이한 법제가 충돌할 경우 어느 법을
우선 적용하여야 하는가 하는 문제가 발생한다. EU법 우위의 원칙은
Handelsgesellshaft 사건[86]에서 구체적으로 적용되었는데, ECJ는 이 문제
에 대하여 EU법은 그 존재 형식과 규범의 차원을 불문하고 회원국의 헌법
을 포함한 모든 법률에 우선하여 적용된다는 점을 명백히 하였다. 한편 '변
호사'의 경우 다른 회원국의 변호사에게 개업을 위하여 다른 회원국의 변
호사협회에 가입하도록 요구하는 것은 변호사윤리 준수(observance of
moral and ethical principles)의 확보를 위하여 필요하고, 또한 필요한 경
우 변호사 활동을 규제하거나 징계(disciplinary control)할 수 있으므로 일
면으로는 가능하다고 볼 수 있다.[87]

(3) 학위와 직업면허의 상호 인증

회원국들은 국내법을 적용함에 있어서 다른 회원국에서 이미 승인된 지
식(knowledge)이나 자격증(qualifications)을 무시할 수 없다.[88] 필요한 경

---

86) Case 11/70, *International Handelsgesellshaft* v. *Einfuhr und Vorratsstelle fur Fetriede und Futtermittel*, [1970] ECR 1125; [1970] CMLR 255.

87) Case 292/86, *Gullung* v. *Conseil de l'Ordre des Avocats de Barrau de Colmar et de Saverne*, [1988] ECR 111, para.29.

88) Case C-340/89, *Vlassopoulou v Ministerium für Justiz, Bundes-und Europaangelegenheiten Baden-Württemberg*, [1991] ECR Ⅰ-2357, para.15 참조; 이 사건의 원고(Irene Vlassopoulou)는 그리스 법학박사학위를 취득한 그리스 국적자였다. 그녀는 독일변호사협회에 가입하기 위하여 독일에서 수년간 독일 법학을 학습하였다. 그러나 그녀는 관련 독일시험에 합격하지 못하여 자격 미달이 되었다. 이에 독일변호사협회는 독일 국민에게 요구할 수 있는 조건이 충족되지 못하였다는 이유로 그녀의 협회 가입 등록을 거부하였다. 이에 대하여 ECJ는 회원국은 다른 회원국의 신청자, 즉 원고가 지금까지 획득한 지식, 자격을 고려하지 않는 것은 EC조약 제43조(구 제52조, TFEU 제49조)가 인정하고 있는 개업의 자유에 장애가 될 수 있음을 지적하였다. Craig and De Burca, *supra* note 12, pp.799~800 참조.

우 다른 회원국 국적자가 소지하고 있는 지식 또는 자격증과 관련된 자국의 규정 및 요건을 비교하여[89] 주재국과 다른 회원국 양자가 대등하다고 인정되는 경우, 회원국들은 다른 회원국 국적자의 지식이나 자격증도 동등하게 인정해 주어야 한다.[90] 따라서 관련 학위(diplomas)도 동등하게 인정되어야 할 것이다.[91] 다만 이들 학위를 평가함에 있어서 그 동등성의 판단은 학위취득을 위하여 당사자가 그동안 행한 연구 및 실무업적의 기간과 그 성질을 고려하여 당사자가 갖는 지식과 자격의 정도에 비추어 평가되어야 할 것이다.[92]

3) 평가

이 사례는 이탈리아 국내법 적용을 주장하는 측과 EC조약 제43조(TFEU 제49조)에 의거하여 자신의 권리를 주장하는 측의 사실관계가 얽혀 있는 분쟁이다. 이탈리아 국내에서 시행되고 있던 법과 새로 체결된 EC조약 사이의 모순 그리고 양 법규가 추구하는 목표(입법취지) 사이에 차이가 있었던 것으로 볼 수 있다. 그런데 이탈리아 국내법은 근본적으로 다른 회원국의 국민이 자국에서 변호사 활동을 하는 것을 사실상 금지하고 있었고, 변호사협회와 같은 전문가협회에의 가입은 이탈리아 국적을 가져야만 가능하도록 하고 있는데 이는 개업의 자유를 위한 일반적 조건은 될 수는 있으나, 이러한 가입이 '개업의 자유'를 위한 '필수 요건'은 될 수 없는 것이다. 다

---

89) Case C-340/89, *Vlassopoulou v Ministerium für Justiz, Bundes-und Europaangelegenheiten Baden-Württemberg*, [1991] ECR Ⅰ-2357, para.16.

90) Case C-55/94, *Gebhard*, [1995] ECR Ⅰ-4165, para.38.

91) Case C-71/76, *Thieffry v Conseil de l'Ordre des Avocats à la Cour de Paris(The Paris Bar Council)*, [1977] ECR 765, paras.19, 27 참조.

92) Case 222/86, *UNECTEF v. Heylens*, [1987] ECR 4097, para.13.

만 '변호사'의 경우 개업을 위하여 다른 회원국의 변호사협회에 가입하도록
요구하는 것은 변호사윤리의 준수 확보를 위하여 필요하고, 또한 필요한
경우 변호사의 활동을 규제하거나 징계할 수 있으므로 일면으로는 가능하
다고 볼 수는 있을 것이다. 그리고 필요한 경우 다른 회원국 국적자가 소
지하고 있는 지식 또는 자격증과 관련된 자국의 규정 및 요건을 비교하여
주재국과 다른 회원국 양자가 대등하다고 인정되는 경우, 회원국들은 그동
안 행한 연구 및 실무업적의 기간과 그 성질을 고려하여 다른 회원국 국적
자의 지식이나 자격증도 동등하게 인정해 주어야 할 것이다. 궁극적으로
ECJ는 이 사건 판결에서 EU회원국에서 활동하는 변호사와 같은 전문직
종사자의 권리를 인정하였지만, 변호사윤리와 같은 그들이 반드시 수행해
야 하는 의무도 정확히 명시하였다.

Ⅳ. 결언

　체약국들 간 FTA체제하에서는 일단 궁극적으로 또는 장기적으로 '국적'
으로 인한 차별 문제가 해결되게 된다. 따라서 한·EU FTA하에서는 법률
서비스 시장의 개방에 따라 EU시민권자들의 한국시장으로의 진출이 있을
것이고, 반대로 한국 국적자의 EU시장으로의 진출이 있을 것이다. 또한 한·EU
간에는 EC조약 제43조(TFEU 제49조) 및 이하 규정에서의 지침과 상호
인준이라는 법과 제도와 같은 효력을 갖는 협정상의 내용을 통하여 상호간
의 지식이나 자격을 인정하게 되는 경우, 양 당사자 간의 시장질서는 보다
활성화될 것이다. 이렇게 되면 양 당사자 간의 법률분쟁을 해결하기 위한

변호사의 활동이 활발해지고 상호 변호사 활동의 교류가 증대될 것이다. 어떤 면에서는 거대 EU시장에 대한 한국 국적자의 변호사 개업이 증대될 것으로 예상되므로, 한국 측에 보다 유리한 결과를 가져오지 않나 하는 생각이다. 다만 양 당사국의 변호사 법률서비스제공의 질적 차원에서는 개별 변호사의 능력에 달려 있다고 보아야 하므로, EU가 지리적으로 거대하다고 하여 한국의 EU진출이 반드시 유리한 것만은 아니라고 할 수 있다. 오히려 지역통합질서에서 모델이 되고 있는 EU회원국들의 변호사들의 자질이 공동시장 질서를 이미 경험한 바가 있기 때문에 비교우위에 있다고 볼 수도 있고, 이렇게 되면 한국 국적자의 변호사 사무소에 적잖은 타격이 될 수도 있다. 따라서 한국은 EU법에도 해박한 전문변호사 양성에 보다 심혈을 기울일 필요가 있다고 할 수 있다. 또한 EU는 회원국의 사정에 따라 법률서비스 시장의 개방에 대하여 유보를 할 수 있기 때문에 이를 유념해야 할 것이다.

또한 *Reyners* 사건에서 살펴본 바와 같이, EU에서의 일반적인 변호사 활동은 '국가의 공무수행과는 무관'하다고 할 수 있으므로 법률서비스 시장을 개방하는 경우 양 당사국은 개업 자유의 예외로서 국적을 근거로 상대방 국적자를 차별적으로 규율할 수 없다. 다만 EC조약 제45조(TFEU 제51조)의 첫 단락에 따라 회원국들은 제43조(TFEU 제49조)에 규정된 자영업자로서의 활동들 중 일부가 특히 '실제적이고 직접적으로' 당사국의 공권력 집행과 관련이 있는 작용을 하는 경우에 외국인들에 대한 개업의 자유를 제한할 수 있다. 그리고 *Klopp* 사건에서 살펴본 바와 같이, 프랑스가 주장하듯 비록 지방법원 관할하의 한 장소에서만 변호사 사무소를 설치하고 활동하는 것이 국내법원(국내사법당국)과 고객의 편의를 도모하고 변호사의 성실한 업무수행을 위해서 필요하다고 할지라도, 이로써 변호사 개업의 자유에 대한 제한을 정당화할 수는 없는 것이다. 따라서 변호사사무소를 타회원국의 지방법원 관할하의 '오직 한 장소'에서만 설치하도록 한 프랑스 국내법은 EC조약 제43(TFEU 제49조)조의 위반이라고 할 수 있으므로, 다른 회원국의 국적자는 이미 설치한 자국 내의 사무소를 포기할 필요가 없으며, EU 내에 하나의 변호사사무소를 설치해야 하는 것도 아니다. EU 내에서는 원하는 곳에서 원하는 만큼의 변호사사무소를 설치하여 활동할 수 있는 것이다. 그리고 두 번째 사무소의 설치 및 존재가 변호사 직업상의 윤리규칙을 해하지도 않는다고 할 수 있다. 또한 *Gebhard* 사건에서 살펴본 바와 같이, 변호사협회와 같은 전문가협회의 회원 가입은 이탈리아 국적을 가져야만 가능하도록 하고 있는데, 이는 개업의 자유를 위한 일반적 조건은 될 수는 있으나, 이러한 '협회 회원 가입'이 개업의 자유를 위한 '필수 요건'은 될 수 없게 되었다. 그리고 필요한 경우 다른 회원국 국적자가 소지하고 있는 지식 또는 자격증과 관련된 자국의 규정 및 요건을 비교하여 주재국과 다른 회원국 양자가 대등하다고 인정되는 경우, 회원국들은 그동안 행한 연구 및 실무업적의 기간과 그 성질을 고려하여 다른 회원국 국적자의 지식이나 자격증도 동등하게 인정하게 되었다. 이러한 ECJ의 판례 태도는 한·EU FTA에 있어서 장차 고려되어야 할 법률서비스시장의 개방정책과 관계되므로, 관련 사안들이 EU법률서비스시장으로의 진출을 목표로 하고 있는 관련 법조인들에게 부여하는 의미가 적지 않다고 할 수 있다.

경제통합 중에서도 상당한 발전·양상에 해당하는 공동시장체제에 비하여 FTA는 경제통합의 가장 초기단계 형태에 해당하기 때문에, EU도 초기에는 자신의 역내질서 수준인 공동시장법제 수준으로까지는 한국에 요구하지 못할 것이다. 그러나 한·EU FTA의 향후 활성화 및 발전 정도에 따라 시장개방의 수준은 높아질 것이고, 이렇게 되면 경제통합에 있어서 성숙된 틀을 갖추고 있는 EU가 한국보다 강한 협상력을 가질 수 있고, 보다 유리한 위치에서 자신의 요구수준을 관철시킬 수도 있을 것이다. 뿐만 아니라 EU는 27개 회원국을 대변하여 협상에 임하고 있기 때문에 일개 국가인 한국의 입장에서는 면밀한 준비를 통하여 '지역통합체 대 지역통합체'가 아닌 '지역통합체 대 (하나의) 국가'가 협상에 임할 때 갖게 되는 한계를 극복할 수 있도록 노려해야 할 것이다. 중요한 점은 한·EU FTA시대에 EU는 상당한 수준의 '관세철폐'와 '내국민 대우'를 요구할 것이라는 점이다. 또한 협정의 구체적 내용에 있어서도 네거티브방식으로 한국시장을 공략할 것으로 보인다. 또한 한국의 비관세 장벽, 즉 여러 규제들을 완화하거나 제거하도록 요청할 것이고, 나아가 점차 초기의 과도기적 조치가 사라질 것이고, 또한 세이프가드 조치를 취할 수 있는 경우와 그 범위도 축소될 것으로 예상되므로 철저한 준비가 필요하다고 할 수 있다.

끝으로 EU는 이미 50년 이상의 역사를 통하여 경제통합의 역내질서에 관한 분쟁해결에 대한 노하우가 상당히 축적된 상태이기 때문에, 한국으로서는 FTA체제하 EU와의 마찰이나 분쟁에 있어서 부담을 가질 수도 있다. 따라서 한국으로서도 이 글에서 살펴본 변호사의 개업 자유(개업권)라고 하는 특정된 영역뿐만 아니라, EU공동시장 법제와 판례에 대한 전반적인 이해가 필요하다고 할 수 있다. 여기서 한 가지 더 고려할 것은, EU에서 운영되어 온 에라스무스 프로그램(Erasmus programme)인데, 이 프로그램은 1987년부터 시작된 EU의 학생교환 프로그램(일종의 자유로운 인적 교류

프로그램으로서의 대학 통합교육 프로그램)으로 점차 교수, 대학행정요원 등의 교류로 확대되었다. 이 프로그램(제도)은 15세기 네덜란드 출신의 철학, 신학, 인문학자인 '에라스무스'(1466~1536)의 이름을 사용한 것으로 역내 자유로운 인적 교류로 유럽통합의 기반을 마련하기도 하였다. 이 학생교환 프로그램에 의하면 교환의 양쪽에서 모두 자격(학위 등)을 인정받을 수 있기 때문에 역내 취업에 있어서 유리한 입지를 확보할 수 있게 된다. 유럽에서는 이 같은 대학 간 학생교환 프로그램이 EU 차원에서 제도적으로 시행되어 왔다. 유럽통합을 위해서는 1992년 EU가 창설되기 이전에 이미 향후 자유로운 인적 이동이 필수적이라는 판단 아래 장차 국경 없는 취업과 경제활동의 토대를 만들자는 취지였다. 에라스무스 참가절차는 그리 어려운 것만은 아닌데, 대상국 가운데 자신이 원하는 나라·학교·학과를 확인한 뒤 신청하면 선착순으로 접수되는 것이 일반적이다. EU는 1995년부터 에라스무스 프로그램을 유치원부터 대학원 이상까지 모든 교육기관의 학생·교사·교수·행정요원의 국가 간 상호 교류로 확대한 소크라테스(SOCRATES) 프로그램으로 확대 시행한 바 있다. 이러한 에라스무스 프로그램은 EU의 미래를 짊어질 젊은 인재들, 특히 대학생들의 대내적 기반을 다짐과 아울러 대외적 경쟁력을 향상시키는 데도 중요한 역할을 하고 있는 것이다. 이러한 토대는 장차 한·EU FTA시대를 맞이하여 EU의 인적 인프라를 구축하는 데 중요한 기초가 될 것이고, 한국으로서는 각종 사안에 있어서 이러한 프로그램을 경험한 유능한 EU 측 담당자를 상대할 수도 있을 것이다. 따라서 한국으로서는 더더욱 EU법에 해박한 변호사 등 EU법 전문가 양성에 관심을 가져야 할 것이다.

제9장 한·EU FTA의 이해

Ⅰ. WTO체제하에서의 FTA 실현

현재 국제통상에 있어서 세계무역기구(World Trade Organization: WTO)를 통한 다자간체제와 함께 자유무역협정(Free Trade Agreement: FTA)을 통한 국제통상은 보편적인 세계적 현상이며, 이러한 흐름 속에서 한·EU FTA 체결 협상이 타결되어 2009년 10월 15일 벨기에 브뤼셀에서 가서명되었다. 지역적 차원의 경제협력은 다자조약체제와 상충되는 것이 아니며, WTO는 관세 및 무역에 관한 일반협정(General Agreement on Tariffs and Trade, 1994: 1994년의 GATT) 제24조에 근거하여 FTA 등 지역경제협력이 국제경제질서에 있어서 시장자유화에 기여한다고 판단하고 있다.

그런데 오늘날에는 FTA가 단순히 '관세철폐'에 그치지 아니하고, '역내시장'의 경제활동에 중요한 영향을 미치는 '노동, 서비스, 투자, 환경' 등 다양한 분야에 이르기까지 세부적으로 협상이 진행되고 있다. 이처럼 한·EU FTA 체결은 '역내시장'에서 '무역 및 투자의 증가, 고용창출 및 산업경쟁력 강화를 통한 경제성장' 등 다양한 측면에서 경제적 파급효과를 기대할 수 있다.

Ⅱ. EU의 FTA정책의 법적 기초

EU의 FTA정책은 EC조약규정(제131조～제134조, TFEU 제206조～제207조) 등에 기초한 '공동통상정책'을 기반으로 추진되고 있다. EC조약 131조(TFEU 제206조)에 따라 EU는 세계경제질서의 기조 아래 대내적으로는 EU회원국들의 무역정책 및 법률의 조화를 통하여 단일시장의 원활한 운영을 제도적으로 구비하고, 대외적으로는 역외국가와 효과적인 경제관계를 유지·발전시킴으로써 EU회원국들의 협상력 제고와 경제적 이익을 도모하고 있는 것이다. EU는 공동통상정책의 틀을 기초로 반덤핑, 반보조금, 세이프가드 및 무역장벽제거 등의 이사회 규칙에 근거하여 EU의 대외무역관계에 적용되는 무역정책의 법제도적 근거를 제공하여 회원국들의 이해관계를 보조하고 있다. EU 내 회원국마다 상이하게 적용되었던 무역정책을 EU 차원에서 단일화해 통일적으로 적용하고 있으며, 경제통합의 규모가 커지면서 그 공동통상정책의 적용 영역도 확대되고 있다.

그러므로 한·EU FTA에서도 이러한 내용이 반영되어 우리나라 정부에 EU역내시장 수준의 개방을 점차 요구할 것이고, 우리나라 정부로서는 EU 공동시장 법제와 주요 판례에 관한 분석과 검토가 더욱 절실히 필요한 상황이라고 할 수 있다. 협상의 상대방을 이해하는 데 있어서 상대방의 법제도적 측면을 이해하는 것만큼 빠르고 합리적인 방법도 드물 것이다. 양 당사자 간 다양한 분야에서의 시장개방 내용은 한·EU FTA의 초기에서든 지 아니면 차후 연도의 협상에서든지 요구되어 적용될 수 있다.

Ⅲ. 한·EU FTA에 대한 EU의 전략

EU는 외부적으로는 세계무역기구(WTO)를 통한 다자주의를 지향하면서 내부적으로는 동유럽 국가들의 EU신규가입을 통하여 EU의 영역을 확대하였다. 국제사회가 WTO를 통한 다자주의에 있어서 한계를 갖고 있고, EU 신규회원국들의 가입도 어느 정도 마무리되어 가고 있는 현재, EU의 장기 발전전략은 여전히 '시장 확대'(역외 시장접근)에 맞추어져 있다고 볼 수 있다. 단지 시장 확대의 초점이 동유럽에서 세계시장에 대한 선택적 양자 주의, 즉 '자유무역협정(FTA)'과 같은 상호 시장개방을 통한 확대로 전환 되고 있다고 볼 수 있고, EU가 한국, 동남아시아국가연합(ASEAN), 인도 등과의 FTA에 관심을 갖는 이유도 같은 맥락이라고 할 수 있다. 범유럽적 통합을 달성한 EU로서는 이제 시야를 EU 외부로 더욱 넓힐 수 있게 된 것이다.

그런데 EU가 교역규모가 더 큰 미국, 일본, 중국이 아닌 한국과 FTA를 선 대상으로 삼은 이유에 대하여 살펴볼 필요가 있다. 그 이유는 첫째, EU 는 WTO체제 수준의 규범을 잘 준수하려는 국제사회의 구성원인 국가와 통상관계를 맺기 원하며, 이러한 국가들과 '관세 및 비관세장벽'을 초월한 더 높은 단계(수준)의 통상관계를 맺기를 원한다는 것이다. 이는 EU가 WTO창설에 적극적이었던 배경과도 맥을 같이한다. EU는 당연히 EU와의 교역규모나 시장잠재력이 비교적 큰 국가라는 점 외에도 EU와의 통상 분쟁이 감소하고 있는 국가에 관심이 있다고 할 수 있다. EU는 중국과의 관계에서는 통상 분쟁의 증대와 시장잠식에 대한 우려가 있다. 둘째, EU는 세계시장에서의 표준화경쟁에서 EU표준의 우위를 확보하는 데 우리나라가 도움이 될 수 있다고 판단하고 있다. 미국, 일본은 EU의 입장에서 보면 과학 및 기술 표준화에 있어서 경쟁관계에 있는 국가들이라고 볼 수 있다. 실제로 전기, 자동차, 정밀기계 등 다양한 분야에서 미국, 일본, EU는 국제사회에서 넓은 소비시장과 선진기술을 갖추어 세계시장의 표준을 선점하기 위하여 치열한 경쟁을 벌여 왔다. 그런데 서로 대등한 세력 간 경쟁이 예상되는 분야에서는 우리나라와 같이 신속하게 첨단기술을 상품화하는 국가와 '과학 및 기술 표준화'에 합의하는 것이 국제표준의 선점을 위해서도 중요하다고 할 수 있고, 이는 국제통상에 있어서도 매력적이라고 할 수 있다. 무엇보다 정치, 경제, 사회, 문화적으로 비교적 안정적이며 장차 영향력을 발휘할 국가로 우리나라를 선택했다고 볼 수 있다. 특히 미국경제가 점차 둔화될 가능성에 대비하면서도 중국경제 성장에 대비하여 우리나라를 주목했을 가능성이 크다고 할 수 있다. 장기적으로는 한반도통일을 통한 동북아경제시장 또는 동아시아경제시장의 허브(hub)로 우리나라를 주목하고 있다고 볼 수도 있다.

Ⅳ. EU가 원하는 한·EU FTA의 경제통합수준

EU가 생각하는 FTA의 경제통합수준은 EU와 같은 '단일시장'보다는 낮고 다자주의체제에 의한 'WTO'의 개방보다는 높은 수준이라고 할 수 있다. 이는 EU가 WTO창설에 적극적이었던 점과 EU공동시장을 설립한 점을 통해 알 수 있다. 여기에서 EU와 같은 수준의 '단일시장'이란, 여러 기술 표준화, 경쟁의 원칙, 환경기준, 국가보조금 등에 있어서 모든 규정이 모든 회원국들에게 동일하게 적용되는 것을 말한다. 한편 'WTO의 개방 수준'이란, 주로 '상품시장'의 자유화를 중심으로 하는 시장의 개방(시장접근)을 의미한다. 그런데 과거보다 한층 강화된 '신세대 FTA'란, 바로 상대방에 대한 '시장접근'(market access)의 개선을 통상협상의 최우선 목표로 삼는 것이고, 따라서 EU도 통상협상의 상대방에 대하여 기존의 단순한 '관세율 인하'로 해결할 수 없는 상대방의 '위생 및 검역기준', '환경보호 기준' 또는 '상거래관행' 등 다양한 '비관세장벽' 문제를 해결하기를 원하고 있는 것이다. 즉 시장접근을 용이하게 하기 위하여 비관세장벽들을 제거하는 것이 통상협상의 주요 쟁점 사항이자 목표라고 할 수 있을 것이다.

따라서 EU기업들에게 불리한 경쟁조건이 될 수 있는 FTA 상대방 국가의 '상이한 제도'가 국제통상관계에서 쟁점 사안이 될 수 있다. 우리나라의 경우에는 그동안 WTO에서 수차례 제기되었던 '국가보조금'(state aid) 문제, EU기업들보다 낮은 '환경기준' 문제가 EU기업과 우리나라 기업 간의 '공정한 경쟁'을 방해하는 요인으로 지적될 가능성이 있다. 이는 오늘날 국제사회에서 환경과 에너지, 식품안전 기준에 대한 관심이 점점 증대되는 것과 맥을 같이한다고 볼 수 있다. EU의 경우 자신들의 '공정한 경쟁정책'을 위하여 공공금융기관이 민간 기업에 대해 지원하는 것을 금지하고 있기 때문에, 우리나라의 산업은행, 수출입은행, 기업은행, 수출보험공사 등이 공적 신용을 기반으로 저리로 민간 기업에 대출하거나 수출신용을 제공하는 경우에 이것이 문제가 될 수 있다. 또한 G20 등 국제사회에서 많은 관심을 갖기 시작한 환경문제와 관련된, 교토의정서(Kyoto Protocol)에 의한 이산화탄소 배출권 부담이 EU기업들에게만 적용되는 경우, 이는 EU 역내기업과 역외기업 간의 역차별이 발생할 가능성이 있기 때문에, EU는 우리나라 기업들에게도 추가적인 '환경관련 부담'을 지우거나 또는 최소한 통상협상에서 전략적으로 이를 이용할 수도 있다. 따라서 이제 우리나라도 환경에 대한 법적 규제를 강화하고 환경에 대한 인식을 제고해야 할 것이다.

 이에 대하여 우리나라는 다음과 같은 태도로 대응할 수 있을 것이다. 첫째, 계속해서 발전하고 있는 과학 및 기술의 표준화와 관련해서는 유럽표준과 미국표준 가운데 우리나라 기업들의 연구개발 및 상품화에 있어서 유리한 표준을 채택하는 방향으로 나아가야 하며, 우리나라 정부와 기업들의 이해가 일치하는 방향에서 우리나라의 기술이 국제표준이 될 수 있도록 노력해야 할 것이다. 둘째, 당사자 간 경쟁정책의 이행, 특히 '국가보조금'과 관련해서는 EU의 요구를 무조건 수용할 필요는 없는데, EU 내에서도 여러 정책적 필요에 따라 국가보조금과 관련하여 EU회원국들에게 요구되는 사항들이 완벽하게 이행되지 않고, EU 회원국들의 이해관계에 따라 조정과정을 통해 이행되고 있기 때문에, 우리나라는 우리나라의 국가보조금 관련 제도가 WTO협정 부속서 '보조금협정' 기준을 준수하고 있으면 충분하고, EU회원국들도 다양한 분야에서 '허용가능 보조금'을 지원하고 있다는 사실을 언급해야 할 것이다. 셋째, 오늘날 국제사회에서 큰 관심을 갖고 있는 환경문제에 대해서는 우리나라가 WTO협정 등 환경과 관련된 국제조약상의 국제적 기준과 합의를 이행하고 있으면 충분할 것이다. 나아가 국내 환경관련 산업 자체가 미래의 먹을거리(식품 및 사료 등)와 관련된 부분이기도 하기 때문에, 환경관련 표준에 있어서는 선진국들의 국제적 표준 제정에 공동으로 적극적으로 협력하여, 우리나라의 환경관련 기업들에게도 미래의 관련 산업에 대한 성장가능성을 제고시키는 계기로 삼아야 할 것이다.[1]

V. 한·EU FTA 협상과정

우리나라와 유럽연합(EU)은 1차(2007.5.7.~5.11.: 서울), 2차(2007.7.16.~7.20.: 브뤼셀), 3차(2007.9.17.~9.21.: 브뤼셀), 4차(2007.10.15.~10.19.: 서울), 5차(2007.11.19.~11.23.: 브뤼셀), 6차(2008.1.28.~2.1.: 서울), 7차(2008.5.12.~5.15.: 브뤼셀), 8차(2009.3.23.~3.24.: 서울)[2] FTA협상을

---

1) http://www.lgeri.com 참조; 또한 우리가 한·EU FTA에서 관심을 가져야 할 부분으로 주목받는 분야는 '친환경 EU시장의 개척'을 들 수 있다. 전 세계적으로 식품 등과 관련된 친환경문제가 부각되고 있는 오늘날 EU의 환경관련 제품에 대한 대응으로 이러한 친환경시장을 공략하는 것도 앞으로는 필요할 것이다. 물론 완전한 상품의 자유이동이 처음부터 모든 품목에 적용되는 것은 아니지만, 중·장기적으로는 완전히 자유화될 것이기 때문이다. EU는 기존 15개국에 동유럽 10개국과 루마니아, 불가리아가 추가적으로 가입함으로써 27개국으로 확대되었다. 이제는 동유럽과 서유럽의 구별개념이 사라지고 있는 것이다. 우리나라 정부는 이런 EU와의 FTA를 2010년에 발효시키고자 하고 있다. 또한 녹색성장기본법을 제정하여 친환경정책을 주도적으로 추진하고 있다. 장기적 측면에서 EU에서 환경에너지 관련 각종 규칙과 지침을 제정하고 있는 것을 볼 때, 환경관련 국제기준을 EU가 앞으로 주도해 나갈 것으로 예견되는 만큼, 당장 친환경생산공정의 전면도입 또는 환경규제의 실시를 강력하게 실행할 수는 없다 하더라도 미래를 위하여 중·장기적인 정책을 추진하여 EU의 시장정책에 대응해야 할 것이다.

2) 8차 협상: 약 2개월 전 김종훈 외교통상부 통상교섭본부장과 캐서린 애쉬튼(Catherine Ashton) EU위원회 통상담당 집행위원은 2009년 1월 20일 양측 통상장관회담에서 3월 서울에서 8차 협상을 통해 FTA를 최종 타결할 것을 밝힌 바 있다. 이 과정에는 양측의 수석대표인 이혜민 FTA교섭대표(외교통상부 자유무역협정추진단장)와 이그나시오 가르시아 베르세로(Ignacio Garcia Bercero, EU위원회 통상총국 동아시아국장)가 수석대표회담을 통해 준비에 관여하였다. 이번 통상장관회담에서 난항을 겪은 분야는 '관세 환급'(duty drawback)인데, 이는 원자재(부품)에 대한 수입비중이 높은 우리나라가 이를 수입할 때 부과했던 관세를 제품수출 시 환급해 주는 것을 말한다. 이 관세 환급 문제는 2009년 4월 2일 런던에서 있었던 한·EU통상장관회담에서도 합의에 이르지 못하여 한·EU FTA의 최종타결이 다시 미루어지게 되었던 것이다. 그럼에도 불구하고 양측은 세계경제위기로 보호무역주의가 대두되고 있는 상황에서 여전히 자유무역주의에 의한 해결을 강구하고 있다고 할 수 있었다. 세계경제위기 속에서 수출이 차지하는 비중이 큰 우리나라는 주요 무역 국가들과 FTA를 추진하는 것이 더욱 필요한 상황이

개최하였다. 8차 협상 결과 양측 협상단 차원에서 대부분 핵심 쟁점에 대해 잠정합의에 도달했으나, 관세 환급(duty drawback) 등 미해결 정치적 이슈에 대해서는 이후 추가 실무적 차원에서 합의를 도출한 끝에 2009년 10월 15일 양측이 가서명하게 되었다. 양측은 2010년 비준절차를 거쳐 본 FTA를 발효시킬 예정이다.

EU의 연대기(Chronology of the European Union)

1951.4.18.	파리조약(Treaty of Paris)에 의해 ECSC조약(Treaty Establishing the European Coal and Steel Community) 채택 * 원회원국: 독일, 프랑스, 이탈리아, 베네룩스 3국(벨기에, 네덜란드, 룩셈부르크) * 이사회(Council), 고등관청(High Authority), 의회(Assembly), 법원(Court)의 설립
1952.7.25.	ECSC조약의 발효
1957.3.25.	로마조약(Treaty of Rome)에 의해 EEC조약(Treaty Establishing the European Economic Community)과 EAEC조약(Treaty Establishing the European Atomic Energy Community) 채택 * 이사회(Council), 위원회(Commission), 의회(Assembly), 법원(Court)의 설립 * Convention on certain Institutions common to the three Communities: 단일 의회(a single Assembly)와 단일 법원(a single Court)의 합의
1958.1.1.	EEC조약과 EAEC조약의 발효
1962.3.30.	유럽의회가 Assembly 대신 European Parliament라는 명칭을 사용하기로 결의
1965.4.8.	통합조약(Merger Treaty) 채택(Treaty establishing a Single Council and a Single Commission of the European Communities)
1967.7.1.	통합조약(Merger Treaty) 발효
1968.7.1.	관세동맹(Customs Union) 창설
1972.1.22.	영국, 덴마크, 아일랜드, 노르웨이의 EC서명
1973.1.1.	영국, 덴마크, 아일랜드의 EC가입(노르웨이는 국민투표에서 비준 거부)
1976.9.20.	직접보통선거에 의한 의원선출에 관한 의정서(Act concerning the Election of Representatives of the Assembly by Direct Universal Suffrage) 채택
1979.6.7, 10	유럽의회(European Parliament: EP)의 첫 직접선거 실시
1979.7.17.	유럽의회(European Parliament: EP)의 공식개회
1981.1.1.	그리스의 EC가입
1985.2.1.	그린란드(1973년 1월 1일부터 EC의 회원국이었던 덴마크 영토의 일부였음)의 EC탈퇴
1986.1.1.	스페인, 포르투갈의 EC가입

1986.2.17, 28	단일유럽의정서(Single European Act: SEA) 채택
1987.7.1.	단일유럽의정서(Single European Act: SEA) 발효
1988.10.24.	이사회에 의한 제1심법원(Court of First Instance: CFI) 설립에 관한 결정(Council Decision 88/591) 채택
1989.9.25.	제1심법원(Court of First Instance: CFI) 설치
1989.11.	제1심법원(Court of First Instance: CFI) 직무 개시
1990.10.3.	독일의 통일
1992.2.7.	유럽연합조약(Treaty on European Union: TEU, Maastricht 조약) 채택
1992.5.2.	EEA협정(Agreement on a European Economic Area) 채택
1993.11.1.	유럽연합조약(Treaty on European Union: TEU, Maastricht 조약) 발효
1994.1.1.	EEA협정(Agreement on a European Economic Area) 발효
1995.1.1.	스웨덴, 핀란드, 오스트리아의 EU가입(노르웨이는 국민투표에서 비준 거부)
1997.10.2.	Amsterdam조약(Treaty of Amsterdam amending the Treaty on European Union, the Treaties establishing the European Communities and certain related Acts) 채택
1999.5.1.	Amsterdam조약(Treaty of Amsterdam amending the Treaty on European Union, the Treaties establishing the European Communities and certain related Acts) 발효
2001.2.26.	Nice조약(Treaty of Nice amending the Treaty on European Union, the Treaties establishing the European Communities and certain related Acts) 채택
2002.7.23.	ECSC조약 소멸
2002.7.24.	ECSC 자산과 부채의 EC로의 이전 (ECSC조약 만료의 재정적 결과와 석탄철강 연구기금에 관한 의정서: Protocol on the financial consequences of the expiry of the ECSC Treaty and on the Research Fund for Coal and Steel)
2003.2.1.	Nice조약(Treaty of Nice amending the Treaty on European Union, the Treaties establishing the European Communities and certain related Acts) 발효
2004.5.1.	사이프러스, 몰타, 헝가리, 폴란드, 슬로박공화국, 라트비아, 에스토니아, 리투아니아, 체크공화국, 슬로베니아의 EU가입
2004.10.29.	EU헌법조약(Treaty establishing a Constitution for Europe) 채택
2005.5.29.	EU헌법조약 - 프랑스 국민투표에서 부결
2005.6.1.	EU헌법조약 - 네덜란드 국민투표에서 부결
2007.1.1.	루마니아, 불가리아의 EU가입
2007.12.13.	Lisbon조약(Treaty of Lisbon amending the Treaty on European Union and the Treaty establishing the European Community: the Treaty on European Union and the Treaty on the Functioning of the European Union) 채택

2008.6.13.	Lisbon조약 – 아일랜드 1차 국민투표에서 부결
2009.10.2.	Lisbon조약 – 아일랜드 2차 국민투표에서 가결
2009.10.15.	한 · EU FTA – 벨기에 브뤼셀에서 가서명
2009.12.1.	Lisbon조약(Treaty of Lisbon amending the Treaty on European Union and the Treaty establishing the European Community: the Treaty on European Union and the Treaty on the Functioning of the European Union) 발효

리스본조약에 의한 신구조문 대조표[1)]
(Tables of equivalences)

Treaty on European Union

Old numbering of the Treaty on European Union	New numbering of the Treaty on European Union
TITLE I −. COMMON PROVISIONS	TITLE I −. COMMON PROVISIONS
Article 1	Article 1
	Article 2
Article 2	Article 3
Article 3(repealed)	
	Article 4
	Article 5(2)
Article 4(repealed)	
Article 5(repealed)	
Article 6	Article 6
Article 7	Article 7
	Article 8
TITLE II −. PROVISIONS AMENDING THE TREATY ESTABLISHING THE EUROPEAN ECONOMIC COMMUNITY WITH A VIEW TO ESTABLISHING THE EUROPEAN COMMUNITY	TITLE II −. PROVISIONS ON DEMOCRATIC PRINCIPLES
Article 8(repealed)	Article 9

---

1) Tables of equivalences as referred to in Article 5 of the Treaty of Lisbon. OJ 2008 C115/1.

	Article 10
	Article 11
	Article 12
TITLE Ⅲ-. PROVISIONS AMENDING THE TREATY ESTABLISHING THE EUROPEAN COAL AND STEEL COMMUNITY	TITLE Ⅲ-. PROVISIONS ON THE INSTITUTIONS
Article 9(repealed)	Article 13
	Article 14
	Article 15
	Article 16
	Article 17
	Article 18
	Article 19
TITLE Ⅳ-. PROVISIONS AMENDING THE TREATY ESTABLISHING THE EUROPEAN ATOMIC ENERGY COMMUNITY	TITLE Ⅳ-. PROVISIONS ON ENHANCED COOPERATION
Article 10(repealed) *Articles 27a to 27e(replaced)* *Articles 40 to 40b(replaced)* *Articles 43 to 45(replaced)*	Article 20
TITLE Ⅴ-. PROVISIONS ON A COMMON FOREIGN AND SECURITY POLICY	TITLE Ⅴ-. GENERAL PROVISIONS ON THE UNION'S EXTERNAL ACTION AND SPECIFIC PROVISIONS ON THE COMMON FOREIGN AND SECURITY POLICY
	Chapter 1-. General provisions on the Union's external action
	Article 21
	Article 22
	Chapter 2-. Specific provisions on the common foreign and security policy
	Section 1-. Common provisions
	Article 23
Article 11	Article 24
Article 12	Article 25
Article 13	Article 26
	Article 27

Article 14	Article 28
Article 15	Article 29
Article 22(moved)	Article 30
Article 23(moved)	Article 31
Article 16	Article 32
Article 17(moved)	*Article 42*
Article 18	Article 33
Article 19	Article 34
Article 20	Article 35
Article 21	Article 36
Article 22(moved)	*Article 30*
Article 23(moved)	*Article 31*
Article 24	Article 37
Article 25	Article 38
	Article 39
Article 47(moved)	Article 40
Article 26(repealed)	
Article 27(repealed)	
Article 27a(replaced)	*Article 20*
Article 27b(replaced)	*Article 20*
Article 27c(replaced)	*Article 20*
Article 27d(replaced)	*Article 20*
Article 27e(replaced)	*Article 20*
Article 28	Article 41
	Section 2-. Provisions on the common security and defence policy
Article 17(moved)	Article 42
	Article 43
	Article 44
	Article 45
	Article 46
TITLE VI -. PROVISIONS ON POLICE AND JUDICIAL COOPERATION IN CRIMINAL MATTERS (repealed)	

Article 29(replaced)	
Article 30(replaced)	
Article 31(replaced)	
Article 32(replaced)	
Article 33(replaced)	
Article 34(replaced)	
Article 35(replaced)	
Article 36(replaced)	
Article 37(replaced)	
Article 38(replaced)	
Article 39(replaced)	
Article 40(replaced)	*Article 20*
Article 40 A(replaced)	*Article 20*
Article 40 B(replaced)	*Article 20*
Article 41(repealed)	
Article 42(repealed)	
TITLE Ⅶ –. PROVISIONS ON ENHANCED COOPERATION(replaced)	*TITLE Ⅳ –. PROVISIONS ON ENHANCED COOPERATION*
Article 43(replaced)	*Article 20*
Article 43 A(replaced)	*Article 20*
Article 43 B(replaced)	*Article 20*
Article 44(replaced)	*Article 20*
Article 44 A(replaced)	*Article 20*
Article 45(replaced)	*Article 20*
TITRE Ⅷ –. FINAL PROVISIONS	TITLE Ⅵ –. FINAL PROVISIONS
Article 46(repealed)	
	Article 47
Article 47(replaced)	*Article 40*
Article 48	Article 48
Article 49	Article 49
	Article 50
	Article 51
	Article 52
Article 50(repealed)	

Article 51	Article 53
Article 52	Article 54
Article 53	Article 55

Treaty on the Functioning of the European Union

Old numbering of the Treaty establishing the European Community	New numbering of the Treaty on the Functioning of the European Union
PART ONE −. PRINCIPLES	PART ONE −. PRINCIPLES
Article 1(repealed)	
	Article 1
Article 2(repealed)	
	Title I −. Categories and areas of union competence
	Article 2
	Article 3
	Article 4
	Article 5
	Article 6
	Title II −. Provisions having general application
	Article 7
Article 3, paragraph 1(repealed)	
Article 3, paragraph 2	Article 8
Article 4(moved)	*Article 119*
Article 5(replaced)	
	Article 9
	Article 10
Article 6	Article 11
Article 153, paragraph 2(moved)	Article 12
	Article 13
Article 7(repealed)	
Article 8(repealed)	

Article 9(repealed)	
Article 10(repealed)	
Article 11(repealed)	*Articles 326 to 334*
Article 11a(replaced)	*Articles 326 to 334*
Article 12(repealed)	*Article 18*
Article 13(moved)	*Article 19*
Article 14(moved)	*Article 26*
Article 15(moved)	*Article 27*
Article 16	Article 14
Article 255(moved)	Article 15
Article 286(moved)	Article 16
	Article 17
PART TWO −. CITIZENSHIP OF THE UNION	PART TWO −. NON−DISCRIMINATION AND CITIZENSHIP OF THE UNION
Article 12(moved)	Article 18
Article 13(moved)	Article 19
Article 17	Article 20
Article 18	Article 21
Article 19	Article 22
Article 20	Article 23
Article 21	Article 24
Article 22	Article 25
PART THREE −. COMMUNITY POLICIES	PART THREE −. POLICIES AND INTERNAL ACTIONS OF THE UNION
	Title Ⅰ −. The internal market
Article 14(moved)	Article 26
Article 15(moved)	Article 27
Title Ⅰ −. Free movement of goods	Title Ⅱ −. Free movement of goods
Article 23	Article 28
Article 24	Article 29
Chapter 1 −. The customs union	Chapter 1 −. The customs union
Article 25	Article 30
Article 26	Article 31
Article 27	Article 32

Part Three, Title X, Customs cooperation(moved)	Chapter 2－. Customs cooperation
Article 135(moved)	Article 33
Chapter 2－. Prohibition of quantitative restrictions between Member States	Chapter 3－. Prohibition of quantitative restrictions between Member States
Article 28	Article 34
Article 29	Article 35
Article 30	Article 36
Article 31	Article 37
Title Ⅱ－. Agriculture	Title Ⅲ－. Agriculture and fisheries
Article 32	Article 38
Article 33	Article 39
Article 34	Article 40
Article 35	Article 41
Article 36	Article 42
Article 37	Article 43
Article 38	Article 44
Title Ⅲ－. Free movement of persons, services and capital	Title Ⅳ－. Free movement of persons, services and capital
Chapter 1－. Workers	Chapter 1－. Workers
Article 39	Article 45
Article 40	Article 46
Article 41	Article 47
Article 42	Article 48
Chapter 2－. Right of establishment	Chapter 2－. Right of establishment
Article 43	Article 49
Article 44	Article 50
Article 45	Article 51
Article 46	Article 52
Article 47	Article 53
Article 48	Article 54
Article 294(moved)	Article 55
Chapter 3－. Services	Chapter 3－. Services
Article 49	Article 56
Article 50	Article 57

Article 51	Article 58
Article 52	Article 59
Article 53	Article 60
Article 54	Article 61
Article 55	Article 62
Chapter 4－. Capital and payments	Chapter 4－. Capital and payments
Article 56	Article 63
Article 57	Article 64
Article 58	Article 65
Article 59	Article 66
Article 60(moved)	*Article 75*
Title Ⅳ－. Visas, asylum, immigration and other policies related to free movement of persons	Title Ⅴ－. Area of freedom, security and justice
	Chapter 1－. General provisions
Article 61	Article 67
	Article 68
	Article 69
	Article 70
	Article 71
Article 64, paragraph 1(replaced)	Article 72
	Article 73
Article 66(replaced)	Article 74
Article 60(moved)	Article 75
	Article 76
	Chapter 2－. Policies on border checks, asylum and immigration
Article 62	Article 77
Article 63, points 1 et 2, and Article 64, paragraph 2	Article 78
Article 63, points 3 and 4	Article 79
	Article 80
Article 64, paragraph 1(replaced)	*Article 72*
	Chapter 3－. Judicial cooperation in civil matters
Article 65	Article 81

Article 66(repealed)	*Article 74*
Article 67(repealed)	
Article 68(repealed)	
Article 69(repealed)	
	Chapter 4−. Judicial cooperation in criminal matters
	Article 82
	Article 83
	Article 84
	Article 85
	Article 86
	Chapter 5−. Police cooperation
	Article 87
	Article 88
	Article 89
Title VI−. Transport	Title VI−. Transport
Article 70	Article 90
Article 71	Article 91
Article 72	Article 92
Article 73	Article 93
Article 74	Article 94
Article 75	Article 95
Article 76	Article 96
Article 77	Article 97
Article 78	Article 98
Article 79	Article 99
Article 80	Article 100
Title VI−. Common rules on competition, taxation and approximation of laws	Title VI−. Common rules on competition, taxation and approximation of laws
Chapter 1−. Rules on competition	Chapter 1−. Rules on competition
Section 1−. Rules applying to undertakings	Section 1−. Rules applying to undertakings
Article 81	Article 101
Article 82	Article 102

Article 83	Article 103
Article 84	Article 104
Article 85	Article 105
Article 86	Article 106
Section 2 −. Aids granted by States	Section 2 −. Aids granted by States
Article 87	Article 107
Article 88	Article 108
Article 89	Article 109
Chapter 2 −. Tax provisions	Chapter 2 −. Tax provisions
Article 90	Article 110
Article 91	Article 111
Article 92	Article 112
Article 93	Article 113
Chapter 3 −. Approximation of laws	Chapter 3 −. Approximation of laws
Article 95(moved)	Article 114
Article 94(moved)	Article 115
Article 96	Article 116
Article 97	Article 117
	Article 118
Title Ⅶ −. Economic and monetary policy	Title Ⅶ −. Economic and monetary policy
Article 4(moved)	Article 119
Chapter 1 −. Economic policy	Chapter 1 −. Economic policy
Article 98	Article 120
Article 99	Article 121
Article 100	Article 122
Article 101	Article 123
Article 102	Article 124
Article 103	Article 125
Article 104	Article 126
Chapter 2 −. monetary policy	Chapter 2 −. monetary policy
Article 105	Article 127
Article 106	Article 128
Article 107	Article 129
Article 108	Article 130

Article 109	Article 131
Article 110	Article 132
Article 111, paragraphs 1 to 3 and 5(moved)	*Article 219*
Article 111, paragraph 4(moved)	*Article 138*
	Article 133
Chapter 3-. Institutional provisions	Chapter 3-. Institutional provisions
Article 112(moved)	*Article 283*
Article 113(moved)	*Article 284*
Article 114	Article 134
Article 115	Article 135
	Chapter 4-. Provisions specific to Member States whose currency is the euro
	Article 136
	Article 137
Article 111, paragraph 4(moved)	Article 138
Chapter 4-. Transitional provisions	Chapter 5-. Transitional provisions
Article 116(repealed)	
	Article 139
Article 117, paragraphs 1, 2, sixth indent, and 3 to 9(repealed)	
Article 117, paragraph 2, first five indents(moved)	*Article 141, paragraph 2*
Article 121, paragraph 1(moved) *Article 122, paragraph 2, second sentence(moved)* *Article 123, paragraph 5(moved)*	Article 140
Article 118(repealed)	
Article 123, paragraph 3(moved) *Article 117, paragraph 2, first five indents(moved)*	Article 141
Article 124, paragraph 1(moved)	Article 142
Article 119	Article 143
Article 120	Article 144
Article 121, paragraph 1(moved)	*Article 140, paragraph 1*
Article 121, paragraphs 2 to 4(repealed)	

Article 122, paragraphs 1, 2, first sentence, 3, 4, 5 and 6(repealed)	
Article 122, paragraph 2, second sentence(moved)	*Article 140, paragraph 2, first subparagraph*
Article 123, paragraphs 1, 2 and 4(repealed)	
Article 123, paragraph 3(moved)	*Article 141, paragraph 1*
Article 123, paragraph 5(moved)	*Article 140, paragraph 3*
Article 124, paragraph 1(moved)	*Article 142*
Article 124, paragraph 2(repealed)	
Title Ⅷ－. Employment	Title Ⅸ－. Employment
Article 125	Article 145
Article 126	Article 146
Article 127	Article 147
Article 128	Article 148
Article 129	Article 149
Article 130	Article 150
Title Ⅸ－. Common commercial policy(moved)	*Part Five, Title Ⅱ, common commercial policy*
Article 131(moved)	*Article 206*
Article 132(repealed)	
Article 133(moved)	*Article 207*
Article 134(repealed)	
Title Ⅹ－. Customs cooperation(moved)	Part Three, Title Ⅱ, Chapter 2, Customs cooperation
Article 135(moved)	*Article 33*
Title－. Social policy, education, vocational training and youth	Title Ⅹ－. Social policy
Chapter 1－. social provisions(repealed)	
Article 136	Article 151
	Article 152
Article 137	Article 153
Article 138	Article 154
Article 139	Article 155
Article 140	Article 156
Article 141	Article 157
Article 142	Article 158

Article 143	Article 159
Article 144	Article 160
Article 145	Article 161
Chapter 2 −. The European Social Fund	Title −. The European Social Fund
Article 146	Article 162
Article 147	Article 163
Article 148	Article 164
Chapter 3 −. Education, vocational training and youth	Title −. Education, vocational training, youth and sport
Article 149	Article 165
Article 150	Article 166
Title −. Culture	Title XIII −. Culture
Article 151	Article 167
Title XIII −. Public health	Title XIV −. Public health
Article 152	Article 168
Title XIV −. Consumer protection	Title XV −. Consumer protection
Article 153, paragraphs 1, 3, 4 and 5	Article 169
Article 153, paragraph 2(moved)	*Article 12*
Title XV −. Trans −. European networks	Title XVI −. Trans −. European networks
Article 154	Article 170
Article 155	Article 171
Article 156	Article 172
Title XVI −. Industry	Title XVII −. Industry
Article 157	Article 173
Title XVII −. Economic and social cohesion	Title XVIII −. Economic, social and territorial cohesion
Article 158	Article 174
Article 159	Article 175
Article 160	Article 176
Article 161	Article 177
Article 162	Article 178
Title XVIII −. Research and technological development	Title XIX −. Research and technological development and space
Article 163	Article 179

Article 164	Article 180
Article 165	Article 181
Article 166	Article 182
Article 167	Article 183
Article 168	Article 184
Article 169	Article 185
Article 170	Article 186
Article 171	Article 187
Article 172	Article 188
	Article 189
Article 173	Article 190
Title XIX－. Environment	Title XX－. Environment
Article 174	Article 191
Article 175	Article 192
Article 176	Article 193
	Titre XXI－. Energy
	Article 194
	Title XXII－. Tourism
	Article 195
	Title XXIII－. Civil protection
	Article 196
	Title XXIV－. Administrative cooperation
	Article 197
Title XX－. Development cooperation(moved)	Part Five, Title Ⅲ, Chapter 1, Development cooperation
Article 177(moved)	*Article 208*
Article 178(repealed)	
Article 179(moved)	*Article 209*
Article 180(moved)	*Article 210*
Article 181(moved)	*Article 211*
Title XXI－. Economic, financial and technical cooperation with third countries(moved)	*Part Five, Title Ⅲ, Chapter 2, Economic, financial and technical cooperation with third countries*
Article 181a(moved)	*Article 212*

PART FOUR－. ASSOCIATION OF THE OVERSEAS COUNTRIES AND TERRITORIES	PART FOUR－. ASSOCIATION OF THE OVERSEAS COUNTRIES AND TERRITORIES
Article 182	Article 198
Article 183	Article 199
Article 184	Article 200
Article 185	Article 201
Article 186	Article 202
Article 187	Article 203
Article 188	Article 204
	PART FIVE－. EXTERNAL ACTION BY THE UNION
	Title Ⅰ－. General provisions on the union's external action
	Article 205
Part Three, Title Ⅸ, Common commercial policy(moved)	Title Ⅱ－. Common commercial policy
Article 131(moved)	Article 206
Article 133(moved)	Article 207
	Title Ⅲ－. Cooperation with third countries and humanitarian aid
Part Three, Title XX, Development cooperation(moved)	Chapter 1－. development cooperation
Article 177(moved)	Article 208
Article 179(moved)	Article 209
Article 180(moved)	Article 210
Article 181(moved)	Article 211
Part Three, Title XX, Economic, financial and technical cooperation with third countries(moved)	Chapter 2－. Economic, financial and technical cooperation with third countries
Article 181a(moved)	Article 212
	Article 213
	Chapter 3－. Humanitarian aid
	Article 214
	Title Ⅳ－. Restrictive measures
Article 301(replaced)	Article 215
	Title Ⅴ－. International agreements

	Article 216
Article 310(moved)	Article 217
Article 300(replaced)	Article 218
Article 111, paragraphs 1 to 3 and 5(moved)	Article 219
	Title Ⅵ −. The Union's relations with international organisations and third countries and the Union delegations
Articles 302 to 304(replaced)	Article 220
	Article 221
	Title Ⅶ −. Solidarity clause
	Article 222
PART FIVE −. INSTITUTIONS OF THE COMMUNITY	PART SIX −. INSTITUTIONAL AND FINANCIAL PROVISIONS
Title Ⅰ −. Institutional provisions	Title Ⅰ −. Institutional provisions
Chapter 1 −. The institutions	Chapter 1 −. The institutions
Section 1 −. The European Parliament	Section 1 −. The European Parliament
Article 189(repealed)	
Article 190, paragraphs 1 to 3(repealed)	
Article 190, paragraphs 4 and 5	Article 223
Article 191, first paragraph(repealed)	
Article 191, second paragraph	Article 224
Article 192, first paragraph(repealed)	
Article 192, second paragraph	Article 225
Article 193	Article 226
Article 194	Article 227
Article 195	Article 228
Article 196	Article 229
Article 197, first paragraph(repealed)	
Article 197, second, third and fourth paragraphs	Article 230
Article 198	Article 231
Article 199	Article 232
Article 200	Article 233
Article 201	Article 234
	Section 2 −. The European Council

	Article 235
	Article 236
Section 2－. The Council	Section 3－. The Council
Article 202(repealed)	
Article 203(repealed)	
Article 204	Article 237
Article 205, paragraphs 2 and 4(repealed)	
Article 205, paragraphs 1 and 3	Article 238
Article 206	Article 239
Article 207	Article 240
Article 208	Article 241
Article 209	Article 242
Article 210	Article 243
Section 3－. The Commission	Section 4－. The Commission
Article 211(repealed)	
	Article 244
Article 212(moved)	*Article 249, paragraph 2*
Article 213	Article 245
Article 214(repealed)	
Article 215	Article 246
Article 216	Article 247
Article 217, paragraphs 1, 3 and 4(repealed)	
Article 217, paragraph 2	Article 148
Article 218, paragraph 1(repealed)	
Article 218, paragraph 2	Article 249
Article 219	Article 250
Section 4－. The Court of Justice	Section 5－. The Court of Justice of the European Union
Article 220(repealed)	
Article 221, first paragraph(repealed)	
Article 221, second and third paragraphs	Article 251
Article 222	Article 252
Article 223	Article 253
Article 224	Article 254

	Article 255
Article 225	Article 256
Article 225a	Article 257
Article 226	Article 258
Article 227	Article 259
Article 228	Article 260
Article 229	Article 261
Article 229a	Article 262
Article 230	Article 263
Article 231	Article 264
Article 232	Article 265
Article 233	Article 266
Article 234	Article 267
Article 235	Article 268
	Article 269
Article 236	Article 270
Article 237	Article 271
Article 238	Article 272
Article 239	Article 273
Article 240	Article 274
	Article 275
	Article 276
Article 241	Article 277
Article 242	Article 278
Article 243	Article 279
Article 244	Article 280
Article 245	Article 281
	Section 6-. The European Central Bank
	Article 282
Article 112(moved)	Article 283
Article 113(moved)	Article 284
Section 5-. The Court of Auditors	Section 7-. The Court of Auditors
Article 246	Article 285
Article 247	Article 286

Article 248	Article 287
Chapter 2 -. Provisions common to several institutions	Chapter 2 -. Legal acts of the Union, adoption procedures and other provisions
	Section 1 -. The legal acts of the Union
Article 249	Article 288
	Article 289
	Article 290
	Article 291
	Article 292
	Section 2 -. Procedures for the adoption of acts and other provisions
Article 250	Article 293
Article 251	Article 294
Article 252(repealed)	
	Article 295
Article 253	Article 296
Article 254	Article 297
	Article 298
Article 255(moved)	*Article 15*
Article 256	Article 299
	Chapter 3 -. The Union's advisory bodies
	Article 300
Chapter 3 -. The Economic and Social Committee	Section 1 -. The Economic and Social Committee
Article 257(repealed)	
Article 258, first, second and fourth paragraphs	Article 301
Article 258, third paragraph(repealed)	
Article 259	Article 302
Article 260	Article 303
Article 261(repealed)	
Article 262	Article 304
Chapter 4 -. The Committee of the Regions	Section 2 -. The Committee of the Regions
Article 263, first and fifth paragraphs(repealed)	
Article 263, second to fourth paragraphs	Article 305
Article 264	Article 306

Articles 11 and 11a(replaced)	Article 328
Articles 11 and 11a(replaced)	Article 329
Articles 11 and 11a(replaced)	Article 330
Articles 11 and 11a(replaced)	Article 331
Articles 11 and 11a(replaced)	Article 332
Articles 11 and 11a(replaced)	Article 333
Articles 11 and 11a(replaced)	Article 334
PART SIX－. GENERAL AND FINAL PROVISIONS	PART SEVEN－. GENERAL AND FINAL PROVISIONS
Article 281(repealed)	
Article 282	Article 335
Article 283	Article 336
Article 284	Article 337
Article 285	Article 338
Article 286(replaced)	*Article 16*
Article 287	Article 339
Article 288	Article 340
Article 289	Article 341
Article 290	Article 342
Article 291	Article 343
Article 292	Article 344
Article 293(repealed)	
Article 294(moved)	*Article 55*
Article 295	Article 345
Article 296	Article 346
Article 297	Article 347
Article 298	Article 348
Article 299, paragraph 1(repealed)	
Article 299, paragraph 2, second, third and fourth subparagraphs	Article 349
Article 299, paragraph 2, first subparagraph, and paragraphs 3 to 6(moved)	*Article 355*
Article 300(replaced)	*Article 218*
Article 301(replaced)	*Article 215*

Article 302(replaced)	*Article 220*
Article 303(replaced)	*Article 220*
Article 304(replaced)	*Article 220*
Article 305(repealed)	
Article 306	Article 350
Article 307	Article 351
Article 308	Article 352
	Article 353
Article 309	Article 354
Article 310(moved)	*Article 217*
Article 311(repealed)	
Article 299, paragraph 2,first subparagraph, and paragraphs 3 to 6(moved)	Article 355
Article 312	Article 356
Final Provisions	
Article 313	Article 357
	Article 358
Article 314(repealed)	

■ 찾아보기

(ㄱ)

가중다수결 : 36

GATT : 119, 233

간접적 차별 : 119~121, 145, 181, 183

감사원 : 35, 38, 41, 81~83, 105, 191

개업 : 7, 64, 105, 106, 148, 156, 191~193, 195, 196, 198~202, 205~214, 216, 218, 220~224, 226, 228, 229, 231

거주권 : 149, 162, 164, 165, 167, 168, 170, 171, 173, 175, 176

경쟁 : 24, 51, 52, 60, 113, 115, 116, 119, 121, 128, 143, 236, 237

경제사회위원회 : 35, 41, 54, 87~89, 92, 105

경제통합 : 6, 23, 32, 33, 215, 230, 231, 234

공공안보 : 122, 140, 144, 163, 170, 171, 175~177, 179, 190

공공정책 : 122, 138, 140, 144, 160, 163, 170, 171, 174~179, 184, 201

공동결정절차 : 57, 61

공동관세 : 33

공동시장 : 6, 24, 28, 32, 48, 52, 106, 107, 110, 111, 122, 143, 144, 147, 148, 157, 158, 181, 192, 193, 195, 198, 202, 208, 229

공동정책 : 27, 28

공익적 관점 : 113, 134, 143

공익적 차원 : 33, 141, 144, 145, 160, 162, 163, 176, 189, 190

공중보건 : 126, 132, 133, 141, 160, 163, 170, 176, 179

관세동맹 : 32, 106, 110, 112, 113, 143, 148, 193, 194, 241

국가연합 : 31

국내법원 : 61, 62, 65~70, 75, 93, 96, 101, 115, 124, 132, 217, 219, 229

국제협정 : 27, 37, 48, 56, 61, 69, 92, 98, 114

기본권 : 28, 75, 99, 149, 150, 161

(ㄴ)

네덜란드 : 33, 64, 148, 183, 202, 205, 210~212, 232, 241, 242

노동자 : 115, 150, 152~157, 173, 174, 184, 192, 196~198, 200, 221

녹색성장 : 239

(ㄷ)

단일시장 : 6, 30, 110, 111, 144, 194,

234, 236

WTO : 56, 109, 110, 145, 188, 193,
194, 233, 235, 237
독일 : 21, 27, 29, 41, 71, 125~128,
148, 151, 181, 197, 205, 210,
214, 216, 220, 226, 241, 242
동등한 효과 : 106, 109, 112~114,
116, 122~125, 127~130, 132,
134~136, 138, 140, 142~145,
181, 192

(ㄹ)

로마조약 : 241
룩셈부르크 : 32, 41, 148, 172, 205,
210, 241
리스본조약 : 5, 6, 27, 32~34, 36~
38, 43, 107, 110, 145, 147~
149, 161, 186, 195, 245

(ㅂ)

법률고문 : 38, 66, 71~74, 76~78,
223
변호사 : 191, 193, 195, 196, 202,
203, 209, 210, 212~221, 224,
226~229, 231, 232
보고담당재판관 : 73, 74
보호적 내국세 : 112, 116~119, 121,
143, 145
비례의 원칙 : 141, 170, 185
비자 : 163, 172
비준 : 29, 34, 42, 241, 242
비차별 : 149, 181, 182, 185, 190,
208, 225

(ㅅ)

사람의 자유이동 : 7, 61, 105, 106,

147~150, 156~159, 162, 172,
173, 181, 182, 184, 185, 188,
191, 196, 198
상임대표위원회 : 42, 43, 55
상임의장 : 5, 6, 32, 36, 39, 147
상품의 자유이동 : 6, 105, 106, 109,
111~114, 116, 122~124, 126~
128, 132~136, 138, 141, 143,
144, 191, 193, 239
상호 인준 : 106, 148, 192, 207, 228
선결적 결정 : 62, 115, 120, 124, 125,
128, 132, 138, 152, 181, 184,
204, 209, 215, 221
선결적 부탁 : 64, 75, 79
소비자 : 117, 118, 126, 132, 133,
187
수량제한 : 106, 109, 112, 122~125,
127~130, 132, 134~136, 138~
140, 142~145, 192
스웨덴 : 23, 27, 148, 242
스위스 : 22
스페인 : 23, 66, 71, 137, 139, 148,
172, 241
시민 : 26, 59, 158, 159, 162~169,
171
시민권 : 157, 158, 202

(ㅇ)

아일랜드 : 5, 23, 27, 33, 38, 100,
147, 148, 183, 184, 186, 204,
210, 241, 243
역내시장 : 6, 24, 26, 28, 33, 60, 61,
85, 106, 109, 110, 140, 142,
148, 149, 160, 192, 193, 233
연방국가 : 31, 42
영국 : 23, 27, 29, 31, 32, 71, 100,

111, 118, 119, 124, 125, 137,
139, 140, 148, 152, 154, 159,
197, 200, 205, 210, 217, 241
영주권 : 149, 162, 168~171
오스트리아 : 23, 148, 172, 242
우위 : 20, 25, 30, 61, 62, 105, 191,
211, 226, 236
유럽경제공동체 : 24, 194
유럽공동체 : 24, 26, 28, 107, 110,
114, 124, 132, 145, 149, 155,
186, 187, 195, 204
유럽사법법원 : 28, 30, 41, 46, 50, 55,
56, 70, 105, 112, 152, 191
유럽석탄철강공동체 : 24, 34
유럽연합조약 : 22, 24, 26, 27, 29~
32, 34, 91, 93, 157, 242
유럽원자력공동체 : 24, 34
유럽의회 : 26, 30, 35~37, 41, 45~
47, 53~55, 57, 58, 60, 70, 82~
85, 87, 91, 92, 95, 105, 161,
172, 191, 241
유럽이사회 : 5, 6, 32, 35~37, 39, 84,
85, 147, 191
유럽중앙은행 : 35, 38, 41, 84~86, 105
Euro화 : 6, 32, 33, 193
이민 : 151
이사회 : 29, 30, 35, 36, 41~45, 47,
48, 51~58, 60, 61, 70~72, 78,
82~89, 91, 93~95, 97, 101,
105, 137~139, 151, 152, 154,
155, 160, 161, 172, 173, 187,
191, 194, 200, 201, 203, 207,
208, 214~216, 219, 225, 234,
241, 242
이주 : 151, 156, 158~160, 196
이중다수결 : 36, 37

EU기능조약 : 34, 161
EU외교안보정책고위대표 : 6, 36, 37, 39
EU위원회 : 37, 141, 172, 239
EU헌법조약 : 28, 30, 33, 35, 242
이탈리아 : 71, 148, 151, 220, 221,
223, 227, 230, 241

(ㅈ)

자영업자 : 150, 151, 156, 157, 164~
166, 178, 182, 187, 190, 196~
202, 207, 211, 212, 215, 218,
222, 225, 229
자유무역협정 : 6, 39, 107, 109, 110,
145, 147, 149, 187, 193, 195,
233, 235
장기거주 : 149, 173~177, 179, 189
장기체류 : 189
정치통합 : 6, 23, 30, 32
제1심법원 : 26, 38, 41, 70, 75, 78,
81, 101, 242
제1회원국 : 173, 174, 176, 178~180,
190
제2회원국 : 173, 174, 176, 178~180,
189
제3국 : 86, 147~149, 167, 172~
178, 180, 186, 189, 190
조화 : 20, 28, 32, 55, 86, 97, 106,
110, 138, 142, 148, 155, 192,
194, 207, 215, 218, 234
주권 : 25, 29, 31, 142
지역위원회 : 35, 41, 87~89, 105
직접효력 : 20, 61, 62, 92, 96, 105,
114, 191, 204~206, 208, 214,
217, 219

김두수 ───

▮약력

한국외국어대학교 졸업(법학박사)
Hague Academy of International Law 수료
대한국제법학회 사무국장
한국외국어대학교 법학연구소 국제지역법연구센터 연구원
한국법제연구원 글로벌법제연구센터 해외법제조사위원
국회도서관 EU법 특강 강사
아시아사회과학연구원 연구위원
한국외국어대학교 · 경희대학교 · 서울시립대학교 · 아주대학교 ·
동국대학교 · 경기대학교 · 청주대학교 · 창원대학교 강사
경상대학교 학술연구교수

▮주요 저서

『현대국제조약집』(공편)
『개정판 현대국제조약집』(공편)
『EU소송법상 선결적 부탁절차』
『EU법론』
『EU사법(I) · (II)』(공편)
『EU식품법』
외 다수

EU 공동시장법

초판인쇄 | 2010년 8월 10일
초판발행 | 2010년 8월 15일

지은이 | 김두수
펴낸이 | 채종준
펴낸곳 | 한국학술정보㈜
주   소 | 경기도 파주시 교하읍 문발리 파주출판문화정보산업단지 513-5
전   화 | 031) 908-3181(대표)
팩   스 | 031) 908-3189
홈페이지 | http://ebook.kstudy.com
E-mail | 출판사업부 publish@kstudy.com
등   록 | 제일산-115호(2000. 6. 19)

ISBN   978-89-268-1257-0 93360 (Paper Book)
         978-89-268-1258-7 98360 (e-Book)

내일을여는지식 은 시대와 시대의 지식을 이어 갑니다.